高等院校公共管理类专业系列教材

社会保障基金运营与管理

丛春霞　彭歆茹　编著

Social Security Fund
Operation and
Management

清华大学出版社
北京

内 容 简 介

本书基于社会保障制度体系，结合社会保障基金运营与管理的理论与实践，从社会保障体系入手，阐释了社会保障基金相关基本知识；分析了社会保障基金运营与经济行为主体，即个人、企业和政府的关系；在此基础上介绍了社会保障基金投资运营、社会保障基金投资领域与投资对象、社会保障基金投资策略及投资组合管理、社会保障基金投资运营风险及管理、中国社会保障基金投资运营及管理和社会保障基金监管的相关内容。

本书适合作为高等院校公共管理类、社会学类及相关专业本科生、研究生的教材，也可作为公务员参加学习和培训的参考工具书。

本书封面贴有清华大学出版社防伪标签，无标签者不得销售。
版权所有，侵权必究。举报：010-62782989，beiqinquan@tup.tsinghua.edu.cn。

图书在版编目(CIP)数据

社会保障基金运营与管理 / 丛春霞，彭歆茹编著 . —北京：清华大学出版社，2021.11
高等院校公共管理类专业系列教材
ISBN 978-7-302-59369-0

Ⅰ．①社… Ⅱ．①丛…②彭… Ⅲ．①社会保障基金－基金管理－中国－教材 Ⅳ．① D632.1

中国版本图书馆 CIP 数据核字 (2021) 第 212885 号

责任编辑：	施　猛
封面设计：	常雪影
版式设计：	方加青
责任校对：	马遥遥
责任印制：	刘海龙

出版发行：清华大学出版社
网　　址：http://www.tup.com.cn, http://www.wqbook.com
地　　址：北京清华大学学研大厦 A 座　　　邮　编：100084
社 总 机：010-62770175　　　　　　　　　邮　购：010-62786544
投稿与读者服务：010-62776969, c-service@tup.tsinghua.edu.cn
质 量 反 馈：010-62772015, zhiliang@tup.tsinghua.edu.cn

印 装 者：天津安泰印刷有限公司
经　　销：全国新华书店
开　　本：185mm×260mm　　　印　张：13.5　　　字　数：337 千字
版　　次：2022 年 1 月第 1 版　　　印　次：2022 年 1 月第 1 次印刷
定　　价：49.00 元

产品编号：085157-01

前　　言

目前，我国对社会保障基金的运营与管理尚处于探索阶段，缺乏一个完整的体系。在世界各国普遍面临人口老龄化和少子化挑战、社会保障基金支付危机日渐突显的背景下，基于政治、社会、经济和管理等方面的需求对社会保障制度进行改革迫在眉睫。

从社会保障体系来看，社会保障基金由社会救济基金、社会保险基金和社会福利基金构成。社会保障基金是社会保障制度得以正常运行的物质基础，是社会保障制度的核心。通过有效运营与优化管理社会保障基金，实现其"安全网""调节阀"和"减震器"的功能，这是世界各国关注的焦点之一。此外，人们越来越关注如何将社会保障基金储蓄转变成创造财富的资本，进而实现社会保障基金的有效管理。

作为高等院校公共管理、行政管理、劳动与社会保障和财政税收等专业的学生，应根据社会保障基金的运营脉络与轨迹，从更广阔的视角认识社会保障基金运营与经济社会行为主体以及经济周期之间的关系；明晰社会保障基金投资运营的基本准则和特别约束；把握社会保障基金投资的制度框架和投资过程；了解社会保障基金投资运营所面临的风险以及规避方法；掌握我国全国社会保障基金、基本养老保险基金、企业年金和个人储蓄性养老保险基金投资运营管理知识；明晰如何监察社会保障基金的管理机构和管理者的管理行为过程及结果，使其遵守国家有关法律法规和政策的要求。

本书在阐述社会保障基金运营与管理相关内容的同时，附加了思考题和典型案例，强调理论基础与应用能力的统一，更具实践性。

本书由丛春霞、彭歆茹编著，牟文同、张开新、李岳、于佳琪、孟凡琪、祝孟瑾、孙玮辰、张梦含和刘馥歌也参与了相关内容的编写，在此表示衷心的感谢。

限于时间和作者水平，本书难免存在诸多不足和不妥之处，恳请专家和读者批评指正。反馈邮箱：wkservice@vip.163.com。

作者
2021年1月

目 录

第1章 社会保障基金概述 ………… 001
1.1 社会保障体系 ………………… 001
- 1.1.1 社会保障体系的一般描述 …… 001
- 1.1.2 社会保障体系的发展过程 …… 008

1.2 社会保障基金专业术语 ……… 011
- 1.2.1 社会保障的内涵 …………… 011
- 1.2.2 基金、社会保障基金的内涵与分类 ………………………… 012

1.3 社会保障基金的属性、特征与功能 ………………………………… 020
- 1.3.1 社会保障基金的属性 ……… 020
- 1.3.2 社会保障基金的特征 ……… 020
- 1.3.3 社会保障基金的功能 ……… 021

本章小结 ……………………………… 023
拓展阅读 ……………………………… 024
思考题 ………………………………… 024
典型案例 ……………………………… 024

第2章 社会保障基金运营与经济行为主体的关系 ………………… 028
2.1 社会保障基金运营 ……………… 028
- 2.1.1 社会保障制度设计与调整 …… 028
- 2.1.2 社会保障基金筹集 ………… 035
- 2.1.3 社会保障基金使用 ………… 036
- 2.1.4 社会保障基金投资 ………… 037
- 2.1.5 社会保障基金管理与监督 …… 038

2.2 经济行为主体与社会保障基金筹集 ………………………………… 039
- 2.2.1 经济社会行为主体 ………… 040
- 2.2.2 经济行为主体在社会保障基金筹集中的作用 ………………… 040

2.3 社会保障基金运营与居民收入和消费的关系 ……………………… 044
- 2.3.1 社会保障基金运营与居民收入分配和使用 ………………… 044
- 2.3.2 社会保障基金运营模式与居民收入 ……………………………… 046
- 2.3.3 社会保障基金运营模式与居民消费 ……………………………… 048

2.4 社会保障基金运营和企业的资本积累与投资 …………………… 050
- 2.4.1 社会保障基金缴费与企业新增价值 ……………………………… 051
- 2.4.2 社会保障基金征缴与企业资本积累 ……………………………… 051

2.5 社会保障基金运营中的政府责任 ………………………………… 053
- 2.5.1 《济贫法》《社会保障法》和《贝弗里奇报告》对政府责任的界定 ………………………………… 053

2.5.2 社会保障政府责任的理论
　　　　基础 …………………… 054
　　2.5.3 政府对社会保障基金筹集与支付
　　　　的职责 ………………… 057
　　2.5.4 社会保障预算与公共财政之间的
　　　　关系 …………………… 058
　　2.5.5 社会保障基金运营与国家宏观
　　　　经济政策之间的关系 …… 062
　　2.5.6 社会保障基金精算评估中的政府
　　　　责任 …………………… 064
2.6 养老保险与医疗保险收支精算评估
　　方法 ……………………………… 069
　　2.6.1 养老保险精算评估 ……… 069
　　2.6.2 医疗保险精算评估 ……… 074
本章小结 …………………………………… 076
拓展阅读 …………………………………… 077
思考题 ……………………………………… 077
典型案例 …………………………………… 077

第3章　社会保障基金投资运营 ………… 080

3.1 社会保障基金投资运营原则和特别
　　约束 ……………………………… 080
　　3.1.1 社会保障基金投资的基本
　　　　准则 …………………… 080
　　3.1.2 社会保障基金投资的特别
　　　　约束 …………………… 081
3.2 社会保障基金投资运营模式 …… 083
　　3.2.1 社会保障基金投资运营模式的
　　　　分类 …………………… 083
　　3.2.2 社会保障基金投资管理模式及
　　　　收益比较 ……………… 084
3.3 国际社会保障协会——社会保障基金
　　投资的一般性指导原则 ………… 090
　　3.3.1 监管的资格条件：监管体系… 091
　　3.3.2 监管的资格条件：监管机制… 094
　　3.3.3 投资 …………………… 095
　　3.3.4 社会保障基金投资的一般性指导
　　　　原则术语释义 ………… 098

本章小结 …………………………………… 099
拓展阅读 …………………………………… 099
思考题 ……………………………………… 100
典型案例 …………………………………… 100

第4章　社会保障基金投资领域与投资
　　　　对象 ……………………… 103

4.1 社会保障基金投资领域选择的影响
　　因素 ……………………………… 103
4.2 社会保障基金投资领域的划分… 105
4.3 社会保障基金的投资对象 ……… 106
　　4.3.1 社会保障基金可选择的投资
　　　　对象 …………………… 106
　　4.3.2 典型国家社会保障基金投资
　　　　工具选择 ……………… 110
本章小结 …………………………………… 111
拓展阅读 …………………………………… 112
思考题 ……………………………………… 112
典型案例 …………………………………… 112

第5章　社会保障基金投资策略及投资组合
　　　　管理 ……………………… 114

5.1 社会保障基金的投资策略 ……… 114
　　5.1.1 影响社会保障基金投资策略的
　　　　因素 …………………… 114
　　5.1.2 社会保障基金投资运营组合管理
　　　　的策略 ………………… 116
5.2 社会保障基金的投资组合 ……… 118
　　5.2.1 社会保障基金投资组合理论及
　　　　基本假定 ……………… 118
　　5.2.2 社会保障基金投资组合收益与
　　　　风险测算 ……………… 119
　　5.2.3 投资组合最优化 ……… 121
　　5.2.4 投资组合的管理：最优投资组合
　　　　的确定 ………………… 125
本章小结 …………………………………… 132
拓展阅读 …………………………………… 132
思考题 ……………………………………… 132
典型案例 …………………………………… 133

第6章 社会保障基金投资运营风险及管理 ………………………… 137

6.1 风险与风险管理概述 ………… 137
6.1.1 风险的基本内涵 ………… 137
6.1.2 风险管理 ………………… 138

6.2 社会保障与风险管理 ………… 139
6.2.1 社会保障风险 …………… 139
6.2.2 社会保障风险来源 ……… 140
6.2.3 社会保障风险管理 ……… 142

6.3 社会保障基金投资运营风险的识别和度量 ………………………… 143
6.3.1 社会保障基金投资运营风险的识别 ………………………… 144
6.3.2 社会保障基金投资运营风险的度量 ………………………… 145

本章小结 …………………………… 146
拓展阅读 …………………………… 147
思考题 ……………………………… 147
典型案例 …………………………… 148

第7章 中国社会保障基金投资运营及管理 ……………………………… 150

7.1 全国社会保障基金投资运营管理 ………………………………… 150
7.1.1 全国社会保障基金和全国社会保障基金理事会 ……………… 150
7.1.2 全国社会保障基金理事会管理的资金 ………………………… 152
7.1.3 全国社会保障基金投资运营管理 ……………………………… 153
7.1.4 全国社会保障基金的投资政策及资产配置 …………………… 156
7.1.5 全国社会保障基金投资收益 … 157

7.2 社会基本养老保险基金投资运营管理 ………………………………… 158
7.2.1 社会基本养老保险基金概述 … 158
7.2.2 社会基本养老保险基金来源 … 164
7.2.3 社会基本养老保险基金投资管理 ……………………………… 166

7.3 企业年金投资运营管理 ………… 169
7.3.1 企业年金概述 …………… 169
7.3.2 企业年金的基金规模 …… 170
7.3.3 企业年金的投资管理 …… 172

7.4 个人储蓄性养老保险基金投资运营管理 ………………………………… 176

本章小结 …………………………… 178
拓展阅读 …………………………… 178
思考题 ……………………………… 179
典型案例 …………………………… 179

第8章 社会保障基金监管 ……………… 183

8.1 社会保障基金监管概述 ………… 183
8.1.1 社会保障基金监管的含义 … 183
8.1.2 社会保障基金监管的特点 … 184
8.1.3 社会保障基金监管的必要性 … 184

8.2 社会保障基金监管的机制 ……… 187
8.2.1 社会保障监管机制的系统构成 ……………………………… 187
8.2.2 社会保障基金监管的原则 … 188
8.2.3 社会保障基金监督体系 … 190
8.2.4 社会保障基金监管的模式与手段 ……………………………… 194
8.2.5 社会保障基金监管的方式 … 195

8.3 社会保障基金监管的内容 ……… 197
8.4 社会保障基金监管的成本 ……… 198

本章小结 …………………………… 199
拓展阅读 …………………………… 200
思考题 ……………………………… 200
典型案例 …………………………… 200

参考文献 ………………………………… 204

第1章　社会保障基金概述

【本章提要】本章主要介绍了社会保障体系、社会保障基金专业术语、社会保障基金的属性、特征与功能。读者通过学习本章，可以对社会保障基金有一个总体上的认识，为进一步学习本门课程做好铺垫。

1.1 社会保障体系

社会保障制度，是国家和社会依照法律对劳动者和社会成员在特殊情况下的基本生存权予以保障的制度。它是经济发展和社会进步的重要标志，也是人类文明发展的成果。社会保障基金是用于劳动者和社会成员因年老、疾病、伤残以及失业等因素暂时或永久丧失劳动能力，失去工作机会，或因自然灾害和意外事故，以致失去生活来源等特殊情况下，分配消费基金的一种形式。一个国家的社会保障制度实际上就是围绕社会保障基金的筹集和使用范围、形式、标准等内容设计制定的。

社会保障事业的发展，离不开社会保障基金的支持。社会保障基金是社会保障制度的核心，是社会保障制度得以正常运行的基本保证。要掌握社会保障基金运营与管理这门课程的内容，必须廓清社会保障制度、社会保障基金等基本问题。

1.1.1 社会保障体系的一般描述

社会保障体系是保障公民基本生活的安全网和一种长效性的制度安排。政府治理语境下构建高质量社会保障制度体系，提高其治理效能，必然会进一步推进实现国家治理体系和治理能力现代化。

当今世界已经进入了一个大变革时代，社会经济政治结构正在发生深刻变化，新的世界格局与国际秩序也在重构之中。这样的大时代背景，对社会保障与国家治理提出了新挑战和新要求。全球化及其中隐含的不确定性，给各国社会保障政策和国家治理带来影响。人口老龄化进程的加快、加深，不仅对人口、就业、消费、产业结构产生了直接且巨大的影响，也对社会保障制度的结构、资源配置与财政平衡等产生长远且深刻的影响。养老金支付、医疗保障支出、养老服务供给的压力会持续攀升，老龄化和人口结构的急剧变化构成了社会保障与国家治理的重大挑战；互联网催生新业态渐成新常态，新的就业结构直接影响经济发展与社会治理格局，也对现行社会保障制度提出了新的挑战；发展失衡与不平等现象加剧。托马斯·皮凯蒂曾论证当今时代的资本收益率远远高于生产力的增长速度，资本主义社会的两极分化必定日趋严重，贫富差距达到一定程度时，必然造成社会的结构性危机[①]。卢德之认为，全球化发展一方面弱

---

① 托马斯·皮凯蒂.21世纪资本论[M].北京：中信出版社，2014.

化了世界范围内的收入不平等，另一方面加剧了许多国家内部的贫富差距，打破了原有的劳资平衡，增加了社会安全的难度，也进一步加深了资本主义社会的固有矛盾[①]。近年来在欧美地区发生的一些社会运动，揭示了这种判断的正确性。

中国是近年来全球化进程的获益者，但同时也面临地区发展失衡与社会不平等现象加剧等问题。东北地区经济由先进转为相对落后就是地区发展失衡的一个典型样本，基尼系数居高不下、不同群体之间矛盾加剧则反映了不平等现象不容低估。

有些国家社会保障制度自身存在缺陷，近几年来，希腊等国陷入严重的债务危机，主要是经济政策失误、金融业异化与政治家缺乏作为所致，但放任养老金等社保制度刚性发展而未能适时政策微调也被认为是一个重要原因。智利在20世纪80年代强推公共养老金私有化，虽然在基金积累与投资方面取得了成效，但这种极端主义取向动摇了互助共济与促进公平的制度根本，进入21世纪后不得不重建具有基础作用的公共养老金制度，而私有化改革造成的不平等及引发的反对浪潮在2016年达到高潮，它所揭示的是社会保障建制或重大变革若存在先天不足，必定引发严重的社会经济后果。中国的社会保障体系框架在全国范围内基本统一，但地区之间、群体之间的具体政策存在很大差异，筹资不公与待遇不公损害了制度的健康发展，也造成了地区间竞争的不公平。不仅如此，现行制度还缺乏与时俱进的调整功能。外部挑战的唯一对策是开放，内部危机的唯一政策是改革。当今必须提高改革维度，上升一个维度看问题，这样才能不被眼前现象蒙蔽，才能看到长远未来。

社会保障是一项系统的社会工程，社会保障体系是指社会保障各个构成要素有机地相互联系、相辅相成的整体。从世界大多数国家的情况来看，社会保障体系通常包括基本社会保障和补充社会保障两大类：前者由国家立法统一规范并由政府主导，一般包括：社会救助、社会保险和社会福利(基本组成部分)；部分国家针对军人建立的特殊保障制度，如社会优抚。后者则通常是在政府的支持下由民间及市场来解决，一般包括慈善事业、社区服务、企业年金、商业保险、家庭保障等，它们构成对基本社会保障制度的补充，并发挥着积极作用。

1. 社会救助

社会救助是国家通过国民收入的再分配，对因自然灾害或其他经济、社会原因而无法维持最低生活水平的社会成员予以补助，以保障其最低生活水平的制度。

社会救助虽然不像社会保险那样是社会保障体系中的核心部分，但也是该体系中非常重要的组成部分，它是保障社会安全的"最后一道防线"。因为社会救助的对象是社会保险这张安全网保护不了的人群，社会保险是需要缴费的，而无收入和低收入的人是没有能力缴费的，所以还需要社会救助。

1) 社会救助的特点

与社会保障系统中的其他项目相比，社会救助的特点十分明显。

(1) 社会救助的资金来源主要是国家财政预算拨款或特别捐税辅助。

(2) 社会救助的对象是社会成员中的一个特殊弱势群体。他们由于没有或丧失了劳动能力(如孤儿、孤苦老人、残疾人等)而没有收入，或者有劳动能力但由于各种原因(如自然灾害、意

[①] 卢德之. 资本精神——人类文明协同发展的力量[M]. 上海：东方出版社，2016.
卢德之. 让资本走向共享[M]. 北京：华夏出版社，2015.

外事故或其他经济、社会原因)而一时或在相当长的时间内减少或丧失了收入,是社会保险不能保障或不能完全保障的贫困人群,他们连起码的生活水平都不能维持。

(3) 社会救助的实施既要求被救助者提出申请,具有自愿性的特点,又要求按法定的工作程序,对被救助者的实际经济情况做出确切调查,在得到有关部门审核批准后才能实施。

(4) 社会救助强调国家及社会对维护社会成员基本生存权利的责任和义务。

2) 社会救助的内容

社会救助的内容大体由以下三个方面构成。

(1) 自然灾害救助。这是指公民在遭受自然灾害而陷于生活贫困时,由国家和社会紧急提供维持其最低生活水平的资金和物质的社会救助项目。

(2) 失业破产救助。这是指公民因企业破产或较长时间失业(超过失业社会保险期限)而陷入生活困难时,由国家和社会紧急提供维持其最低生活水平的资金和物质的社会救助项目。

(3) 孤寡病残救助。这是指公民在因个人生理原因丧失劳动能力而陷入生活困难时,由国家和社会紧急提供维持其最低生活水平的资金和物资的社会救助项目。

2. 社会保险

社会保险是现代社会保障体系中的核心内容,它涉及面最广,适用对象最多,保障作用最大,因此,它在整个体系中居于中心地位。社会保险一般是指根据国家和各级政府立法,由劳动者、劳动者所在的企业或社区和国家等共同出资,以便在劳动者及其家庭因遭受年老、疾病、伤残、生育、死亡、失业等风险,导致收入减少、中断或丧失而陷入贫困时,能够使其达到最低生活水平或满足基本生活需要而建立的一种社会保障制度。

1) 社会保险制度的特点

除了具有社会保障制度的一般特点,社会保险制度还具有以下一些特点。

(1) 预防性。这一特点主要反映在社会保险基金的建立上。通过多方筹措而建立起来的社会保险基金,可由国家用在每个投保者身上,防范他们因遭受社会保险立法规定范围内的风险而陷入困境,起到有备无患、未雨绸缪的作用。

(2) 互济性。参加社会保险者需要定期缴纳社会保险费,建立社会保险基金,当其中有人遭遇特定风险而受到损失时,可以按规定领取一定数量的保险金,从而达到风险分担、互助共济的目的。

(3) 储备性。社会保险机构依法收取企业和个人的社会保险费,同时,也吸取来自国民收入的分配与再分配资金,并按立法规定进行积累,然后根据社会保险政策进行分配。只有积累社会保险基金,才能对丧失劳动能力或收入中断的劳动者及其供养的亲属提供必要的物质帮助,才能保证其基本生活需要。因此,社会保险资金在征集与管理过程中具有相应的储蓄性。

(4) 责任分担。社会保险资金来源于多种渠道,不仅由劳动者、企业单位或雇主缴费,政府补贴,还包括相应的投资收益等。三方共同筹资,不仅体现了社会保险责任的分担,而且保证了资金来源的可靠性。

2) 社会保险项目的构成

造成劳动者失去收入的风险有多种,因而收入补偿也有多项,这就是社会保险项目。设置哪些社会保险项目,主要取决于一个国家的经济、政治、文化等因素。由于各个国家的具体情况不同，设置社会保险的种类也不尽相同。根据国际劳工组织实行的社会保障公约规定，社会保险应包括医疗、疾病、失业、工伤、老龄、家庭、残疾、生育、遗属九个方面，其中较为主要的是失业、工伤、老龄、残疾、遗属五个方面。中国理论界将按照中国的社会保障项目体系将社会保险项目归类为养老保险基金、失业保险基金、医疗保险基金、工伤保险基金、生育保险基金五个方面。

一般来说，社会保险应该包括以下项目。

(1) 养老保险。这是指对法定范围内的劳动者或其他职员因年老而退出社会劳动后，能够获得满足其基本生活需要的、稳定可靠的经济来源的社会保险项目。这是社会保险中涉及面最为广泛的一种保险项目。在各个国家的社会保障体系中，养老保险一般都是最重要的项目，这是因为在养老保险中受保人享受保险待遇的时间最久，待遇给付的标准相对较高；尤其是在人口老龄化加剧的条件下，养老保险的重要性更是不言而喻。在制度实践中，养老保险必须贯彻切实保障老年人基本生活的原则，因此，退休工资水平不仅要适度而且要有能随着物价上涨而不断调整的弹性，真正让退休的老年人继续分享(享受)社会经济发展成果。

(2) 医疗保险。这是指对法定范围内的劳动者或者其他职员在患病或因工受伤时所提供的医疗保险制度。它既包括医疗费用的给付，又包括各种医疗服务。医疗保险的目的是恢复劳动者的劳动能力和补偿劳动者病假期间的生活开销。在各国的社会保险制度中，医疗保险是仅次于养老保险的又一项重要的社会保险制度。不过，疾病津贴的发放也不是无限期的，超出规定期限则不能继续享受医疗保险待遇，而是转由社会救助系统来承担。

(3) 失业保险。这是指对法定范围内的劳动者因失业而暂时失去经济来源时，按法定时限保障其基本生活需要的社会保险。这是社会保险中一种基本的保险项目。在现代市场经济条件下，失业不可避免。为了使失业者及其赡养的家庭人口能维持生活，保护劳动力和维持劳动力再生产，满足社会经济发展的需要和社会安定，建立失业保险是非常必要的。失业者享受失业保险待遇是有条件的，即失业前必须工作过或缴纳过一定时间的保险费，失业后立即到职业介绍机构登记，表示有劳动意愿等。领取失业保险金有一定期限，超过这个期限，就失去领取的资格，否则不利于失业人员再就业。若到期仍未找到工作，则改领失业救助金，救助金的水平要低于失业保险。

(4) 工伤保险。这是指向法定范围内的劳动者提供因职业伤病而造成经济损失的补偿费用，以及使其不致因职业伤病而降低收入水平的社会保险项目；也是指向法定范围的劳动者提供因不幸致残而需花费的治疗和康复的费用，以及在其致残后保证其基本生活需要的社会保险项目。与其他社会保险制度相比，工伤保险具有雇主赔偿的性质，工伤保险的缴费一般完全由雇主承担，政府在特殊情况下予以资助，而劳动者个人不承担缴费义务。在工伤责任认定方面，各国普遍采取"无过失补偿"原则，即不管导致工伤的责任在何方，只要不是劳动者的故意行为所致，遭受伤害的劳动者均有权享受工伤保险待遇。工伤保险的对象是从事经济活动的劳动者本人，但获取保险待遇的往往不限于劳动者本人，还包括他们的家属。

(5) 生育保险。这是指专门向妇女提供的，使其在怀孕、生产、哺乳期间能够获得基本生活需要的社会保险项目。生育活动有一定的周期，包括怀孕、临产、分娩、抚育等。因此，生育保险要贯彻产前产后一律给予保险待遇的原则，应包括妇女产前产后一定时间的带薪假期，有时还包括生育补助费。产假工资的多少、产假的长短、补助费的数目，各国不尽相同。

(6) 死亡抚恤，亦称遗属保险，其待遇包括两部分：一部分是死者的丧事治理和安葬费用，另一部分是死者遗属享有的抚恤金。丧葬费包括死者穿戴的服装衣帽、整容、遗体存放、运送、火化、骨灰盒及其存放费用等支出，遗属领取的抚恤金一般均按死者生前一定时限的工资收入发放，未成年子女和无收入的配偶还可按期领到补助。

(7) 残障保险。这是指对因病致残的劳动者提供残障保险待遇的社会保险项目。它包括经常性补偿和一次性补偿，还包括医疗服务、休养、康复疗养等待遇。残障保险除了满足致残者的基本生活需要之外，还尽可能使他们恢复部分劳动能力，重新走上工作岗位，从事力所能及的工作。

(8) 护理保险。发达国家已经建立了不同形式的社会长期护理保险制度，且日益成为受广大家庭欢迎的险种。护理保险是为因年老、疾病或伤残而丧失日常生活自理能力从而需要长期照护的人，提供护理费用或护理服务的保险。也就是说，购买长期护理保险后，保险公司能够为被保险人发生的护理费用提供保障，有助于缓解全社会由于老龄化带来的护理服务支出压力。

在2016年6月，我国人力资源和社会保障部办公厅印发《关于开展长期护理保险制度试点的指导意见》(以下简称《意见》)，《意见》公布了15个长期护理保险制度的试点城市名单，并强调探索建立长期护理保险制度，是应对人口老龄化、促进社会经济发展的战略举措。

3. 社会福利

对于社会福利的含义可以从广义和狭义两个维度来认识。广义的社会福利实际上是广义的社会保障的同义语，是指国家和社会对全体社会成员提供的全部物质和文化生活的保障和福利，除前述社会保险、社会救助外，还包括其他旨在改善与提高国民生活质量的物质福利，以及全部公共的文化、教育、卫生、体育设施和服务。狭义的社会福利，作为社会保障的从属概念，是指与社会保险、社会救助并列的概念，是社会保险体系中日益重要的子系统。

1) 社会福利的特点

社会福利也具有自身的一些特点，主要表现在以下几个方面。

(1) 对象全民化。社会福利的对象是全体社会成员，不论性别、年龄，也不分身份、地域和职业，所有社会成员都有共同享受社会福利的权利；同时，遵循"机会均等、利益共沾"的原则，努力使每个社会成员都能公平地获得应享的社会福利待遇。

(2) 主体多元化。社会福利的主体可以是国家，也可以是社会福利法人、民间团体和个人。社会福利的这种主体多元化特征，不仅促进了社会共同局面的形成，而且带来了社会福利财源的多渠道。虽然政府要承担费用的相当份额，但是公共团体、企业和个人的投资、资助及社会慈善募捐等，都可以成为社会福利的重要财源。

(3) 福利服务化。社会福利与其他社会保障项目相比较，更突出地表现在服务化上。除提供各种福利性补贴外，社会福利还非常重视通过各种社会福利机构、社会福利设施以及专职和志愿人员，向社会成员提供全面的福利服务。福利服务内容广泛，涉及生、老、病、残、衣、食、住、行等方方面面。

2) 社会福利的内容

社会福利的内容主要包括以下几个方面。

(1) 未成年人福利。未成年人泛指劳动年龄或学校毕业年龄以前的婴儿、幼儿、学前儿童、少年,若继续就读于职业高中、高等学校,年龄可一直延伸到18岁或21岁。

未成年人的福利包括以下方面:

① 未成年人的普通福利,如国家和各部门举办的托幼事业、学前教育、儿童健康指导、娱乐活动、儿童少年营养、学生免费午餐、妇幼保健、优生咨询、体格免费检查、儿童卫生中心服务、早产儿照顾、家庭看护等;

② 不幸未成年人的福利,如未成年人死亡补助、对领养未成年人的监护人员给予补贴等;

③ 生活困难家庭的未成年子女补助。

(2) 老人福利。老人福利的对象为老龄和长寿年龄的老人,而不论其是否享有退休金。

老人福利包括的项目有:老人优待旅行和娱乐,老人免费检查健康状况,敬老院和托老所的设立,老人电话服务,老人家庭服务,老人俱乐部服务,长寿老人补助,等等。

(3) 残疾人福利。残疾人福利包括向残疾人免费提供假肢、康复就业、就业训练,举办残疾人参与的福利生产、盲童学校、聋哑学校、智力障碍者教育等福利项目。

(4) 劳动者福利。劳动者福利是指在业者和失业者享受的社会福利服务。例如,集体福利设施的营建和服务,农副产品补贴,困难生活补助,房租优待,等等。

从上述社会保障的基本内容看,社会救助是社会保障的最低目标,它仅仅是保障社会成员的最低生存需要;社会保险是社会保障的基本目标,它保障社会成员的基本生活需要;社会福利是社会保障的最高目标,旨在改善并提高社会成员的生活质量。

4. 社会优抚

社会优抚是群众优待和国家抚恤的总称,是国家和社会依据法律规定,对那些为保护人民利益和保卫国家安全而牺牲、伤残的人员及其家属,提供生活和工作上的优待、抚恤、照顾的制度。其中,军人保障是社会优抚的重要组成部分,包括对转业、复员、退伍军人给予妥善安置,对为国捐躯和伤残军人的家属给予精神上的慰藉以及物质上的帮助等。做好社会优抚工作,对于鼓励社会正气、安定军心、维护国家安全和社会稳定,有着不可替代的作用。

社会优抚的内容大致包括以下四个方面:一是军人退伍安置;二是伤残人员或烈属抚恤;三是军烈属优待;四是社会优抚事业(疗养院、教养院、养老院、精神病院等)。在市场经济条件下,社会优抚的内容有所扩充和更新。例如,军人安置更重视就业保障,军人抚恤则根据因战、因公、因病三个层次分别实施,军人社会保险和军人福利也被充实进来。

结合我国的实际情况,社会优抚具有以下几个特点。

1) 实行群众优待和国家抚恤并举的方针

群众优待主要是帮助优抚对象及时解决生活、生产中的各种困难;国家抚恤主要是维持优抚对象的基本生活水平。两者并举,可以保证优抚对象基本生活保障的落实。

2) 制定保障标准应因地制宜、因人制宜

首先,必须根据本国的国情和国力制定保障标准,并随经济发展和国民收入的提高同步增长;其次,必须根据当地的经济发展水平和人民生活水平来制定保障标准,也就是要根据当地的实际情况来制定保障标准;最后,必须根据对国家的贡献大小和困难程度,确定优抚对象的保障标准。

3) 物质保障与精神鼓励相结合

在社会优抚中，无论是群众待遇还是国家抚恤，都必须提供物质保障，保障费用基本由国家财政负担，并专款专用于优抚对象。与此同时，精神鼓励是社会优抚的一项重要内容，包括精神抚慰制度以及给予各种社会荣誉和奖励等。两者结合能够充分满足优抚对象的各种需要，对于提高优抚对象的生活质量，是一项重要措施。

5. 补充保障

在各国的社会保障体系中，除由政府主导并由专门法律具体规范的基本社会生活保障制度外，往往还有一些非正式的社会保障措施同时存在并发挥着相应的功能作用。慈善事业、社区服务、企业年金、商业保险、家庭保障等在客观上均不同程度地发挥着社会保障的作用，亦是现代社会保障体系的有机组成部分。

1) 慈善事业

慈善事业是建立在社会捐献基础之上的一种民办社会救助事业，它以社会成员的慈爱之心为道德基础，以社会各界的自愿捐献为经济基础，以民间公益事业团体为组织基础，以大众参与为发展基础。在实践中，慈善机构根据捐献者的意愿，对需要帮助的社会成员进行物质帮助，是现代社会保障体系中的特殊组成部分。

发达国家和地区的经验表明，发展慈善事业是当代社会得以化解诸多社会问题、促进社会良性发展的一条重要、有效的途径。许多慈善事业不仅能有效地弥补政府基本社会保障制度的不足，而且对处于困境且无力自行摆脱危难的社会弱势群体提供了更多的来自社会的救助和关爱，是沟通不同社会阶层的桥梁，有效地协调社会关系，促进整个社会的安定、和谐发展。不仅如此，慈善事业还直接弘扬了优良的社会道德，净化了社会风气，从而有助于推动社会文明的进步。

2) 社区服务

社区服务是指在政府引导下，以社区组织为依托，在城乡一定层次的社区内以全体社区居民为对象，以特殊群体为重点，运用灵活多样的形式向他们提供福利性服务的一种社会化保障机制。在20世纪30年代，国外就开始出现社区这种社会基层组织，并相应出现社区服务这种形式，发展到今天，它已成为社会保障体系的一项新内容。

社区服务属于社会服务范畴，但又不同于一般的社会服务，它是指以社区为单位组织的社会服务，主要有以下几个特点。

(1) 自主性。它不依赖政府或等待外援，而是社区从本社区居民的需要出发，自主筹办并自觉地为社区居民就近提供服务，是社区居民以自助、互助为特征的自我服务。

(2) 社会性。社区服务的组织管理强调动员社区范围有关组织和个人广泛参与，既可以适应社会生活的需要，又可以在社会共同关心下健康发展，它是福利事业社会化的基础形式与重要途径。

(3) 多样化。社区服务采取社会效益和经济效益并重的方针，针对不同对象实行有偿、低偿、无偿等不同的服务方式，以有偿服务为主，并在实践中取得自我生存、自我发展的能力，既不增加国家负担，又能长盛不衰地为国家分忧、为民解愁。

3) 企业年金

企业年金是指由企业建立的面向本企业职工的一项补充养老保险制度，是职业福利或机构福利中日益重要的组成部分，是对政府主导的基本养老保险制度的重要补充。

由于企业年金具有调和劳资关系、改善劳动者福利和补充基本养老保险制度的多重功能，它一般能够得到政府的税收优惠，其费用通常可以列入企业成本，并允许企业在规定的额度内实行税前开支。

4) 商业保险

商业保险是指保险人与投保人或被保险人通过保险合同建立保险关系的一种商业交易行为，是由投保人或被投保人向保险人支付一定的保险费，将自己特定的风险转移给保险人，当约定的风险或事件发生后，由保险人依据保险合同支付赔款或保险金的一种风险管理机制。商业保险包括人寿保险、人身意外伤害保险、健康保险及各种财产保险、责任保险等。

需要指出的是，商业保险的发展，能够在一定程度上解除社会成员的后顾之忧并弥补基本社会保障制度的不足。

当前，国外一些发达国家个人商业保险在养老保险和医疗保险中的比重不断提高。我国针对个人商业养老保险的发展，由财政部、税务总局等五部门于2017年4月发布了《关于开展个人税收递延型商业养老保险试点的通知》(以下简称《通知》)，试点地区包括上海市、福建省(含厦门市)和苏州工业园区。《通知》明确列出试点政策的主要内容，指出计入个人商业养老资金账户的投资收益，暂不征收个人所得税；个人领取商业养老金时再征收个人所得税。《通知》由财政部、税务总局、人力资源和社会保障部、中国银行保险监督管理委员会与证监会五部门联合发布。《通知》指出，自2018年5月1日起，在上海市、福建省(含厦门市)和苏州工业园区实施个人税收递延型商业养老保险试点，试点期限暂定一年。《通知》明确了试点政策的主要内容：对试点地区个人通过个人商业养老资金账户购买符合规定的商业养老保险产品的支出，允许在一定标准内税前扣除；计入个人商业养老资金账户的投资收益，暂不征收个人所得税；个人领取商业养老金时，再征收个人所得税。

5) 家庭保障

家庭保障虽然不属于社会性保障机制，但对于亚洲国家尤其是中国而言，又确实是可靠且稳定的一种生活保障机制。在此，家庭保障是指在家庭内部、家庭成员之间相互提供包括经济保障、服务保障和精神慰藉等内容在内的生活保障机制，它在保障社会成员的生活方面通常与国家和社会负责的社会保障并驾齐驱。

最后，应该指出：补充保障的财源虽来自多种渠道，但又是独立的，它的经营方式应尽可能贴近市场操作；政府主要是提供政策支持和各种服务，以及勤于监督，必要时还应通过法律手段进一步规范，使之能够更加健康地成长。

1.1.2 社会保障体系的发展过程

社会保障体系由风险保障项目和风险保障计划组合而成。社会保障制度建设主要经历了三个历史阶段，即风险保障项目阶段、风险保障计划阶段和风险保障项目和计划的整合阶段。新时期，我国社会保障体系的发展进入了建设高质量社会保障体系的新阶段。

1. 风险保障项目

在风险保障项目阶段(1601—1883年),政府出于维护社会安全和维持统治秩序的需要,针对某个群体的某项风险提供临时救助的风险保障项目。中国古代的荒政和灾困赈济,欧洲中世纪的宗教或世俗慈善事业成为传统社会救济的主要内容[①]。例如。1601年,英国伊丽莎白一世颁布了《济贫法》,对圈地运动导致的贫民实施救济。在中国历史上,《老子》第七十七章提到:"天之道,其犹张弓欤?高者抑之,下者举之,有余者损之,不足者补之。天之道,损有余而补不足。"老子的这种社会救济思想为多代王朝所接受。

2. 风险保障计划

在风险保障计划阶段(1883年至20世纪早期),政府开始拟订和实施长期运行的基本保障计划。例如,1881年11月17日,在俾斯麦的建议下,德国皇帝威廉一世颁布实施了《建立社会保险体系的皇帝诏书》,1883年颁布实施了《疾病保险法》,1884年颁布实施了《工伤保险法》,1889年颁布实施了《养老·残疾·死亡保险法》,1991年上述三项法规被汇总为《国家保险条例》。政府开始发放孤寡抚恤金,伤残与老年保险的范围逐渐扩大到全体职员。以后,世界各国陆续实施了一系列风险保障计划,最低生活救助成为普遍的基本保障计划。

3. 风险保障项目和计划的整合——社会保障系统工程

在风险保障计划整合阶段(20世纪中期至21世纪初期),各项风险保障计划和针对不同群体设计的风险保障计划被合理整合,从而形成科学的社会保障体系。政府在其中扮演双重角色:一是建设安全网,即开发社会资本,整合由多层次计划组合而成的、协调的、系统的社会保障体系(社会工程);二是保护加固"地基",确定自己的"责任田",即通过社会保障税收和再分配,由政府确保支付的基本保障,如提供基本养老金和分担部分医疗费用。

如今,无论各国社会保障体系建设处于什么阶段,都需要朝着建立多支柱的、系统的社会保障体系的方向发展。社会保障体系建设发生在以下三个层次。

(1) 设定需要提供保障的风险项目(同商业保险的目的不同)和人群,包括风险预测、覆盖群体、风险补偿成本等环节。

(2) 根据风险保障项目设计保障计划,包括资金来源、覆盖对象、账户系统、基金管理、经办机构、受益资格、支付水平等环节。这里包括国家基本保障计划、企业补充保障计划(可能通过保险合同或互助基金运作)和个人自保计划。

(3) 协调不同的社会保障计划,使之形成结构合理、运行有效的社会安全体系;需要协调的内容主要包括国家、雇主和个人的责任,税收政策和总福利待遇,打造社会化服务系统,提高社会保障经办机构能力建设等,这是一项具有挑战性的工作。

在21世纪,发达国家均已经建立覆盖全部社会风险和绝大部分公民的,以国家社会保障计划为主,以雇主计划和个人计划为辅的社会保障体系。如今,世界各国针对正在出现的经济全球化、人口老龄化、新业态和制度本身的缺陷等问题,正在不断地调整和完善这个体系,并称其为积极福利政策改革,即在国家责任、雇主责任和个人责任之间,在政府功能和市场功能之间进行新设计。

---

① 杨燕绥. 政府与社会保障[M]. 北京:中国劳动社会保障出版社,2007.

4. 建设高质量社会保障体系

中国特色社会主义已经进入新时代，当前应适应我国社会主要矛盾已经转化为人民日益增长的美好生活需要和不平衡不充分的发展之间的矛盾这一客观要求，在社会保障体系基本建立的基础上提出新的奋斗目标。党的十九大报告提出全面建成多层次社会保障体系，这是党中央在科学研判世情、国情的基础上，牢牢把握我国发展的阶段性特征和人民群众对美好生活的向往，对新时期社会保障体系建设做出的重大部署，对于不断提高保障和改善民生水平，促进国家治理体系和治理能力现代化，推动经济社会发展朝着更高质量、更有效率、更加公平、更可持续方向前进，有着重大现实意义和深远历史意义。高质量的社会保障制度就是能够给社会成员提供稳定的安全预期，促进社会公平正义，保障制度可持续发展。保障和改善民生要抓住人民最关心、最直接、最现实的利益问题，既尽力而为，又量力而行，一件事情接着一件事情办，一年接着一年干。坚持人人尽责、人人享有，坚守底线、突出重点、完善制度、引导预期，完善公共服务体系，保障群众基本生活，不断满足人民日益增长的美好生活需要，不断促进社会公平正义，形成有效的社会治理、良好的社会秩序，使人民获得感、幸福感、安全感更加充实，更有保障，更可持续。

加强社会保障体系建设，可从以下几方面着手：按照兜底线、织密网、建机制的要求，全面建成覆盖全民、城乡统筹、权责清晰、保障适度、可持续的多层次社会保障体系；全面实施全民参保计划，完善城镇职工基本养老保险和城乡居民基本养老保险制度，尽快实现养老保险全国统筹；完善统一的城乡居民基本医疗保险制度和大病保险制度，完善失业、工伤保险制度；建立全国统一的社会保险公共服务平台，统筹城乡社会救助体系，完善最低生活保障制度；坚持男女平等的基本国策，保障妇女儿童合法权益；完善社会救助、社会福利、慈善事业、优抚安置等制度，健全农村留守儿童和妇女、老年人关爱服务体系；发展残疾人事业，加强残疾康复服务；坚持"房子是用来住的、不是用来炒的"定位，加快建立多主体供给、多渠道保障、租购并举的住房制度，让全体人民住有所居。

建设高质量社保体系须做到五个"明确"。

(1) 明确"两免除""两保障""两促进"的建制目标。实现"两免除"——免除生存危机、免除疾病恐惧，这是社保底线；"两保障"——保障老有所养、保障幼有所育，解除普遍性的后顾之忧；"两促进"——促进社会公平、促进制度可持续发展，满足人民对美好生活的需要。

(2) 明确坚守公平正义、互助共济、共建共享三大根本原则。这三大原则缺一不可、违一不可，应当贯穿于社保体系建设的始终。

(3) 明确"十三五""十四五"深化改革时间表。当前处于制度优化的最后窗口期，应当争取"十三五"末基本完成优化现行制度安排的任务，"十四五"全面建成高质量的社会保障体系。如果制度优化遥遥无期，当前面临的问题与挑战将日益严峻，制度不良的负面影响将会快速显性化。

(4) 明确统筹规划与有序推进路线图。做好统筹规划与顶层设计；抓住骨干项目与关键环节深化改革；清晰界定政府的社会保障责任边界并厘清中央与地方的责任；精准引导市场主体、社会力量、个人及家庭共建社保体系，做到各扬所长、各尽所能、各得其所。

(5) 明确建设高质量社保体系重点任务：一是尽快全面优化现行制度安排，特别是优化养老保险、医疗保障、社会救助、养老服务、儿童福利等骨干项目的结构与功能，促进制度整合并提升统筹层次，调整法定保障制度的责任分担机制并逐步均衡主体各方的保障责任负担。二是赋予社会保障制度能够自我调节的功能，改变政策僵化的局面，运用参数调整手段使之适应人口结构与福利诉求的发展变化。三是有序构建多层次社保体系提到优先议程，充分运用公共政策、社会机制、市场机制来调动各方参与社保体系建设的积极性，并避免混乱无序、效果对冲的现象发生。四是加快社会保障法制建设步伐，包括制定社会救助法、退役军人保障法、医疗保障法、儿童福利法等新法，抓紧修订社会保险法、老年人权益保障法等法律，以便使社会保障制度实践有良法可依并严格执法、严惩违法，最终让整个社保制度在法治轨道上健康运行。

1.2 社会保障基金专业术语

1.2.1 社会保障的内涵

最初使用"社会保障"这个词的是1935年美国的《社会保障法》，随之这一概念又在1938年新西兰的有关法案中出现过。1941年的《大西洋宪章》两次使用这一概念。1944年，第26届国际劳工大会发表了《费城宣言》，国际组织开始正式采用"社会保障"一词。1952年6月28日，在日内瓦召开的国际劳工会议通过了第102号文件即《社会保障最低标准公约》，该公约作为社会保障的国际性文件，被视为社会保障制度建立的里程碑，并成为解释社会保障制度规定的基本依据。

尽管社会保障已经被世界大多数国家广泛采用并建立了相应的制度，但由于各国的经济、文化发展水平等国情不同，对社会保障的理解和制度规定亦有差异。《简明不列颠百科全书》中对社会保障的解释是：社会保障是一项公共福利计划，旨在保护个人及家庭免除失业、年老、疾病或死亡而在收入上所受的损失，并通过公益服务和家庭生活补助，以提高其福利。社会保障包括社会保险计划、保健、福利事业和各种维护收入的计划。美国社会保障总署编写的《全球社会保障制度》(1985年版)则规定社会保障计划的具体方式是："社会保障计划对受保人及其家属的保护，通常是通过下述方法中的一种或两种而实现的：第一种是以现金支付的形式对年老、伤残或死亡、疾病和生育、工伤或失业而造成的收入减少，至少提供一部分补偿；第二种是以服务的形式提供的保护，主要是住院治疗、医疗服务和康复服务。"其中第一种针对收入损失提供现金补助的措施，通常称为"收入保障"计划；第二种对受保人提供资助或直接服务的计划，通常称为"实物补助"计划。根据对社会保障的各种理解，国际劳工组织对社会保障作了较为一般的宽泛的解释：社会保障，就是通过采取一系列综合性的政策和措施而达成的一种社会效果。这些政策和措施是对因疾病、失业、年老以及死亡而中断收入来源、陷入贫困的工种加以保护。总体上说，社会保障除了现金的资助和补偿，越来越需要广泛的医疗和社会服务。对这种社会保障含义和实施方式的扩展，已得到国际社会的广泛认同。

鉴于上述对社会保障的理解，概括起来，社会保障的含义包括以下几方面内容。

1. 社会保障的对象

完全的社会保障应该把全体社会成员列为保障的对象。每个人及其家庭，出于健康与幸福的需要，有权得到衣、食、住、医疗及其他必需的社会服务设施供给的保障，特别是那些由于失业、疾病、残疾、寡居、年老等情况以及因个人不可抵抗力遭遇生活危机、无法生活的人，有权通过保障体系得到基本生活保障。但是，在各国的社会保障制度中，大部分国家尚未对全部社会成员实施全面的社会保障项目，只是对部分成员或部分项目实施了保障措施。

2. 社会保障的责任主体

社会保障作为一种社会制度，其责任主体主要是政府。在一些国家，企业和社会团体也承担了社会保障的主要责任。由此，社会保障需要通过国家立法、政策措施、统一管理来保障社会成员的基本生活权利，并体现出社会性。

3. 社会保障的目的

总体上说，社会保障是为了保证社会的稳定，促进整个社会经济的协调、稳定发展。20世纪80年代中期，国际劳工组织发表的《21世纪社会保障展望》报告表明，社会保障的目标不止于减轻贫困，应该更为广泛。它反映着一种广义的社会保障意愿。它的根本宗旨是使个人和家庭相信他们的生活水平和生活质量会尽可能不因任何社会和经济上的不测事件而受很大影响。这就要求不仅在不测事件中或已出现不测事件时去解决困难，而且也要防患于未然，帮助个人和家庭在面临未能避免或者不可避免的伤残或损失的时候，尽可能做到妥善安排。

4. 社会保障的资金与受保障者收益

资金主要来源于政府财政支出、企业及个人的缴纳及社会成员的自愿捐献。对受保障者而言，其收益有的取决于投保和缴费的多少，有的则与其个人的投保无关，而取决于整个社会保障的待遇水平。

由此可见，社会保障是指国家通过立法对社会成员及其家庭在遇到年老、疾病、伤残、死亡、灾害或其他风险时给予相应的物质和服务帮助而建立起来的一种社会福利制度。当然，随着社会的发展，社会保障的含义也会不断扩大和完善。

1.2.2 基金、社会保障基金的内涵与分类

1. 基金的内涵

对于"基金"一词，尽管有多种解释，但概括起来有两类观点：一种观点认为，基金是一种有着专门用途的资金，如《辞海》中的解释是"有特定用途的资金或国民收入""有货币或物资的不同形式"；另一种观点认为，基金是以获取利润为目的形成的金融组织和投资工具。后一种解释是随着经济的发展，许多新型基金如投资基金、国债基金等的出现而产生的。

综合上述两种观点，我们可以得出以下结论。

(1) 基金不仅是一种资金，还可以是一种金融工具和金融组织。一般意义上的基金主要是指一种有特定用途的资金，但作为一种投资工具和金融组织出现的投资基金，使基金的内涵扩大了。

(2) 基金不仅和特定用途相联系，还可以和特定的运作行为联系起来。一般基金设立的目

的是解决特定的问题,而投资基金是专以获取资本利得为目的,因而它不是与特定的用途,而是与特定的运作行为、投资行为联系起来。

由此可见,基金的本质内涵是专门性。基金或者是与专门的消费行为相联系,或者是与专门的投资行为相联系。

2. 基金的分类

基金在现代经济发展中发挥着多种多样的作用,也呈现出多样化、复杂化的发展趋势。基金可按不同的标准进行分类。

1) 按基金在社会经济中的作用分类

(1) 积累基金。它是指国民收入中用于扩大再生产、进行生产性基本建设和建立物资储备的那部分基金,主要包括扩大再生产基金、生产性基本建设基金和非生产性基本建设基金。

(2) 消费基金。它是国民收入中用于满足社会成员个人的物质文化生活需要和共同需要的基金,主要包括个人消费基金和社会消费基金。

(3) 经济保障基金。它是指为抵御各种风险的发生及其对社会经济生活所导致的损失,保证社会再生产的顺利进行而建立的基金,主要包括企业自筹基金、国家财政后备基金、社会保障基金和保险基金。

(4) 补偿基金。它是指社会总产品中用于补偿已经消耗掉的生产资料价值的那部分基金,主要包括折旧基金和流动基金。

2) 按基金性质分类

(1) 营利性基金。它是指以营利为目的的基金,如投资基金和保险基金。

(2) 非营利性基金。它是指不以营利为目的的基金,如社会福利基金、教育基金等。

3) 按基金的管理组织分类

(1) 由政府部门管理的基金,如由财政部门管理的财政后备基金等。

(2) 由非营利组织管理的基金,如学校基金、医院基金、残疾人福利基金、霍英东教育基金等。

(3) 由营利组织管理的基金。这部分基金包括两部分:一部分是由企业设立的内部专用基金,如公益金、住房基金等;另一部分是由保险公司、养老金基金会等金融机构管理的基金,如保险基金、投资基金等。

4) 按基金形态分类

(1) 实基金。它是依据有关法律或规定,以各种形式筹集形成的、有具体形态和管理机构的基金,如投资基金、希望工程基金、社会保险基金等。

(2) 虚基金。它实际上是一种观念上的基金概念,因分析研究的需要而人为制定或划分的基金,如积累基金、消费基金等。

5) 按基金存在形式分类

(1) 从属于某一单位的基金,如企业内部的公益金、住房基金,事业单位的事业发展基金、集体福利基金、后备基金等。这类基金属于单位总资金的一部分。

(2) 独立的具有法人地位的基金,如投资基金等。这类基金不依附于任何组织单位,其本身就是一个独立的法人主体。

3. 社会保障基金

对于社会保障基金，国内的一些著述中，有不同的阐述，我们这里列举几种表述：一种表述是，社会保障基金是用于社会救助、社会保险、社会福利的那部分社会消费基金。劳动者和社会成员因生育、年老、疾病、伤残、死亡和失业等原因，或遭遇战争、自然灾害或其他意外事故，以致生活陷入困境，需要通过社会救济、社会保险等形式给予物质帮助。这种表述出自《经济大辞典·财政卷》。另一种表述是，社会保障基金是根据国家有关法律、法规和政策的规定，为实施社会保障制度而筹集起来的、法定的、收支平衡的、专款专用的经费，用于劳动者年老、疾病、伤残、生育、死亡和失业风险时的物质帮助，以保障其基本生活需要。这种表述源自陈冬红等著的《社会保障学》。还有一种表述是，社会保障基金是根据立法建立的用于社会保障事业的一种专项资金。这种表述见于覃有土等著的《社会保障法》。

综上所述，社会保障基金是指根据国家立法、通过各种特定渠道建立的用于实施社会保障制度的专项资金。

概括起来，社会保障基金应具有如下特性。

(1) 国家法定性。社会保障基金作为旨在保障劳动者和社会成员的基本生活的物质基础，是根据国家立法建立起来的，并通过法律法规明确规范基金的来源、筹集、储存、管理及运营等，以确保社会保障制度的正常运行。这一点，使得社会保障基金不同于社会上存在的其他基金。

(2) 强制性。在基金的形成和运营中，都是由国家立法和法规来规范各行为主体的权利和义务，具有明显的强制性。例如，通过立法强制规定企业和职工个人的缴费义务，明确规定职工享受保障待遇的资格与权利，对于违反法律法规的行为要受到应有的法律制裁。

(3) 专款专用性。社会保障基金用于特定的目的和用途，就是用于劳动者和社会成员年老、疾病、伤残、生育、死亡和失业风险时的物质帮助，以保障其基本生活需要。任何机构或个人都不得随意挪作他用。

4. 社会保障基金分类

1) 按社会保障基金项目用途分类

社会保障基金按用途分类，可分为社会保险基金、社会福利基金、社会救助基金和社会优抚基金。

(1) 社会保险基金。社会保险基金可分为养老保险基金、医疗保险基金、失业保险基金、工伤保险基金、生育保险基金等[①]。

① 养老保险基金。养老保险是社会保险子系统中最重要的项目，也是整个社会保障制度中最为重要的项目，许多国家都把发展养老保险作为建立社会保险制度的重要突破口。养老保险基金是指在政府立法确定的范围内，依法征缴的用于支付劳动者退休养老待遇的专项基金。养老保险基金一般都是由不同层次的基金构成的，主要有基本养老保险基金、企业年金基金和个人养老保险基金三个层次，每一个层次各有相应的资金来源。

② 医疗保险基金。医疗保险基金是指以社会保险形式建立的，为劳动者提供疾病所需医疗费用的资金。具体来说，这一保险是通过国家立法，强制性地由国家、企业、个人集资建立医

---

① 吕学静. 社会保障基金管理[M]. 北京：首都经济贸易大学出版社，2007.

疗保险基金，当个人因疾病需要医疗服务时，由社会保险机构提供医疗费用补偿。医疗保险基金主要来自国家、企业和被保险人三方。但是，由于各国医疗保险制度类型不同，基金来源也有差异。实行国家医疗保险模式的国家，其基金主要来自国家；实行医疗社会保险的国家，基金主要为企业和雇主及被保险人缴纳的保险费、政府的补贴；而实行商业性医疗保险和储蓄医疗保险的国家，其费用主要由个人支付。

③ 失业保险基金。失业保险基金是在国家法律保证下，以集中起来的失业保险费建立起来的、对因非自愿失业而造成的劳动风险损失给予补偿的资金。参加失业保险的有关各方都必须按照法律和政策规定，及时、足额地缴纳失业保险费，以保证失业保险基金有足够的、可靠的、稳定的来源。与其他社会保险基金不同，失业保险基金应当适度征集，以避免丰裕的失业保险基金带来标准过度的失业保障待遇。失业保障待遇标准过高往往会导致不利的社会和经济后果，即造成劳动者对失业保险的依赖思想，不愿接受工资偏低或"不体面"的工作。同时，失业风险本身的特点也决定了失业保险基金规模不宜过大。疾病风险涉及众多的对象，老年风险更是涉及每一个劳动者，相对而言，失业风险只涉及少数劳动者，因此，失业保险基金的规模相对较小。

④ 工伤保险基金。工伤保险基金是指劳动者因工作而受伤、患病、残疾甚至死亡，暂时或永久丧失劳动能力时，从国家和社会获得医疗、生活保障及必要的经济补偿所需要的资金。同其他社会保险基金相比，工伤保险基金具有显著的赔偿性质，因此，保险金一般都由企业负担，劳动者个人不缴费。

⑤ 生育保险基金。生育保险是针对女性劳动者的一种社会保险制度。女性劳动者除了要参加劳动和工作外，还负有生育子女、使劳动力再生产不断延续的重要职责。而女性劳动者在生育期间，由于暂时丧失了劳动能力，一方面需要得到医疗保健保障，另一方面需要得到基本生活保障。生育保险基金就是妇女劳动者在因生育子女而暂时丧失劳动能力时，从社会和国家得到保健服务和物质帮助所需要的资金。生育保险基金的来源有国家、企业和个人三种渠道，在不同的国家有不同的分担方式。

(2) 社会福利基金。社会福利基金主要是指政府所掌握的用于提高人民的物质和精神文化生活水平的基金，也包括企业所拥有的福利基金。它主要用于以企业人群为服务对象的职工集体福利，包括生活服务、文化娱乐和福利补贴的资金；用于以城镇无经济收入和无生活照料的老年人、残疾人和孤儿等特殊群体为服务对象的特殊社会福利，包括生活供养、疾病康复和文化教育等，由各级政府提供和管理的资金；用于农村的社会福利基金，主要是面向孤寡老人、孤儿等特殊人群的资金。我国社会福利基金来源主要是财政拨款、企业自筹、国家发行彩票等及社会无偿捐助等。

社会福利基金的主要功能是保障劳动者和特殊社会成员的基本生活需要，维持社会生产发展。社会福利基金主要保证城镇职工、无经济收入的特殊人群及广大农村的特殊人群的基本生活，使其能够老有所养、病有所医、残有所济，保证劳动者的再生产，从而推动整个社会生产的发展和经济的繁荣。再者，社会福利基金还可以保护弱势群体的利益，促进社会公平。社会福利基金的受益对象主要是低收入者，而社会福利是政府举办的社会公益性事业，其资金主要来源于政府的税收，社会福利水平的提高是以税收的增加为前提的。这就是社会福利制度的实施对国民收入占有主体结构产生的影响，实现了国民收入在纳税人与福利受益对象之间的再分配效应,其结果是收入从高收入者向低收入者手中转移。因此,社会福利基金的分配是政府公平收入分配的重要举措之一。

(3) 社会救助基金。社会救助基金属于财政性社会保障资金,它来源于国家税收,通过经常性预算和财政拨款的形式形成,直接体现着国家在社会救助方面的责任,区别于社会保险需国家、企业(单位)、个人三方负担的筹集渠道,它不需要个人承担缴费义务,一般是国家、社会对获取者的单项货币、实物和服务支付。我国的社会救助资金及救灾物资主要由财政总监督下的民政部门分管。社会救助基金的待遇给付主要是救灾、济贫、扶贫等项目。

(4) 社会优抚基金。社会优抚安置是政府以法定的形式,对为社会做出特殊贡献的特殊人群及其家属实行的,具有保养和优待抚恤性质的社会保障措施。目前,各国社会优抚安置基金的来源渠道主要有三条:一是政府财政拨款;二是社会筹集统筹;三是个人投保。我国社会优抚安置制度没有采取社会保险方式,因此,我国社会优抚安置资金来源主要是政府财政拨款和社会筹集统筹,其中,政府财政拨款为主要来源。财政拨款的使用方向主要是政府负担的抚恤、安置费用,以及由政府兴办的优抚安置设施的建设费用。社会筹集统筹的资金则主要用于社会优待方面的各项开支。

2) 按社会保障基金征缴模式分类

社会保障基金的筹集按资金调剂范围可分为社会统筹模式和个人账户模式,前者主要体现为社会成员之间横向的收入调剂和风险分担,后者主要体现为职工一生收入的纵向调剂和风险分担。从基金积累的角度而言,按是否有基金积累可分为现收现付模式和基金积累模式,在实践中通常是这两种划分方式的结合,派生三种模式:一是现收现付模式;二是完全积累模式;三是部分积累模式。另外目前一些国家实行基本养老金名义账户制[①]。

(1) 现收现付模式。现收现付模式是由社会保险机构按以支定收的原则筹资,即由雇主和雇员(或全部由雇主)按工资总额的一定比例(统筹费率)缴纳保险费(或税)。这种方式是以支定收,不留积累。它是各国所有社会保险险种包括养老、医疗、失业等所采用的传统的筹资模式。

现收现付制社会保障基金筹资模式具有以下优点。

① 制度易建,给付及时。现收现付模式的社会保险制度一经建立,可以立即用正在工作的劳动者所缴纳的社会保险费去支付退休者所需要的养老金,而无须经过长期的基金积累过程。

② 无通货膨胀之忧。现收现付制一般以年度平衡为基准,有助于实施随物价及工资增长幅度而调整的保险金指数调节机制,从而有助于处理通货膨胀风险,保证社会保险目标的实现。

③ 再分配功能较强。现收现付制下,社会保险给付水平一般采用确定给付方式有助于体现和强化社会保险的收入再分配职能,进而体现社会公平和社会福利的原则。

但是,现收现付制社会保障基金筹资模式也具有明显的局限性。

① 现收现付制难以应付人口老龄化的挑战。现收现付制是一代人供养上一代人的制度,其供养水平直接受两代人人口比例关系的影响,如果供款一代人规模相对缩小,领款一代人规模相对扩大,将使供款人的平均负担加重。如果不降低退休金水平,则需要增加缴费,缴费增加

---

① 曲大维,罗晶,褚丽琴.社会保障基金管理[M].北京:清华大学出版社,2014.

到一定程度将使供款一代人不堪重负，进而不能保证制度的顺利融资，使制度面临支付困难，进而难以为继。供款一代人与领款一代人的比率称为抚养比，表明每个供款人平均负担领款人的个数，抚养比提高，会使正在工作一代人的负担加重。抚养比的变动受人口年龄结构变动的影响。随着人口出生率下降，人口出生数减少，老年人口比例相对增加，同时，随着经济发展水平和医疗保险水平的提高，老年人口寿命不断延长，使老年人口绝对数增加，老年人口在总人口中的比率增加，人口开始老龄化。由于出生率下降和人口寿命延长是人口发展的必然规律，人口老龄化成为人口发展的必然过程。人口老龄化使人口抚养比提高，使现收现付制的负担加重。如果没有其他社会保障资金供给渠道，则必然出现社会保障财务危机乃至制度运行危机。全球社会保障制度正是在日益严重的人口老龄化压力下走上了改革的道路。

② 现收现付制社会保障基金筹资模式的收入替代率具有刚性。前面已指出，现收现付制下的社会保险给付一般采用确定给付方式，因此，其收入替代具有刚性，即社会保险计划提供的退休收入与在职期间收入的比率具有调高不调低的特点。在雇员工作期间，社会保障制度预先做出给付承诺，退休后其养老金水平不能低于承诺的水平，而且随着经济的发展，为保证退休后的一定生活水平，给付水平必然随之提高，并使退休年龄推迟变得困难。这种刚性使现收现付制的给付水平居高不下，从而使社会保险制度背负越来越重的支付负担，对经济发展产生不利影响。

③ 现收现付制社会保障基金筹资模式可能诱发代际矛盾。现收现付制在其经济内涵上表现出劳动者代际收入再分配特性，但这一机制往往是制度建立时，最早享受待遇的那一代人在职时不缴纳或仅缴纳少量保险费，即在机制上表现出明显的付出少而获益大的再分配特征。而当制度运行几代人之后，尤其是在人口结构失衡的条件下，将呈现严重的不平等、不合理格局，即某一代劳动者难以实现由下一代人代际交换为先决条件的、理应获得的经济效益。这在特定背景下容易引发代际矛盾，并有可能使整个养老金制度面临解体危机。

(2) 完全积累模式。完全积累模式是从职工参加工作起，按工资总额的一定比例(缴费率)由雇主和雇员(或只有一方)缴纳保险费记入个人账户，作为长期储存积累增值的基金。该基金所有权归个人，按照基金领取的条件，一次性领取或按月、按用途领取。

完全积累模式又称基金制、基金积累制，其在任何时点上积累的社会保险费总和连同其投资收益，能够以现值清偿未来的社会保险金给付需要，从基金收支平衡的角度看，完全积累制是根据一个足够长的时期内收支平衡的原则来筹集社会保险基金。社会保险基金管理实行完全积累制时，既可以采取政府集中管理方式，也可以采取私营竞争管理方式。

(3) 部分积累模式。部分积累制又称部分基金制，是完全积累制与现收现付制相结合的一种社会保障基金筹资模式。这种模式根据两方面收支平衡的原则确定社会保险费率，即当期筹集的社会保险基金的一部分用于支付当期社会保险金，另一部分则留给以后若干期的社会保险金支出，在满足一定时期(通常为5~10年)支出的前提下，留有一定的积累金。因此，可以说现收现付制是社会保险基金的短期平衡，基金制是长期平衡，而部分积累制则是中期平衡。部分基金制既不像现收现付制那样不留积累基金，也不像完全积累制那样预留供长期使用的基金，它的储备基金规模比现收现付制大，比完全积累制小。

这种社会保障基金筹资模式兼具前两种模式的特点。就养老保险而言，这种模式力图在资金的横向平衡(工作的一代与退休的一代)和纵向平衡(人口年轻阶段与老年阶段)之间寻求结合点。同时由于预留了一部分积累资金,减轻了现收现付模式今后将遭遇的人口老龄化带来的沉重资金负担;又由于积累的资金规模比基金制小,在通货膨胀中基金损失的风险也小。

在实践中,由现收现付制向基金制转轨时,由于一次性填补过去现收现付制积累的债务非常困难,通常选择保留一部分现收现付制,同时建立个人账户,这便是部分基金制。我国养老保险制度改革初期提出的"以支定收,略有结余,留有部分积累"原则就是这种模式。社会统筹和个人账户相结合的部分积累制是一种创新模式,从理论上来看,在维持现收现付制框架基础上引进个人账户,储存基金制的形式,积累基金建立在个人账户的基础上,具有激励机制和监督机制,同时保持了社会统筹互济的机制,聚集了"两制"之长,防止和克服了"两制"的弱点和可能出现的问题。

另外,还有一些国家实行基本养老金名义账户制。瑞典作为福利国家的代表,在养老金制度建设方面始终走在前列,经过近一个世纪的长期发展,瑞典逐渐建立起多层次、严监管的养老金制度,其个人账户模式已成为发达国家中的典范。

瑞典的养老金制度与其经济发展关联密切,从第二次世界大战结束以后到20世纪70年代这一阶段,瑞典养老金制度得到快速发展,瑞典作为中立国,经济并没有受到战争的破坏。1946年,瑞典议会通过一项新的养老金法,即建立统一标准的养老金制度。战争结束后,经济高速发展,人们生活水平逐渐提高,基本养老金制度已经不能满足人们的需求,1960年,瑞典开始实行与收入相联系的补充养老金,国民保险法也在1963年正式生效。到了20世纪70年代,瑞典的养老金制度逐渐完善起来,但此后,瑞典养老金制度开始面临严峻挑战。一方面,因为快速发展的经济趋于停滞,失业等一系列问题突显出来;另一方面,瑞典人口结构发生变化,随着老龄人口的不断增多,其供养负担也越来越重,社会保障需求也随之增长,瑞典现收现付的养老金制度已经不能维系养老保险制度的正常运行,改革势在必行。

20世纪80年代,瑞典酝酿改革并成立了养老保险改革委员会;1992年,养老金改革框架出台;1994年,养老金改革方案正式颁布,同年6月作为立法并正式实施。改革前,瑞典养老保险体系主要是由基本年金、补充年金和部分年金三部分构成,而改革后的新制度为顺应改革趋势和社会发展,创新引入名义账户制。

改革后,瑞典养老保障体系分为三个层次(见表1-1),第一个层次是"保障养老金"(GP),替代原来的国民养老金(FP)制度;第二个层次是名义账户养老金,又称为"收入养老金";第三个层次是实账积累制养老金,又称为"费用养老金"。名义账户养老金和实账积累制养老金都实行收入关联型DC型计划。名义账户制又称为名义缴费确定型养老金模式(简称NDC模式),集现收现付制计划和基金积累制计划于一身。瑞典政府为克服养老金支出危机,决定改变现收现付的养老金筹资模式,采用现收现付与部分积累相结合的制度,先是在原来的现收现付基础上引入个人账户,个人缴纳的费用全都记入个人账户,雇主缴纳费用则记入现收现付账户,但在养老金支付上,个人账户和现收现付账户全部投入资金运用,也就是说,名义账户资金只是名义上的。

1998年,瑞典政府决定改变名义账户的名义性,做实个人账户,把雇主和雇员共同缴纳的16%记入现收现付账户,2.5%记入个人账户。一方面,改革后的公共养老金计划分为基本养老金和与收入相关的养老金两部分,现收现付账户与个人账户组成了与收入相关的养老金,实行个人账户使瑞典的养老金制度逐渐与经济发展相协调，另外养老金制度改革的内容中有推迟退休年龄，在新制度中规定公民的法定退休年龄为65岁，但可根据自身实际采用灵活的退休年龄。这一系列改革措施使得养老金支出增长缓慢，从而缓解了瑞典社会福利支出的压力。另一方面，新制度实行缴费激励机制，养老金待遇直接与个人缴费多少和缴费时间挂钩，强调个人的权利与义务，进一步提高了养老金制度的公平性[①]。

表1-1 瑞典公共养老金体系[②]

公共养老金	待遇结构	缴费方式	财务管理模式
保障养老金	定额、家计调查性	税收	现收现付
名义账户	DC	缴费	现收现付
实账积累制	DC	缴费	完全积累

3) 按社会保障基金所有权分类

按社会保障基金所有权分类，社会保障基金包括公共基金、个人基金、机构基金。

(1) 公共基金。公共基金为公共所有，其来源有财政拨款、按法律规定由雇主或雇员缴纳的社会保险费(税)、社会捐赠、国际赠款。例如，养老保险、医疗保险、失业保险、工伤保险、生育保险等社会保险基金中属于社会"统筹"的部分。

(2) 个人基金。个人基金是归个人所有的非财政性社会资金，但它不同于银行存款和各种有价证券的资金。它是按法律、法规、规章缴纳记在个人账户用于专门用途的基金。例如，个人账户的养老保险基金等。

(3) 机构基金。机构基金是用于单位为其职工建立的福利性社会保险基金，所有权全部或部分归集体所有，按照国家的政策和单位的规章对符合条件的职工给予补贴的资金。例如，用人单位的福利基金等。

4) 按社会保障基金管理方式分类

按基金营运管理方式分类社会保障基金包括财政性基金、市场信托管理基金、公积金基金。

(1) 财政性基金。财政性基金按目前的管理方式又可分为预算内管理资金和预算外管理资金。国务院发布的《关于加强预算外资金的管理决定》明确指出，凡是体现政府职能并凭借或依靠国家所赋予的职权取得的收入都属于财政性资金，应纳入财政管理范围。预算外资金是指国家机关、事业单位和社会团体为履行或代行政府职能，依据国家法律、法规和有法律效力的规章而收取、提取和安排使用的未纳入国家预算管理的各种财政性资金。各类社会保障基金中的社会统筹基金都属于公共所有的基金，按规定纳入国家预算外管理，建立财政专户，收入上缴财政专户，支出由财政部门按预算外资金收支计划从专户中拨款。

(2) 市场信托管理基金。市场信托管理基金的来源按契约或章程由用人单位和职工(或用人单位一方)缴存，计入个人账户，由基金法人委托受托人管理基金，基金运营管理(包括投资运

---

① 丛春霞，绍大妞. 完善养老金个人账户——瑞典的经验及启示[J]. 社会保障研究，2018(5).

② 郑秉文. 中国养老金发展报告2015[M]. 北京：经济管理出版社，2016.

营)通过市场竞争委托金融中介机构(基金管理公司、投资管理公司)具体运作。凡以个人账户储存积累的基金都应按照这种管理方式进行管理。例如，企业补充养老保险基金，受益人是拥有个人账户的职工，基金法人是基金资产的名义持有人，作为资产所有人的法人代表行使基金管理决策职能，委托金融中介机构运营管理。

(3) 公积金基金。公积金基金是按照法律、法规规定，由用人单位和职工缴存，计入个人账户，产权归个人所有的基金。它不属于财政性资金，也不同于银行储蓄资金，由法律规定其用途和领取条件，并由法定机构(属金融机构)运营管理，综合用于养老、医疗等保障功能。如新加坡的中央公积金制度就是这种营运方式。

1.3 社会保障基金的属性、特征与功能

1.3.1 社会保障基金的属性

社会保障基金的性质，需要从社会保障基金的来源构成和使用方向上来考察。明确社会保障基金的性质，有助于明确社会保障基金的归属问题，从而便于明确社会保障基金的管理主体、管理方式、使用范围，保证社会保障基金的完整性和专用性。

从社会保障基金的来源与使用方向来考察其性质，社会保障基金应是在国民收入的初次分配及再分配过程中形成的，从国家财政收入、企业收入和劳动者收入中分解出来的，用于社会保障事业的一种消费性的社会后备基金。

具体地说，一方面，国民收入经过初次分配形成国家、企业或集体、个人的原始收入，政府通过财政拨款、企业或单位统筹及个人缴费等方式来建立社会保障基金；另一方面，根据一定的法定条件实现国民收入再分配，向不同项目的社会保障对象提供经济援助和福利服务。因此，社会保障基金的建立在实践中是先积累后支付的，从而客观上表现为社会后备基金形态。

关于社会保障基金的属性，马克思主义经典著作曾作过精辟论述，马克思指出，从社会总产品中应该扣除一部分用来作为不幸事故、自然灾害等的后备基金或保险基金；从社会剩余产品中扣除一部分"为丧失劳动能力的人等设立基金"，"属于所谓官办济贫事业的部分"。他还科学地预言，这种性质的基金"甚至在资本主义生产方式消灭之后，也是继续存在的唯一部分"。恩格斯亦强调这种基金"过去和现在都是一切社会的、政治的、智力的继续发展的基础"。这种消费性的社会后备基金，明确了社会保障基金不管其来源于什么渠道，最终只能用于全体社会成员和劳动者在特定情况下的经济帮助，而不能挪作他用，不能用于弥补财政赤字。

1.3.2 社会保障基金的特征

社会保障作为一种安全体系，具有安定社会生活的功能。当社会成员失去生存保障时，就会产生社会的动荡。国家通过社会保障基金的分配和使用，可以保证劳动者乃至国民在特殊情况下的生活问题，从而实现整个社会乃至统治秩序的稳定[1]。社会保障基金具有以下特征。

---

[1] 吕学静. 社会保障基金管理[M]. 北京：首都经济贸易大学出版社，2007.

1. 法定强制性

社会保障基金是国家通过法律法规强制筹集、管理和使用的，它的运用受到法律法规的规范和限制。社会保障基金的缴费标准、缴费项目、待遇给付及给付条件等均由国家的法律法规或地方政府的条例统一规定，任何单位和个人均无自由选择和更改的权利。凡属于法律规定范围内的成员都必须无条件参加基本社会保障制度，按规定履行缴纳社会保障费或社会保障税的义务。社会保障基金管理机构必须依法实施社会保障基金的投资运营，确保社会保障基金具有稳定的资金来源和安全有效的基金管理方式。

2. 共享互济性

社会保障基金的互济性是指社会保障基金的分配与使用，主要根据不同人口群体甚至个人的实际需要，并不是与个人对社会保障基金做出的贡献完全挂钩。因为每个人发生的风险概率和风险大小是不等的，社会保障基金主要用于那些最需要帮助的人，不是平均分配。这也是社会保障的应有之义。

互济是社会保障的一个重要特点，社会保障基金是通过国民收入再分配形成的，是社会成员之间互济性的反映。特别是对某些社会保险项目而言，每个人发生风险的概率大不相同，但在基金筹集时并不考虑这种差异，而是按统一标准筹集。这样就会出现每个人享受的社会保险待遇不一定等于其对社会保障基金的贡献的情况。有些人的收益大于贡献，有些人的贡献大于收益，这就是社会保障基金互济性的体现。

3. 长期积累性

在完全积累制或部分积累制的情况下，由于从社会保障缴费到社会保障金支出有个长期的时间差，这从根本上要求社会保障基金管理机构能够利用积累形成的社会保障基金进行投资组合管理，在动态经济条件下实现社会保障基金的安全运营、有效投资和保值增值，从而在提高资本形成效率，实现社会保障制度、资本市场与国民经济的互动协调发展的基础上，使社会劳动者因社会保障基金的积累而得益，进一步增进社会保障制度的福利性。

1.3.3 社会保障基金的功能

社会保障基金是一种长期性的后备基金，它不仅具有积累性，而且在支出上具备刚性增长特点。因此，运营好社会保障基金，特别是确保社会保障基金的实际价值和增值，有利于社会稳定与发展，确定社会保障制度的实施，是社会保障基金管理工作中的一项重要工作。社会保障基金的主要功能表现在以下几个方面。

1. 提高社会劳动生产率，促进生产和经济的发展

社会保障基金与工资一样，能够为劳动力再生产提供必要条件。劳动力再生产是社会再生产的基础，劳动生产率的提高和生产的发展，取决于劳动力的维持和再生产。通过社会保障基金的分配和使用，一方面可以使劳动者患病时得到及时治疗，恢复劳动能力；另一方面可以通过对教育和在职培训的投入提高社会新增劳动者和原有劳动者的素质和技能。劳动者具有健康的体魄、旺盛的精力和较高水平的技术能力，就可以大大提高劳动生产率，从而促进社会生产和经济的发展。

2. 有效应对人口老龄化的挑战

中国社会科学院世界社保研究中心发布的《中国养老金精算报告2019—2050》显示，2019年我国"参保赡养率"和"缴费赡养率"分别为37.7%和47.0%，然后这两个指标同时缓慢上升再加速上升，从2023年后便开始一路平稳上升，到2043年后有加速迹象，到2050年将分别达到81.8%和96.3%。据此，仅从制度赡养率上看(不考虑人均待遇的提高)，城镇企业职工基本养老保险支付压力在不断增大，简单地说，2019年接近两个缴费者来赡养一个离退休者，而到了2050年则几乎一个缴费者需要赡养一个离退休者。2019年当期结余总额为1062.9亿元，短暂地增长到2022年，然后从2023年便开始下降，到2028年当期结余首次出现负数-1181.3亿元，最终到2050年当期结余降到-11.28万亿元。2019年全国城镇企业职工基本养老保险基金累计结余为4.26万亿元，此后持续增长，到2027年达到峰值6.99万亿元，然后开始迅速下降，到2035年耗尽累计结余。如此沉重的负担是国家财政和企业难以承担的。因此，面对新形势、新任务、新要求，社保基金会要牢记神圣使命，强化责任担当，完善社会保障基金运营与管理的体制与机制，以确保基金安全和保值增值为核心，以做强做大社会保障基金为目标，不断改革创新，多渠道扩大基金规模，着力提高运营管理水平，有效防控风险隐患，健全完善法律法规，提高人员队伍素质，努力建设一流社会保障资产管理机构，以有效应对我国人口老龄化挑战，完善社会保障体系，筑牢民生保障底线。

3. 防范社会保障基金面临的贬值风险

社会保障基金能否保值增值，不能简单地用不同时期基金账面数量来衡量，而必须看基金实际价值量的变化，即剔除物价因素后的价值。如果基金增值水平低于物价上涨指数，便意味着基金贬值。如"八五"时期尤其是1994年、1995年物价上涨率大大高于银行利率和国债利率，社会保障基金非但没能保值增值，而且在贬值，影响了基金的支付能力。部分累计筹资模式下，基金的收与支之间的时间跨度将会被拉得更大，基金保值增值将会更重要。

4. 防止社会保障基金流失

多年来，我国的社会保障处于多头管理、条块分割的状况，各项保障基金由各部门分别自行征收、分散管理，既没有纳入财政预算管理，也没有纳入财政专户管理，完全处于社会监控之外。由于缺乏统一的行政监督和基金保值增值制度的不健全，使得滥用、挪用社会保障基金的现象时有发生，造成社会保障基金的大量流失，影响社会保障事业的发展。加强社会保障基金的管理，有利于改善这种状况。

5. 调节收入分配

社会保障直接调节着居民收入的分配与再分配，社会保障资金来源于国民收入的分配与再分配，并通过税收或征费或"转移性支付"给予保证，进而分配给受保障者或有需要者，正如国际劳工组织为一个发展中国家起草的一份报告中所指出的，"在现代社会保障的各项计划中，可以看到收入再分配的一些情况，它们按照一定的体制，提取一部分生产成果，为遭受职业损害的人们谋利益；由收入较高的工人负担一部分费用，以保证低收入工人的最低年金收入；通过适当税收的办法，把社会开支分别用于鳏寡、伤残和其他可能发生的情况；它们呼吁产业部门在整个国家范围内发展基本保健服务，并且，在全面范围重建经济平衡以利于相对的最下层社会"。而在社会保障制度健全的国家,这种调节功能更加显著,它通过社会保障资金的征集与社会保障待遇的给付,在不同的受保障对象之间横向调节收入分配,同时还实现了代际纵向调节收入分配。

在市场经济条件下,由于人们在劳动能力、社会机遇等方面的差异,劳动能力较弱或家庭负担较重的劳动者,平时生活比较困难,若遇上风险事故,其个人及家庭生活就可能陷入困境,社会分配差距会进一步扩大。对这种分配差距若不适时加以调节,就会激化社会成员之间的矛盾,这对社会稳定和生产发展都是不利的。社会保障可以通过法律手段,强制征集保障基金,再按照社会公平原则分配给收入较低或失去生活来源的劳动者,帮助他们渡过难关。这样可以调节社会劳动者的收入差距,有利于实现社会的公平分配。

6. 促进经济社会稳定发展

社会保障基金是一种长期性的后备基金,它不仅具有积累性,而且在支出上具备刚性增长特点。因此,运营好社会保障基金,特别是确保社会保障基金的实际价值和增值,是社会保障基金管理工作中的一项重要工作,有利于社会稳定与发展,能够确保社会保障制度的实施。

社会保障作为一种安全体系,具有安定社会生活的功能。当社会成员生存失去保障时,就会产生社会的动荡。国家通过社会保障基金的分配和使用,可以保证劳动者乃至国民在特殊情况下的生活问题,从而实现社会秩序的稳定。筹集更多的社会保障基金,并管好、用好这些基金,能够使符合条件的社会成员都能享受社会保障的待遇支持。健全幼有所育、学有所教、劳有所得、病有所医、老有所养、住有所居、弱有所扶等方面社会保障体系,能够满足人民多层次、多样化需求,满足人民日益增长的生活需要,增进人民福祉。

本章小结

社会保障是一项系统的社会工程,社会保障体系是保障公民基本生活的安全网和一种长效性的制度安排。从世界大多数国家的情况来看,社会保障体系通常包括基本社会保障和补充社会保障两大类,前者由国家立法统一规范并由政府主导,一般包括社会救助、社会保险和社会福利三个基本组成部分,以及部分国家针对军人建立的特殊保障制度;后者则通常是在政府的支持下由民间及市场来解决,一般包括企业年金、慈善事业等,它们构成对基本社会保障制度的补充。

社会保险一般是指根据国家和各级政府立法,由劳动者、劳动者所在的企业或社区和国家等共同出资,以便在劳动者及其家庭因遭受年老、疾病、伤残、生育、死亡、失业等风险,导致收入减少、中断或丧失而陷入贫困时,能够使其达到最低限度生活水平或满足基本生活需要而建立的一种社会保障制度。它具有以下特点:预防性、互济性、储备性、责任分担。

社会保障基金是指根据国家立法,通过各种特定渠道建立的用于实施社会保障制度的专项资金。它是从国民收入的初次分配及再分配过程中形成的,从国家财政收入、企业收入和劳动者收入中分解出来的,用于社会保障事业的一种消费性的社会后备基金。社会保障基金是经济社会稳定发展的"减震器"和"安全网",有效运营与管理社会保障基金,能起到提高社会劳动生产率、有效应对人口老龄化挑战、防范社会保障基金面临的贬值风险、防止社会保障基金流失、调节收入分配和促进经济社会稳定发展等作用。

拓展阅读

1. 吕学静，江学. 社会保障基金管理[M]. 5版. 北京：高等教育出版社，2020.
2. 宋明岷. 社会保障基金管理：理论、实践与案例[M]. 2版. 上海：复旦大学出版社，2019.
3. 曲大维，罗晶，褚丽琴. 社会保障基金管理[M]. 北京：清华大学出版社，2014.

思考题

1. 社会保障体系包含哪些具体内容？
2. 什么是社会保障？
3. 简述对基金含义的理解。
4. 什么是社会保障基金？它有何特性？
5. 社会保障基金如何分类？
6. 简述社会保障基金的功能。

典型案例

案例1　我国社会保障基本情况[①]

人社部2021年1月26日召开新闻发布会，现场发布如下数据。

一、2020年人力资源和社会保障工作取得积极进展

就业形势逐季好转、总体稳定、好于预期。全年城镇新增就业1186万人。12月份城镇调查失业率5.2%，年末城镇登记失业率4.24%，均低于预期控制目标。强化就业优先政策，创新实施28项突破性政策，打出减负、稳岗、扩就业的政策组合拳。重点群体就业扎实推进，职业技能培训持续加强。社保"免减缓降"政策为企业减负1.54万亿元。向608万户企业发放失业保险稳岗返还1042亿元。支出就业补助和专项奖补资金上千亿元。

二、社会保障制度改革持续深化

截至2020年年底，全国基本养老、失业、工伤保险参保人数分别为9.99亿人、2.17亿人、2.68亿人，分别比2019年年底增加3128万人、1147万人、1291万人。2020年3项社会保险基金总收入5.02万亿元，总支出5.75万亿元，年底累计结余6.13万亿元，基金运营总体平稳。全国社会保障卡持卡人数达到13.35亿人，电子社保卡累计签发超过3.6亿张。

三、制度改革持续深化

社保待遇按时足额发放，调整退休人员基本养老金工作全面完成，惠及超过1.2亿退休人员。失业保险保障范围扩展至所有城乡参保失业人员，全年1337万人领取不同项目的失业保险待遇，比2019年增加了841万人。17.2万名符合参保条件的重点水域退捕渔民参加基本养老保险。

[①] 中国新闻网. 截至2020年年底，全国基本养老保险参保人数为9.99亿[EB/OL]. (2021-01-26)[2021-08-06]. http://www.chinanews.com/gn/2021/01-26/9396613.shtml.

四、基金投资运营工作稳步推进

所有省份均启动实施基本养老保险基金委托投资工作，合同规模1.24万亿元，到账金额1.05万亿元。调整年金基金投资范围。国家社会保险公共服务平台稳定运行，提供9类28项全国统一服务，总访问量超过15亿次。

五、人才体制机制不断健全

累计出台20个系列职称制度改革意见。制定关于进一步加强高技能人才与专业技术人才职业发展贯通的实施意见。完善新职业信息发布制度和职业分类动态调整机制，健全职业标准体系。发布互联网营销师等25个新职业信息，颁布56个国家职业技能标准。

六、劳动关系总体和谐稳定

劳动关系治理能力不断提升，企业工资宏观调控和国企工资分配工作取得进展。劳动人事争议案件调解仲裁扎实开展。根治欠薪工作成效显著，各级劳动保障监察机构办结工资类违法案件5.5万件，为64.8万名劳动者追发工资等待遇65.2亿元。各级人社部门将911个违法失信企业列入拖欠农民工工资"黑名单"管理，向社会公布重大欠薪违法行为1804件。部本级集中公布2批次拖欠农民工工资"黑名单"信息80条，公布40件重大欠薪案件。会同相关部门制定车辆登记、银行账户、不动产登记查询规定，完善保障农民工工资支付条例配套措施。组织开展2019年度省级政府保障农民工工资支付工作考核。扎实推进冬季专项行动。依托"根治欠薪进行时"平台，加强举报投诉线索的转办督办。

七、人社扶贫各项任务全面完成

全国9000万建档立卡贫困人口中，90%以上得到产业扶贫和就业扶贫支持。

八、技能扶贫强素质

全国组织贫困劳动力培训超过270万人次，技工院校招收贫困家庭学生约8万人，超额完成年度目标。举办全国扶贫职业技能大赛。深入实施技能脱贫千校行动，推动"三区三州"等深度贫困地区技工院校建设。推进西藏技师学院和南疆四地州技工院校建设。

九、社保扶贫保生活

截至2020年年底，全国6098万建档立卡贫困人口参加基本养老保险，参保率保持在99.99%。

案例2　如何解决我国养老金问题[①]

"养老金够不够发放"是社会热议的话题之一。凤凰网财经频道记者采访了世界社保研究中心主任，深圳创新发展研究院资深研究员，第十三届全国政协外事委员会委员郑秉文。郑秉文指出，"养老金的南北差异是因为我国没有实现中央水平的管理"。

2019年，我国职工基本养老保险基金累计结余已近5万亿元，平均可满足17个月的支付。但是，在现收现付的养老金制度下，东北等部分省份已经出现了收不抵支的问题。

---

① 郑秉文. 把南方的养老金调拨给东北并不会造成不公[EB/OL]. (2019-01-22)[2021-08-16]. https://finance.ifeng.com/c/7jfT6dYmnhI.

对于养老金结余的南北差异，郑秉文表示，主要是因为养老金管理的层级太低造成的。目前，我国处于县级水平的管理，所以会出现差异。

"养老金如果由中央来管理，就不存在这个问题了"，郑秉文说道。可是中国没有进行中央水平的管理，仍然采用二十几年前试点时的管理水平，所以就出现了这样一个问题。"

既然中央级别的管理能解决养老金的地区差异，那中央为何迟迟没有施行中央水平的养老金管理呢？

"主要是因为中央级别的管理水平要求中央最后对养老金全国范围的收不抵支承担'最后出资人'的兜底责任，需要中央财政来兜底。而现在，多级政府可以承担这个责任。"郑秉文表示。

目前，养老基金的中央调剂制度已经实施半年，南方养老金支援东北就是典型的例子。

对于南方养老金支援东北，郑秉文表示："理论上讲，按照全国统一管理的原理和国际惯例，这种做法实现了发达地区补贴欠发达地区的目的，或说中央层级管理养老基金解决了发达地区补贴欠发达地区的问题，这是中央管理层级的题中应有之义，本来就应该这么做。但在目前没有实现中央管理养老基金的情况下，要实现发达地区补贴不发达地区，按照计划经济的办法，实行一平二调，那是不行的。"（注："一平二调"是平均主义和无偿调拨的简称。"一平"是指在人民公社范围内把贫富拉平，搞平均分配；"二调"是指对生产队的生产资料、劳动力、产品以及其他财产无代价地上调。故而可以说，"一平二调"是特殊社会背景下出现的一种特殊分配方式）

地方政府在管理养老金的时候，与地方的利益有一定关联。发达地区收的钱多，退休的人少，积累的养老金就多；这部分资金存在当地银行，对当地金融业和经济发展会有巨大的支持。如果采取"一平二调"的办法，肯定是不行的，得有一个非常科学的、各个省份又能够接受的办法。

当然，最根本和最好的办法是实现全国管理的水平，实现全国统筹，这样的话就实现了发达地区向欠发达地区的转移，实现了发达地区对欠发达地区的支持。但目前我们没有实现全国管理的水平，如果要实现发达地区支持不发达地区，就需要想办法，可以采取什么样的办法呢？

郑秉文表示："事实上这个办法已经实行了。"

2018年7月1日，养老基金的中央调剂制度开始实施。

中央调剂制度既保护了地方的积极性，同时又减轻了黑龙江等个别省份收不抵支的巨大压力，是一个双赢的办法。

如何进一步解决养老金穿底的问题？建议成立外汇型主权养老基金。

数据显示，2016年养老金当期收不抵支的省份数量从上一年的6个增至7个，而2014年只有3个省份收不抵支，可见收不抵支地区的数量在不断增加。有没有什么办法能够解决养老金收不抵支的情况？

郑秉文表示，在目前中央统筹层次没有实现的情况下，现在实行的中央调剂制度就是一个很好的过渡办法，这个过渡办法在一定程度上缓解了黑龙江等一些省份收不抵支导致的财政压力，缓冲了养老基金穿底的压力。

此外，郑秉文强烈建议建立一个外汇型主权养老基金。郑秉文表示，在2000年的时候我国已经建立了一个主权养老基金，就是全国社保基金理事会。"目前在全球贸易局势紧张的大背景下，我认为我们建立外汇型的主权养老基金的机会窗口将会越来越小，在它闭合之前就应该拿出三千亿美元的额度建立一只外汇型的主权养老基金，让它走出去，实现全球资产配置。这件事如果现在不做，以后的机会就越来越小了，这是应对老龄化的一个重要举措，很多国家都在这么做，我们现在有这个条件，看到前一两年外汇储备急剧下降的趋势，我想到了这个问题。"郑秉文表示，如果建立了外汇型的主权养老基金，可以用它来补偿补贴养老基金的缺口。

第2章　社会保障基金运营与经济行为主体的关系

【本章提要】本章主要介绍了社会保障基金运营的内涵，经济行为主体与社会保障基金筹集，社会保障基金运营与居民收入和消费的关系，社会保障基金运营与企业的资本积累与投资，以及社会保障基金运营中的政府责任。读者通过学习本章，可对社会保障基金运营与经济行为主体的关系有一个基本的把握。

2.1　社会保障基金运营

社会保障基金运营是指社会保障基金运营相关制度的规范，基金的筹措、使用、投资以及监管等方面的总过程。从横向来看，它是指社会保障基金运营相关制度的建设、目标模式的构建、社会保障基金的筹集模式、社会保障基金的支付使用、社会保障基金的投资运营以及社会保障基金的监管等方面内容的总和。从纵向来看，它是指社会保障基金运营的各构成因素之间分工合作、相互协调，使社会保障体系得以正常运转的循环过程。本章着重介绍社会保障基金的筹集和使用方面的内容，而有关社会保障基金的投资运营以及监管方面的内容将在后面的章节中详细阐述。

2.1.1　社会保障制度设计与调整

社会保障制度不仅是工业社会的产物，也是人类社会文明进步的表现。社会保障制度产生于20世纪初叶，经过近一个世纪的发展，大多数国家逐渐建立了较为完整的社会保障体系。

目前，中国特色社会主义进入新时代。党的十九届四中全会提出："坚持和完善中国特色社会主义制度、推进国家治理体系和治理能力现代化的总体目标是，到我们党成立一百年时，在各方面制度更加成熟更加定型，取得明显成效；到二〇三五年，各方面制度更加完善，基本实现国家治理体系和治理能力现代化；到新中国成立一百年时，全面实现国家治理体系和治理能力现代化，使中国特色社会主义制度更加巩固、优越性充分展现。"

因此，社会保障制度体系的建设必须适应我国社会主要矛盾已经转化为人民日益增长的美好生活需要和不平衡不充分的发展之间的矛盾这一客观要求，在社会保障体系基本建立基础上提出新的奋斗目标。2017年党的十九大报告提出全面建成多层次社会保障体系，要坚持全覆盖、保基本、多层次、可持续的基本方针，按照兜底线、织密网、建机制的基本要求，实现覆盖全民、城乡统筹、权责清晰、保障适度、可持续的奋斗目标。这是党中央在科学研判世情国情的基础上，牢牢把握我国发展的阶段性特征和人民群众对美好生活的向往，对新时期社会保障体系建设做出的重大部署。这对于不断提高保障和改善民生水平，促进国家治理体系和治理能力现代化，推动经济社会发展朝着更高质量、更有效率、更加公平、更可持续方向前进，有着重大现实意义和深远历史意义。这是社会保障体系自身发展完善的必然要求，与全面建成小康社会目标相契合。

全面建成多层次社会保障体系，"兜底线、织密网、建机制"是基本要求。兜底线，就是要发挥社会政策的托底功能，切实保障群众基本生活需求，兜住民生保障底线，坚守社会稳定底线；织密网，就是要实现制度最广泛的覆盖，让人人都能享受基本社会保障；建机制，就是要持续深化改革，建立健全体制机制，不断提高社会保障法治化、制度化水平。"覆盖全民、城乡统筹、权责清晰、保障适度、可持续"是奋斗目标[1]。覆盖全民，就是要不断扩大社会保障覆盖面，基本实现法定人员全覆盖；城乡统筹，就是要统筹推进城乡居民社会保障体系建设，合理缩小社会保障领域的城乡差异；权责清晰，就是要明确各级政府和用人单位、个人、社会的社会保障权利、义务和责任；保障适度，就是要根据经济发展确定保障待遇水平，合理引导群众的保障预期；可持续，就是要确保各项社会保险基金收支平衡，制度长期稳定运行。

全面建成多层次社会保障体系，就是要在保障项目上，坚持以社会保险为主体，社会救助保底层，积极完善社会福利、慈善事业、优抚安置等制度；在组织方式上，坚持以政府为主体，积极发挥市场作用，促进社会保险与补充保险、商业保险相衔接[2]。要积极构建基本养老保险、职业(企业)年金与个人储蓄性养老保险、商业保险相衔接的养老保险体系，协同推进基本医疗保险、大病保险、补充医疗保险、商业健康保险发展，在保基本基础上满足人民群众多样化、多层次的保障需求。

针对现行社会保障制度体系的不足，构建多层次社会保障体系应做好以下几个方面。

1. 统筹规划、整体设计

现代社会保障体系应当是一个结构完整并有自身规律的社会系统，不同保障项目肩负着不同的社会保障责任，不同层次的保障项目满足着不同层次的需要。只有在体系结构规划完整、不同层次系统设计的条件下，才能让不同主体明了自己的责任与收益，才能让不同保障项目及其不同层次充分发挥出有效功能，因此，多层次社会保障体系建设需要统筹规划。

从发达国家社会保障体系建设发展进程来看，往往是急用先立、逐步发展，经过较长时期才形成日益完备的社会保障体系，并能够与人口老龄化进程保持基本同步。我国则是在已经建立一套与计划体制相适应的社会保障制度的背景下，通过制度变革再建立与市场经济相适应的新型社会保障体系，市场经济体制的迫切需要与人口老龄化的快速发展，使得我国不可能像发达国家一样从容建制，而是需要在短期内完成对整个社会保障制度的深刻变革并构建起合理的多层次保障体系。在这样的背景下，如果继续实行分割考虑、单项推进的改革与发展策略，新型社会保障体系建设势必会出现顾此失彼或者厚此薄彼的局面，并形成失衡的利益格局，此后再行调整绝非易事。以往改革中出现的利益失衡导致现阶段深化改革特别艰难的事实，就是一面绝好的镜

---

[1] 全面建成多层次社会保障体系[J]. 经济，2018(Z1): 102-106.
[2] 郑功成. 多层次社会保障体系建设：现状评估与政策思路[J]. 社会保障评论，2019, 3(01): 3-29.

子。因此，在构建多层次社会保障体系中，必须将统筹规划置于首位，并做好顶层设计。

（1）将社会保障体系的总体设计纳入中央全面深化改革和国家治理体系现代化的总体设计中，科学定位社会保障体系及其功能。只有站在国家治理体系现代化的角度来完整地看待社会保障体系，才能明确这一制度的建制初衷与发展目标，并厘清制度发展的方向与路径。这方面的设计需要处理好政府与市场、社会及家庭的关系，国家财政与主体各方责任分担的关系，同时解决好社会救助、社会保险、社会福利三大基本制度体系的统筹安排与合理定位[1]。

（2）解决好不同社会保障类别或主要项目的结构、功能定位与资源配置方式，以及与相关制度安排的关系。包括医疗保障体系的结构优化及其与公共卫生、医疗服务、医药供应之间的协同推进，老年保障体系中经济保障与服务保障之间的结构优化与协同推进，社会救助与扶贫开发之间的结构优化与协同推进，养老保险与企(职)业年金及人寿保险之间的结构优化与协同推进，法制建设、体制改革、机制创新的协同推进等。

（3）细化具体保障项目的顶层设计，重点同样是优化制度结构，合理分配责任，保证制度公正、有效且可持续。

2. 分层分类、协同推进

中国特色的多层次社会保障体系，可将传统的家庭保障作为基础，以政府负责或主导的法定保障为第一层次，以政策支持并集市场、社会各方之力的政策性或公益性保障为第二层次，以市场主导并由市场主体提供的商业性保障为第三层次。这样分层的意义在于既维护了我国家庭保障的优良传统，又明确了政府责任与市场及社会的发展空间。

在分层的基础上，还有必要进行分类。以企业年金为例，正规就业与灵活就业所需要的政策支持会有不同；再以养老服务为例，同一收入层次的老年人也因低龄与高龄、健康与失能、空巢与非空巢而有着不同的养老服务需要，如果政策上不加区别，就不可能精准引导。

在分层分类的基础上，还要协同推进不同层次保障项目的发展，层次建设虽有先后，但法定保障制度的优化亦需要其他层次的保障项目同步跟进或随后跟进，两者之间在一定程度上存在互为条件的关系。如法定的基本养老保险替代率要降下来，必定要有企业年金或职业年金等跟上去，否则，法定养老金水平下降必然直接影响老年人的晚年生活质量，进而引发社会风险。

因此，在中央全面深化改革委员会有必要成立社会保障司，专职承担多层次社会保障体系建设的宏观设计之责，具体可由国家发改委牵头，各主管部门参与其中，统筹规划新型社会保障体系建设和协同推进多层次社会保障体系发展。

3. 尽快优化并实现法定保障制度定型且全面覆盖

一方面，主体各方责任边界清晰并合理分担责任是法定社会保障可持续发展的根本，一个成熟、优良的社会保障制度必定是主体各方责任边界清晰并能够有机协同的体系。然而，从我国现行制度安排的实践出发，可以发现，作为社会保障责任主体的政府(含中央政府与地方各级政府)、企业、社会、市场、个人及家庭的责任边界并不是很清晰，甚至还出现了相互错位、效果对冲的现象。以基本养老保险为例，虽然由用人单位与参保者个人分担缴费，但单位缴费相当于个人缴费的2倍以上，政府承担的也不是相对稳定的比例分担责任而是难以预计的

---

[1] 郑功成. 多层次社会保障体系建设：现状评估与政策思路[J]. 社会保障评论，2019, 3(01): 3-29.

兜底责任与长寿风险；同时，由于养老保险制度处于地区分割状态，不同地区的缴费基数与缴费率因人口年龄结构不同而不同，使得作为国家利益的基本养老保险沦为地方利益，其权责关系变得混乱无序。在居民基本医疗保险中，也是政府责任愈来愈重，个人责任愈来愈轻，责任失衡的现象还在持续加剧。在社会救助方面，低保制度以中央财政为主要支撑，地方政府承担何种责任及多大责任并无规制；灾害救助更是缺乏公正的规制，形成了有灾找政府、下级找上级、全国找中央的政府救灾格局，虚报自然灾害灾情成了常态。在养老服务方面，公共投入主要依靠有限的福利彩票公益金，且主要用于公办养老院或敬老院，总量供给不足与结构严重失衡的格局是一种普遍现象。可见，我国社会保障制度的主体各方责任边界是模糊的，进而造成责任失衡、结构失衡和受益主体权益失衡，这种局面如果不加快改变，必定损害整个制度的健康持续发展。

　　另一方面，互助共济是社会保障制度的本质特征与最卓越的功能，也是整个社会保障制度可持续发展的稳定基石。然而，由于过去一度奉行效率优先和个人主义、利己主义取向，现行社会保障制度安排明显存在互助共济性不足的问题，进而造成制度风险偏大，既损害了社会保障制度的公平，也影响了制度运行的效率。如在基本养老保险、基本医疗保险改革中，采取社会统筹与个人账户相结合的财务模式，凡个人缴纳的养老保险费均记入归私人所有的个人账户，个人缴纳的全部医疗保险费和用人单位缴纳的医疗保险费中的30%均记入私人所有的个人账户，使参保人之间完全丧失了互助共济的功能，不仅强化了利己主义倾向，而且衍生出一系列难以克服的发展障碍，导致个体风险与群体风险同步增长。以基本养老保险为例，个人账户基金为私人所有属性，现行法律不仅规定基本养老保险制度必须承担因参保人长寿带来的超额基金支付风险（即超过个人账户基金支付年限的长寿者的延续支付责任），而且规定未达到法定支付年限的参保人去世后所结余的个人账户基金作为参保人的遗产由其法定继承人继承，这使得养老保险个人账户基金出现的超额支付风险成了这一制度的财务净风险。再以基本医疗保险为例，全国目前医疗保险基金结余超过2万亿元，相当一部分属于私人所有性质的个人账户基金，这十分严重地侵蚀了整个医疗保险基金。在实践中还普遍存在低效率现象（在许多地区，这笔基金被用于非疾病医疗行为），从而直接放大了整个医疗保险制度发展中的财务风险。可见，在基本养老保险、基本医疗保险中设置个人账户，是导致互助共济性严重不足的根本原因，也是助长利己主义、个人主义的制度根源，它违背了社会保障制度的基本规律，是重大的制度性缺陷。同时，社会保障统筹层次低也直接限制了区域之间的互助共济，基本养老保险在许多地区还停留在地市级统筹层次，基本医疗保险在许多地区还停留在县级统筹层次，虽然中央财政承担了社会救助主要责任却是以县级为本位，社会福利事业更是受地区分割与行政层级的直接影响并以适用当地户籍人口为基本依据，这使得现行社会保障制度丧失了区域之间的互助共济功能，亦从根本上限制了基本公共服务均等化进程，也动摇了市场经济竞争公平的基石。正是由于个人账户的存在和地区"承包制"色彩，直接限制了社会保障制度风险分担的广度与力度，还带来了社会保障权益不公与待遇差异，亦使整个制度的运行成本倍增，基金不足与基金浪费现象并存。因此，优化我国法定社会保障制度的关键，是尽快明晰主体各方的权责关系与责任边界，同时强化互助共济功能。

　　(1) 明晰主体各方权责关系。要明确各级政府责任边界(包括中央与地方的权责关系)和均衡各方责任负担，其中，政府负责的社会保障项目如社会救助、法定福利和对弱势群体的相关服务，重在切实织密织牢兜底保障网，让所有人免除生存危机并享有底线保障，即任何人不因任何原因而陷入生活绝境。政府主导的社会保障项目如社会保险与面向不同群体的社会福利及相关服务，重在提供基本保障，它需要调动用人单位、个人及家庭分担责任的积极性与主动性，保基本是合理的政策取向。对于参与社会保障的主体责任分担，亦应当逐步从失衡状态走向相对均衡，如法定养老保险、医疗保险的缴费责任就宜在用人单位与参保者个人之间保持均衡性，确保制度持续发展。

(2) 遵循共建共享原则，强化互助共济。

一是需要摒弃个人账户。由于个人账户的存在事实上解构了社会保障制度的共建共享原则和互助共济本质，必须摒弃。其中，对于法定基本医疗保险中的个人账户，可以从筹资改革开始，先将用人单位的缴费全部记入社会统筹基金；再将个人缴费纳入社会统筹基金，最终建立起完整的、共建共享的、互助共济的医疗保险基金；同时调整医疗保障待遇，真正从根本上解除人民群众的疾病医疗后顾之忧。对于基本养老保险中的个人账户，应当淡化这一概念，仅仅作为参保记账的一个符号，并从法律上改变其私有属性，它可以作为参保人退休时计算养老金待遇的重要依据，但不再视为个人所有，更不能作为遗产来继承。消除了个人账户，既实现了互助共济，亦使共建共享落到了实处。

二是加快制度整合步伐。包括消除医疗保险中的群体分割现象，用一个医疗保险制度覆盖全民，这是构建全民医保制度的必由之路；消除社会救助制度与有关福利制度安排中的城乡分割现象，真正构建城乡一体的制度体系，这是城乡共建共享与互助共济的必由之路；消除社会福利服务中按户籍分割的现象，将政府负责的困难群体和为全体人民提供基本公共服务及福利覆盖到全体常住人口身上并在具体实施中一体化，亦是能够更加广泛地调动主体各方积极性并实现更大范围内的共建共享与互助共济的必由之路。

三是提高统筹层次。尽快实现基本养老保险全国统筹，将基本医疗保险统筹层次提高到市级层次后再提高到省级层面，对其他社会保障则根据项目任务与职能确立统筹层次并合理划分中央与地方政府的职责，这是使整个社会保障制度在更高层次、更大范围实现共建共享与互助共济的必由之路。

(3) 尽快优化骨干项目。

一是尽快实现法定养老保险全国统筹，促使这一制度真正走向全国统一。在2018年建立中央调剂金作为过渡的基础上，有必要尽快明确最终实现全国统收统支的时间表与路线图，并逐步调整筹资责任分担比例、缴费年限及替代率。

二是在整合城乡居民医疗保险制度的基础上，积极推进居民医保与职工医保的整合，争取早日用一个制度覆盖全民，同时取消个人账户，均衡筹资责任负担，真正建成成熟的全民医保制度，并切实解除人民的疾病医疗后顾之忧，促进全民健康。

三是尽快完善低保制度，包括实行一定的收入豁免来激励低保对象努力通过劳动获得收入、改善生活，建立规范的家计调查制度以确保符合条件的对象应保尽保，同时促进低保与扶贫有序衔接，真正兜住低收入困难群体的民生底线；还需要尽快启动社会救助法的立法程序，让包括低保制度在内的所有救助项目运行在法制轨道上。

四是加快优化养老服务体系。关键是要立足社区，加大公共投入，同时将现代型的社会养老服务与传统型孝老、敬老的家庭保障有机结合，真正放开对民间资本甚至外资的投资管制，以便充分调动市场资源与社会资源，不断壮大支撑养老服务业发展的物质基础。

五是明确法定保障性住房的供给比例与结构，同时平抑房租价格，确保低收入群体能够拥有起码且公平的居住条件，这应当是住宅消费回归理性并让房地产市场正常健康发展的重要条件。

六是落实儿童优先战略，采取公私并举、官民结合、合理布局的方略，大力发展托幼事业，应当快速增加公共投入，确保所有儿童均能够享受普惠、公平、优质的福利服务，以此减轻居民家庭育儿负担，实现儿童福利与人口均衡增长的双重目标。

(4) 真正实现法定基本保障制度全覆盖。

一是将漏在法定社会保险制度外的未参保人群全部纳入进来，这是必须啃下的"硬骨头"。如在医保制度实践中应当实行全民强制参保，这是确保"一个不少"都能参保并享受医保待遇的前提条件；在基本养老保险制度实践中尽快摸清适龄人口的就业状况和职业特性，确保全部参加基本养老保险，当务之急是要将1亿左右的产业工人(主体是农民工)纳入职工基本养老保险，同时对因各种原因导致的漏保或脱保现象采取切实有效的补救性措施，确保劳动适龄人口人人参保，年老后人人享有能够保障自己基本生活的养老金。

二是确保面向特定群体的保障制度能够真正覆盖该群体全体成员。其中，工伤、失业保险等应当覆盖所有职业劳动者，社会救助应将贫困线下以及有急难救助需求的城乡居民悉数纳入并施以援助，面向老年人、儿童、残疾人的社会福利及相关服务体系能够覆盖有需要的所有老年人、儿童、残疾人，保障性住房能够满足那些既买不起房也租不起房的人的需要，等等。同时，还有必要适时顺应人民福利诉求和社会公正要求，增加或调整法定保障项目，如根据人口老龄化需要建立长期护理保险制度，根据增进儿童福祉和人口均衡增长目标增加生育津贴或儿童津贴制度。

4. 合理设计多层次社会保障体系的结构及功能定位

完整的中国特色社会保障体系应当是一个由政府、市场、社会分别主导却又有机协同的多层次体系，建设中必然涉及政府、市场、社会、个人及家庭等多主体的权责配置与职能分工，从而需要整体设计并明确其地位与功能。在此，可以将多层次社会保障体系划分为三个层次。

第一层次是政府负责或主导的法定保障层次，包括法定的社会救助、社会保险与社会福利及相关服务。这是传统意义上的社会保障，也是现代社会保障体系的核心部分。它是公民依法享有的基本社会权益，也是公民人权保障的重要组成部分，其肩负的是保障人民基本生活和促进社会公正的职责，应当满足城乡居民的基本生活保障需要，即人们通过法定社会保障制度安排可以避免因年老、疾病、失业、工伤、贫困及天灾人祸等风险事件发生，从而避免正常生活受到影响。因此，这一层次需要制定法律赋权明责，并由政府作为责任主体单独或直接分担财政责任，同时借助公权力加以推行。需要指出的是，法定社会保障水平因人民的福利诉求不断高涨而具有刚性增长特征，政府的财力却不可能刚性增长，从社会公平(包括横向公平与纵向或代际公平)的角度出发，法定社会保障制度也不可能满足每个人的个性化福利需求，因此，第一层次只宜以保障基本生活、解除人民基本生活后顾之忧为目标，同时起到预防贫困、促进社会公正的作用。

第二层次是在相关政策支持下由市场主体、社会组织提供的具有公益性的保障项目，实质上可以称之为政策性保障，主要包括企业或职业年金，补充医疗保险，公益性养老服务与儿童、妇女、残疾人福利事业，以及经济适用房与共享住宅等。它是为了更好地满足人民群众生活保障及服务需求的制度安排，负有改善城乡居民生活境况的责任，从而需要政府支持，包括税收政策、财政政策乃至土地政策、金融政策等的支持，这种支持使之具有公益性，但支持的力度大小应当取决于社会需要并有利于促进社会公正。它通常不宜强制推行，而是利用政策牵引及其公益或福利性来吸引公众参与，在一些国家则会采取财政补贴方式来吸引低收入群体参与企业年金等。这一层次的保障项目不是免费午餐，它需要受益者支付一定的费用。市场主体可以通过提供相关服务获得相应的收益，其收益大小与政府投入的力度成反比，服务价格通常要受到政府干预；社会组织特别是慈善组织可以通过提供相关服务获得相应的收益，但这种收益不能作为该组织的利润分配，而是必须重新投入到类似的公益服务中去。由于第二层次事实上获得了税收优惠甚至财政补贴，在实践中虽不能像法定保障制度一样实现应保尽保，但也应努力促使更多的人享有。德国等国家补贴低收入群体参与企业年金就是为了避免高收入者通过企业年金而获得更多的收益，进而导致收入差距扩大的不良结果。

第三层次是通过市场交易行为由市场主体提供的商业性高层次保障及相关服务，包括商业性养老金、商业性健康保险、营利性养老服务、营利性儿童服务、营利性残疾人服务等。它由市场主体提供，是为了满足城乡居民较高层次的个性化福利需求，并按照自愿平等交易、责任自负、谁受益谁付费原则推行的保障项目。在实践中，第三层次保障需要遵从市场交易规则，由保险公司和其他类型市场主体开发各种不同的商业保险和服务产品，与有需要者通过订立合同的方式并按照市场价格成交。当政府需要其服务于民生时，可以采取一定的政策支持，但不宜干预过多，政策支持的力度也不宜太大，以免扭曲市场规律和导致居民收入差距扩大，只需要放松对市场主体的管制即可。

5. 促进市场竞争与慈善事业发展

大力促进市场竞争与慈善事业发展，使市场主体与社会组织成为多层次社会保障体系建设的重要力量。从美国的经验来看，要让市场主体积极参与社会保障体系建设，必须以促进市场竞争为条件。美国作为世界最大的保险市场，也是完全开放型保险市场，全美有财产与责任保险公司2000多家，寿险类公司更多，还有一些银行和金融机构也开展寿险与养老金保险业务，保险业的竞争非常残酷。激烈的竞争使市场主体不得不努力降低费率并通过信息技术应用、提供高质量的特色服务等来开拓和维持市场份额。因此，美国的商业性保险在一定程度上因费率低廉、服务优质而具有一定的福利性。借鉴美国经验，要让我国的市场主体在社会保障领域真正发挥好作用，必须相应地增加市场主体。现在全国保险公司不到200家，严格的审批制并未带来保险行业的健康发展，反而丧失了市场主体开拓市场的内生动力。这表明有必要降低保险公司设立门槛，逐步形成完全开放的保险市场，设立2000家左右的保险公司对我国而言是必要的，同时还应允许其他市场主体参与多层次社会保障体系建设。只有市场主体达到一定的量级后，才能有真正公平的市场竞争，市场主体才会努力开拓新兴业务领域并成为多层次社会保障体系建设的重要力量。

慈善事业的发展也是如此，没有充足数量的慈善公益组织，不可能形成发达的社会服务网络。美国约有200万个非营利性机构，在社会保障体系中扮演着十分重要的角色，其中大多数直接为老年人、儿童、妇女及残疾人群体服务，构成了支撑美国社会保障体系的重要力量。

《社会组织蓝皮书：中国社会组织报告(2020)》指出，2019年，我国社会组织的总体增速有所下滑，我国社会组织的发展开始从重数量转向重质量。根据民政部发布的社会组织统计公报，截至2019年年底，全国社会组织总量为86.63万个，与2018年的81.74万个相比，增长了4.89万个，增速为5.98%，增速下降了1.36个百分点。其中，全国登记认定为慈善组织的有7500多家，无论是资金动员能力还是为社会服务的能力极端有限。要改变这种现状，必须真正放开慈善组织的登记，畅通有心行善者能够快乐行善的途径；同时改变传统观念，从狭隘的扶贫济困、款物援助走向广义的慈善，即将以募款型为主转化为以提供社会服务为主，培育并迅速壮大服务型慈善公益组织，使之能够在政府和社会各界的支持下成长为我国多层次社会保障体系建设特别是社会福利及相关服务体系建设的中坚力量。

此外，还要维护并充分发挥家庭成员相互保障与邻里、亲友之间互助的功能。西方发达国家掀起了回归家庭与社区照顾的浪潮，我国更不能丢弃家庭保障与互助保障传统。这不仅是社会保障制度优化的需要，更是维护中华文化和顺应中国人诉求的需要。2018年修订的《中华人民共和国个人所得税法》增加了专项扣除内容，就是税制开始维护这种优良传统的尝试，值得在其他政策方面推广。一些国家对子女与父母一起居住或邻近居住给予住宅税收减免，一些国家将护理保险金支付给照顾失能、半失能老年人与残疾人的家庭成员等做法值得我国借鉴。还有必要建立完整的家庭支持政策，进一步维护甚至激发家庭成员之间的互助动力。

2.1.2 社会保障基金筹集

社会保障基金筹集制度是指专门的社会保障管理机构按照既定的计征对象和方法，定期向劳动者所在单位或劳动者个人征收社会保障费的相关行为规则和政策的集合。国际劳工组织对社会保障基金的筹措提出了三项原则：一是受保职工负担的费用不应超过全部所需费用的一半；二是避免低收入者负担过重；三是要考虑本国的经济状况。在实践中，社会保障基金的筹集要求做到：一是资金的筹集方式应当与制度模式相适应；二是资金的筹集渠道必须畅通；三是资金的来源必须稳定；四是已筹措的资金能够满足社会保障的需要。

1. 社会保障基金的来源渠道

筹集社会保障基金，首先要解决基金来源问题。世界各国的社会保障基金的来源并不完全相同，而是呈现一定的差异性。多数国家的社会保障基金由政府、企业和个人三方为主分担，主要包括以下三种方式：由国家、企业、个人三方集资；由企业与个人双方集资；由政府或企业集资。

社会保障基金大体上主要来源于个人缴费、企业缴费、政府资助或补贴、基金的投资收益四种方式。除此之外，社会组织的赞助、社会福利、有奖募捐和互助储金会等也是社会保障基金的来源渠道。

2. 社会保障基金的筹集方式

世界各国的社会保障筹集方式主要有征税方式、征费方式、强制储蓄方式和其他方式。

1) 征税方式

征税方式是根据国家立法规范，政府运用行政权力采取税收形式强制筹集社会保险资金的一种筹资方式。征税方式的好处在于具有强制性，负担公平，有利于提升社会保障的社会化程度；保险项目简单明了，缴税和支付有章可循，管理简便。不足之处在于税收形成财政资金后只能通过年度预算来安排，且通常以年度收支平衡为基本目标，从而事实上无法积累社会保障基金，进而无法抗拒周期性的社会保障风险，如一旦遇到经济危机导致大批工人失业，或者人口老龄化趋势加快，均可能因缺乏社会保障基金积累而对国家财政造成巨大冲击，进而影响国民经济的持续稳定发展。

此外，征税方式通常只能与现收现付型社会保障制度相适应，而不能适应完全积累型社会保障制度的要求。因此，是否选择征税方式，还应当考虑各国的社会保障财务机制。

2) 征费方式

征费方式是指政府职能部门依据有关法律规范，强制向企业与劳动者个人征收资金并用于特定社会保障项目的筹资方式，它一般限于社会保险。之所以采取征费方式筹资，主要是因为社会保险资金来源于雇主与劳动者个人的缴费，并必须专门用于特定的社会保险项目，这一特点决定了社会保险基金从性质上有别于财政资金。

征费方式的特点是具有一定的灵活性，既可以采取类别费率，也可以采取综合费率；既可以混合筹集，也可以分项筹集。与征税制相比，征费方式根据不同的社会保险种类设置不同的缴费率，向不同的社会保险管理机构缴纳，实行收支两条线管理。征费方式不但可以与现收现付制社会保障制度相适应，同样也适应完全积累型社会保障制度。

3) 强制储蓄方式

强制储蓄制也称个人账户制，是指雇主和雇员按规定的缴费率将社会保险费存入为雇员设立的个人账户，需要时按规定从个人账户中支取的一种筹资模式。在国家立法规范下，覆盖范围内的任何单位和个人都必须根据有关法律、法规规定强制储蓄，不得擅自更改或中途退出。强制储蓄制一般仅适用于完全积累型的养老保险项目。

4) 其他方式

除了以上三种常见的方式之外，社会保障基金的筹集实际上还有以下方式。例如，发行福利彩票、向服务对象收取一定的服务费用、社会募捐等，这些筹资方式对社会保障基金起到重要的补充作用。以福利彩票为例，我国自1988年开始发行福利彩票，截止到2019年，我国累计发行福利彩票2.211万亿元，筹集的彩票公益金中有6568亿元专项用于国家福利事业。这些资金主要用于扶老、助残、救孤、济困以及城市最低生活保障、补充国家社会保障资金等，来自福利彩票的基金超过了国家财政的社会福利经费拨款。

2.1.3 社会保障基金使用

社会保障基金的给付使用，是指按法律、法规和规章的规定，由社会保障机构按一定的标准和方式将资金支付给符合条件的社会成员，以保障其基本生活需要的行为。社会保障基金的给付使用是社会保障功能得以实现的关键性环节，是国民社会保障权益实现的标志。社会保障基金的给付形式是指社会保障经办机构在支付社会保障基金时所采取的具体方式或方法，它通常有三种基本形式。

1. 现金形式

现金形式是指政府直接为社会成员提供现金的一种社会保障基金支付形式。它是社会保障基金支付的主要形式。其中社会保险基金完全采用现金形式支付，社会救助基金、社会福利基金、优抚安置基金等的一部分乃至大部分往往也采用现金形式支付。现金形式支付较为简单便捷，但现金的购买力容易受到物价波动和通货膨胀的影响，所以需要经常性调整，以保持它的"含金量"。

2. 实物形式

实物形式是指政府直接为保障对象提供特定物品或服务的一种社会保障基金支付形式。社会福利基金、社会救助基金、社会优抚基金等项目中通常不同程度地采用实物支付形式，服务形式如养老服务和医疗服务。实物支付形式在社会保障制度的早期非常普遍，只是随着商品经济的发展其地位才慢慢有所下降。实物支付形式实施起来较现金支付形式而言，较为麻烦，但也有其优越性，它能相对快捷地解决受保者的生活保障问题，如在灾害救助、贫困救助中发放救灾、济贫物资等，同时它还能有效地避免社会保障领域的道德风险问题，所以在今天仍然被广泛使用。

3. 服务形式

服务形式给付是指为社会成员提供多种类型的、有针对性的服务，是社会保障基金给付的一种基本方式。比如为相关人群(老年人、妇女)提供健康体检之类的医疗保健服务，为社会群众提供各类便民服务，以及为社区居民提供免费借书卡、健身场所文艺表演等文体服务，都属于服务给付方式。

社会保障基金支付的具体方式与具体的社会保险种类以及该种类的特征、功能是紧密相关的。以养老保险金支付为例，养老保险金是用于保障劳动者退休后的基本生活，所以大多数国家禁止将养老金账户金额一次性支付给领取者，而一般要求通过退休年金、分期支付、按月领取等方式进行。在养老金给付方式上，拉美许多国家采用年金、定期给付、递延年金三种方式，而中东欧国家只采用年金给付这一种方式。除支付方式外，支付过程中还涉及一些资格条件、支付标准等问题。这些内容不仅是基金运营构成要素中的内容，而且也是加强管理的根本所在。社会保障基金在支付各项保障金之余，还可以用来投资运营，以充实和壮大社会保障基金。如何运用好社会保障基金，也是社会保障基金运营中不可忽视的一项内容。

2.1.4 社会保障基金投资

所谓投资，是指单位和个人用其所特有的资金购买金融资产或实际资产，或取得这些资产的权利，以在一定时期内预期获得与风险成比例的适当收益和本金增值，或只是为了保持原有资金价值的一种资金运营行为。

社会保障基金投资是投资的一种。根据投资含义，我们可以把社会保障基金投资理解为：社会保障基金管理机构或委托机构用社会保障基金购买国家政策和法律许可的金融资产或实际资产，以使社会保障基金在一定时期内获得预期收益的基金运营行为，进一步实现社会保障基金保值增值的需要。

在社会保障发达的国家或地区，如英国、美国、瑞士、日本等国家和地区，社会保障基金的投资早已成为社会保障事业必不可少的一个内容，并且十分发达。但在我国，由于各种原因，社会保障基金的投资尚处于初始阶段。随着经济的发展和我国社会保障制度的改革，社保障基金的投资运营必然成为一种趋势。具体的社会保障基金投资运营的原则及模式将在下一章展开介绍。

2.1.5 社会保障基金管理与监督

1. 社会保障基金管理

社会保障基金管理制度主要涉及基金管理的各级主体及其相应的权责制度体系。往往与一国的社会保障制度的组织机构相关联,部分国家直接由政府管理社会保障基金,部分国家则成立一个政府专署或受托机构,由政府来间接管理,也有部分国家开始尝试运用私人基金机构来管理社会保障基金。

我国社会保障基金实行"收支两条线"管理。为进一步加强我国社会保障基金的征收和管理,1999年国务院颁布了《社会保险费征缴暂行条例》,规定社会保障基金基本实行"收支两条线"管理。"收支两条线"管理的主要内容是:在国有商业银行,社会保障经办机构开设收入户、支出户,财政部门开设财政专户。社会保障经办机构征缴的社会保障基金全部存入收入户(税务征收地区直接缴入财政专户或国库);每月月末前将收入户中的全部资金转入财政专户;社会保障经办机构依据支付需求提出拨款计划,财政部门从财政专户向支出账户划拨资金,在支出户中需保留1~2个月的支付周转金。基金实行"收支两条线"管理从制度上保证了基金的专款专用。另外有关管理部门还应对社会保障基金进行预算和决算管理,预算和决算管理是强化、规范基金管理的一项重要制度。社会保障经办机构应在年度终了前,根据本年度的预算执行情况和下年度的基金收支预测情况编制下年度的基金预算草案。预算草案应报同级政府审批,社会保险基金的筹集与支付应严格按照政府批准的预算执行。社会保障基金决算报告是社会保障经办机构根据有关要求对全年社会保障基金的收入、支出和结余情况编制的年度基金财务报告。基金决算报告主要包括资产负债表、基金收支表和财务情况说明书。经办机构编制的年度基金财务报告应在规定的期限内审核、汇总,并按规定的程序审批。

2. 社会保障基金监督

社会保障基金监管制度是国家授权专门机构依法对社会保障基金收缴、运营、保值增值等过程进行监督管理,以确保社会保障基金正常运行的政策和规则体系的总称。主要涉及基金运营机构的选择与确定、监管的规则和方式、监管的指标体系和目标等一系列内容。

监管和放松监管是在市场经济发展过程中,政府干预和调控社会发展的一种必然现象,它与经济发展阶段有着密切联系。尽管世界各国监管社会保障基金的内容和形式是多种多样的,但社会保障基金监管目标是一致的,即防范社会保障基金的运营风险,保障社会保障基金的安全。具体来说,社会保障基金的监管应该确立以下几个目标。

1) 维护劳动者的合法权益

社会保障基金的功能和性质决定社会保障基金监管的出发点是维护劳动者的合法权益,保障职工离退休后能够及时、足额地获得养老金给付。社会保障制度的政策性目标之一是为广大人民群众解除后顾之忧,使公民得到基本生活保障,使公民的生活水平随着社会经济的发展而稳步提高。社会保障基金监管机构作为社会公众利益的代表,对社会保障基金的投资运营进行监管,是制度设计的必然选择。因此,维护广大劳动者的合法权益,是社会保障基金监管的重要目标之一。

2) 确保基金的安全与完整

保障基金的安全是各国社会保障基金监管部门的重要目标，确保社会保障基金的安全、完整是社会保障制度正常运行的保证。例如，中国目前积累了数额巨大的社会保障基金，无论从社会保障基金收支过程来看，还是从具体投资运营操作来看，都潜伏着较大的风险。确保社会保障基金的安全、完整是监管部门的首要目标，确定这一目标既可以防止社会保障基金管理人因缺乏基金管理经验或者经营运作资金不善，造成社会保障基金的损失；也可以防止社会保障基金管理人从事不正当的经营和投资，损坏社会保障基金的安全。对社会保障基金投资运营进行严格地监管，是确保社会保障基金的安全、完整的制度保证。

3) 实现社会保障基金的保值增值

社会保障制度是国家的一项重要社会经济制度，其政策制度和国家的政治、经济以及文化传统密切相关，加之其资金来源和用途的特殊性，社会保障基金形成后，庞大的基金就成为财政、金融问题。如果不能确保社会保障基金的保值增值，制定社会保障制度政策的良好初衷就难以实现，甚至适得其反。基金保值增值是提高基金供给能力和保障水平的客观要求。社会保障基金监管机构一方面要保障基金的安全、完整；另一方面要通过有效地监管，鼓励技术创新，促进经办机构建立一个良好的基金运营结构和信息反馈体系，逐步完善基金管理和运作环境，合理配置社会保障基金资源，稳步提高基金的投资效益，最大限度地满足基金需求。

4) 维护社会稳定

社会保障的根本性政策目标是维护社会稳定。社会稳定是一国经济和社会稳定健康发展的前提条件。例如，美国企业年金在发展的过程中，就存在制度参加者最后因为无法获得当初承诺的养老金而罢工的事件，企业职工罢工事件的发生直接影响社会稳定。可见，社会保障基金监管的效益会直接影响社会稳定，关系到广大劳动者的生活，所以实现社会稳定是社会保障基金监管的一个重要目标。

5) 促进经济发展

社会保障基金投资于社会发展的特定项目和国家支持的产业，不仅可以获得社会保障基金投资的收益，而且可以为社会提供必要的资金，可以促进社会经济的发展。例如，社会保障基金投资于国家支持的产业，可以促进产业结构的调整，有利于企业的发展；投资于公共工程项目，可以促进公共事业和基础设施的建设和发展。

2.2 经济行为主体与社会保障基金筹集

经济社会系统以人为主体，所有活动都是围绕人来发生的，由人完成为人服务。如果把人理解为独立的个体，那么，在一国范围内，人首先表现为一定数量的人口。这些人口分布于不同的区域，具有不同的自然特征和社会特征，构成了经济社会系统的基础。在单个人基础上，主要依据血缘关系形成了以家庭为单位的居民；通过一定法律程序，组成了各种法律和政治实体，按照性质和功能，这些法律政治实体可以区分为企业和政府两个主要类别。可以说，居民、企业、政府三者构成了经济社会系统的基本主体，其在社会保障基金运营中的地位不容忽视。下面对这些主体的性质及其在社会保障基金运营中的地位予以分析说明。

2.2.1 经济社会行为主体

1. 居民

在经济社会系统中直接体现了以人为中心的特征。在经济系统中，居民是各种生产要素的主要拥有者，以各种方式参与了经济过程，同时是各种物质产品和服务的消费者，体现了经济社会的根本目的。在社会系统中，住户以自身的生活质量体现了社会发展的成果，其中不仅包括住户及其成员在物质生活需要满足方面所达到的水平，还包括成员在教育、就业、健康方面所达到的水平，以及在社会参与、安全等方面的整体状态。

2. 企业

企业的主要职能是汇集各种生产要素进行经济生产，通过市场为整个经济社会系统提供产品，同时将生产过程中创造的价值以不同方式分配给生产的参与者和其他方面，在分配过程中体现了社会不同角色之间按照市场交换原则所建立的经济利益关系和社会关系。

3. 政府

政府的主要职能是对一国经济社会系统实施宏观管理。一方面，政府要向居民、企业和整个社会公众提供教育、卫生保健、司法、国防等各种公共管理服务；另一方面，政府要充当中介者调节社会的经济占有关系，进行收入和财富的再分配，保障社会的公平和均衡发展。

2.2.2 经济行为主体在社会保障基金筹集中的作用

1. 国家财政在社会保障基金筹集中的作用

首先，国家财政扮演的是组织者和管理者的角色。它的首要任务是尽快建立和完善社会保障制度体系，搞好社会保障的立法工作，疏通、理顺社会保障基金的筹集渠道，为社会保障基金提供稳定的、有法律依据的资金来源。另外，作为组织者和管理者，在有关的经济政策方面如税收、利率方面给予社会保障事业适度的优惠，以促进社会保障事业的发展。例如，《民政部县级农村社会养老保险基本方案(试行)》规定，对于农村养老保险基金的筹集，国家要给予政策扶持，其扶持办法主要是通过对乡镇企业支付和集体补助予以税前列支体现。

其次，要适度承担一部分社会保障基金的筹集[①]。政府在社会保障基金的筹集中应该主要承担那些只能由财政支撑的保障项目，包括社会救济、社会福利、优抚安置、社区服务四项。因为社会救济、优抚安置和社会福利属于国民收入再分配的范畴，体现国家对达不到基本生活水平的人群及特殊人群应尽的救助责任，体现公平原则，只能由国家财政支付资金，而社区服务起始阶段也是由财政支撑兴办的项目。以上保障项目资金的筹集是国家财政要承担的主要部分。

除此之外，从国家财政对社会保险事业的支持角度看，国家财政主要负担以下两个方面：一是管理社会保险支出的行政费用，这是因为社会保险管理机构属于非营利性事业机构，其人员经费和公用经费开支理所当然应由财政支出；二是通过财政拨款弥补社会保险费用收支不足

---

① 张启春. 试论社会主义市场经济条件下我国社会保障基金的筹集渠道[J]. 华中师范大学学报(人文社会科学版), 1998(03): 81-86.

的部分，即在社会保险基金的筹集过程中，国家财政扮演着"最后出场"的角色，是社会保险的后盾。在社会保险基金的各个项目收不抵支的情况下，国家财政包括各级地方财政在内要给予适当补贴。诚然，社会保险基金的筹集应按照保险的原则，主要由企业和个人负担，目前世界上多数国家采用的均是这一方式，但社会保险一旦出现收不抵支的情况，财政必须给予补贴。具体而言，养老保险基金出现支付困难时，由同级财政给予适当补贴；失业保险计划出现支付困难时，由地方财政给予补贴。

政府所承担的上述社会保障基金份额是通过财政预算拨款的方式进行的，即通过国家预算的转移性支出项目来完成，其资金来源是政府的一般性税收，支出属于国家预算支出项目。在目前未设立单独的社会保障预算、国家财力不足的情况下，财政所能拨付的社会保障资金也受到整个国家财政收支状况的影响。但从规范社会保障基金筹资方式的角度来说，应该明确国家财政究竟应承担多大的份额，在哪些方面给予补贴，并测算出这一部分所占的比例。这对于克服我国现行社会保障基金筹集缺乏刚性、非规范化的缺点是大有帮助的。目前，我国有关专家认为国家财政应承担的份额，比例是全部社会保障费用的30%～40%(含社会福利、社会救济基金支出)，如果是在这个比例之间，国家的负担应该说是有所减轻的。这里还有一点值得说明，财政所承担的社会保障份额并非仅仅指中央财政，也包括各级地方财政在内，如失业救济出现支付困难，即由地方财政予以补贴。

由此可见，在社会保障基金的筹集中，国家主要承担的是那些只能由国家财政支撑的保障项目，如社会救济、社会福利等，至于社会保险基金的筹集，国家只作为支持者、后盾的角色出现，主要还是依靠企业和职工个人。

2. 企业和个人在社会保障基金筹集中的作用

在三方共同负担社会保险基金的原则下，劳动者所在经济单位(企业)和劳动者个人必须按照自己的承受能力承担相应的社会保险基金份额。根据我国社会保障制度改革的总体目标和要求，逐步采取由企业与个人共同负担社会保障费(税)的办法，并实行社会统筹与个人账户相结合的筹资模式。具体操作办法是：由企业和职工本人以工资总额为基数，按照规定的比例向社会保险管理机构缴纳社会保险费[1]。然后，在企业为职工缴纳的社会保险费中提取一定比例，形成统筹基金，以体现社会保险的社会互助性质，职工个人缴纳的社会保险费及企业为职工缴纳的社会保险费的另一部分则记入职工个人账户(其中，统筹基金主要用于实行个人账户之前已退休或即将退休的老年人的退休金或医疗费。个人账户主要用于职工个人养老金或医疗费的支付)。至于企业和个人所承担的具体比例，在各项基金中各有不同，具体如下所述。

1) 基本养老保险的筹集比例

1995年3月，国务院下发了《关于深化企业职工养老保险制度改革的通知》，要求各地区按照国务院推荐的两个城镇企业职工养老保险制度改革方案中的一个方案改革本地区的企业职工基本养老保险制度，两个方案对我国养老社会保险基金的筹集渠道及基金的设立做出具体规定。各地按所选方案规定的比例迅速组织了基金筹集工作。到2006年为止，已有22个省及下属市、区出台了社会统筹与个人账户相结合的改革方案，全国已有61.7万户企业、8738.2万职工

---

[1] 宋晓梧. 建国60年我国医疗保障体系的回顾与展望[J]. 中国卫生政策研究，2009，2(10)：6-14.

和2241.2万离退休人员参加了地方退休费用社会统筹，总覆盖面约为1.2亿人。据不完全统计，1996年城镇企业基本养老保险基金收入达1020亿元。但两种方案的实施也导致全国各地个人账户比例、企业缴费比例、管理层次和待遇支付标准的不同，为此于1997年8月，国务院公布了《关于建立统一的企业职工基本养老保险制度的决定》，要求各地按照新的统一方案尽快实现并轨[①]。新方案规定，企业缴纳基本养老保险费的比例，一般不得超过企业工资总额的20%(包括划入个人账户的部分)，少数省、自治区、直辖市因离退休人数较多，养老保险负担过重，确需超过企业工资总额的20%的，应报劳动部、财政部审批。个人缴纳基本养老保险费的比例，1997年不得低于本人缴费工资的4%，1998年起每两年提高1个百分点，最终达到本人缴费工资的8%。有条件的地区和工资增长较快的年份，个人缴费比例提高的速度应适当加快。同时规定，按本人缴费工资11%的数额为职工建立基本养老保险个人账户，其余部分从企业缴费中划入。随着个人缴费比例的提高，企业划入的部分要逐步降至3%。2005年在辽宁试点基础上，《国务院关于完善企业职工基本养老保险制度的决定》颁布，取消了单位向个人账户划转的3%，将基础养老金计发基数由社平工资单因素改变为社平工资和个人缴费工资双因素，增强了个人缴费基数的正向激励；将基础养老金20%固定计发比例改变为每缴费一年计发1%，增强了个人缴费年限的正向激励；将个人账户养老金120的固定系数调整为由个人退休余命决定的计发月数，抑制了提前退休的个人意愿，有效地增强了制度的可持续性。2006年1月1日后，个人账户的规模调整为参保人员缴费基数的8%，其余部分全部进入社会统筹基金，用于支付退休人员养老金。目前各省份的职工基本养老保险的个人缴费比例都是8%，而单位的缴费比例根据不同城市的消费水平会有所不同。如上海企业的缴费比例为21%、广州和浙江的企业缴费比例为14%，山东和福建的企业缴费比例为18%，而其他省份都是20%。2019年5月1日起，国务院颁布的《降低社会保险费率综合实施方案》提出，将单位缴纳承担的养老保险缴费费率由最高20%降至16%，低于16%的地区也要提出过渡性方案。

从上述新方案规定可以看出以下几点：规定了企业总的社会保障负担水平，这有利于减轻国有老牌企业的负担，为消除企业之间负担畸轻畸重的不公平现象提供了依据；在企业和个人承担的份额中，随着个人负担份额的逐年提高，企业负担呈逐年下降趋势，这体现了减轻企业负担、发挥个人在筹资中的作用的精神。

2) 基本医疗保险费用的筹集比例

基本医疗保险费由用人单位和职工双方共同负担，用人单位缴费比例控制在职工工资总额的6%左右，职工缴费比例一般为本人工资收入的2%。职工个人缴纳的基本医疗保险费，全部计入个人账户；用人单位缴纳的基本医疗保险费分为两部分，其中70%左右划入社会统筹账户，30%左右划入个人账户。2017年6月，国务院颁布的《生育保险和职工基本医疗保险合并实施试点方案》提出统一基金征缴和管理。生育保险基金并入职工基本医疗保险基金，统一征缴。试点期间，可按照用人单位参加生育保险和职工基本医疗保险的缴费比例之和确定新的用人单位职工基本医疗保险费率，个人不缴纳生育保险费。用人单位按在职职工缴纳基本养老保险费的基数作为缴纳生育保险费的基数，按照0.5%~1%的比例缴纳生育保险费。同时，根据

[①] 黄欣晔. 中国打响改革"攻坚战"——'96我国经济体制改革大回眸[J]. 中国科技产业，1997(02): 11-12.

职工基本医疗保险基金支出情况和生育待遇的需求，按照收支平衡的原则，建立职工基本医疗保险费率确定和调整机制。职工基本医疗保险基金严格执行社会保险基金财务制度，两项保险合并实施的统筹地区，不再单列生育保险基金收入，在职工基本医疗保险统筹基金待遇支出中设置生育待遇支出项目。

3) 失业保险费用的筹集比例

根据国务院颁布的《失业保险条例》，为了保障失业人员失业期间基本生活，促进其再就业，要为城镇企业事业单位、城镇企业事业单位职工缴纳失业保险费。其中城镇企业，是指国有企业、城镇集体企业、外商投资企业、城镇私营企业以及其他城镇企业。

我国失业保险基金的资金来源包括：由城镇企业事业单位按照本单位工资总额的2%缴纳失业保险费；城镇企业事业单位职工按照本人工资的1%缴纳失业保险费。城镇企业事业单位招用的农民合同制工人本人不缴纳失业保险费[1]。

4) 工伤保险费用的筹集比例

从世界上大多数国家的情况来看，工伤保险基金的筹集均不同于其他保险，企业所缴纳的工伤保险费是工伤保险基金的主要来源，由企业根据本企业职工工资总额的一定比例缴纳，个人不缴纳任何费用。2015年7月22日，人力资源社会保障部、财政部发布了《关于调整工伤保险费率政策的通知》(以下简称《通知》)，2015年10月1日起开始实行。《通知》按照《国民经济行业分类》(GB/T 4754—2011)对行业的划分，根据不同行业的工伤风险程度，由低到高，依次将行业工伤风险类别划分为一类至八类[2]。

一类：软件和信息技术服务业，货币金融服务，资本市场服务，保险业，其他金融业，科技推广和应用服务业，社会工作，广播、电视、电影和影视录音制作业，中国共产党机关，国家机构，人民政协，民主党派，社会保障，群众团体、社会团体和其他成员组织，基层群众自治组织，国际组织。

二类：批发业，零售业，仓储业，邮政业，住宿业，餐饮业，电信、广播电视和卫星传输服务，互联网和相关服务，房地产业，租赁业，商务服务业，研究和试验发展，专业技术服务业，居民服务业，其他服务业，教育，卫生，新闻和出版业，文化艺术业。

三类：农副食品加工业，食品制造业，酒、饮料和精制茶制造业，烟草制品业，纺织业，木材加工和木、竹、藤、棕、草制品业，文教、工美、体育和娱乐用品制造业，计算机、通信和其他电子设备制造业，仪器仪表制造业，其他制造业，水的生产和供应业，机动车、电子产品和日用产品修理业，水利管理业，生态保护和环境治理业，公共设施管理业，娱乐业。

四类：农业，畜牧业，农、林、牧、渔服务业，纺织服装、服饰业，皮革、毛皮、羽毛及其制品和制鞋业，印刷和记录媒介复制业，医药制造业，化学纤维制造业，橡胶和塑料制品业，金属制品业，通用设备制造业，专用设备制造业，汽车制造业，铁路、船舶、航空航天和其他运输设备制造业，电气机械和器材制造业，废弃资源综合利用业，金属制品、机械和设备修理业，电力、热力生产和供应业，燃气生产和供应业，铁路运输业，航空运输业，管道运输业，体育。

---

[1] 桂桢. 适应经济社会发展《失业保险条例》修订在即[J]. 中国人力资源社会保障，2016(06)：39-42.

[2] 大鹏. 2015年度中国社会保障十大事件[J]. 中国民政，2016(05)：63-64.

五类：林业，开采辅助活动，家具制造业，造纸和纸制品业，建筑安装业，建筑装饰和其他建筑业，道路运输业，水上运输业，装卸搬运和运输代理业。

六类：渔业，化学原料和化学制品制造业，非金属矿物制品业，黑色金属冶炼和压延加工业，有色金属冶炼和压延加工业，房屋建筑业，土木工程建筑业。

七类：石油和天然气开采业，其他采矿业，石油加工、炼焦和核燃料加工业。

八类：煤炭开采和洗选业，黑色金属矿采选业，有色金属矿采选业，非金属矿采选业。

据此分类确定行业差别费率及其档次，不同工伤风险类别的行业执行不同的工伤保险行业基准费率。各行业工伤风险类别对应的全国工伤保险行业基准费率为：一类至八类分别控制在该行业用人单位职工工资总额的0.2%、0.4%、0.7%、0.9%、1.1%、1.3%、1.6%、1.9%左右。

通过费率浮动的办法确定每个行业内的费率档次。一类行业分为三个档次，即在基准费率的基础上，可向上浮动至120%、150%；二类至八类行业分为五个档次，即在基准费率的基础上，可分别向上浮动至120%、150%或向下浮动至80%、50%。

单位费率的确定与浮动。统筹地区社会保险经办机构根据用人单位工伤保险费使用、工伤发生率、职业病危害程度等因素，确定其工伤保险费率，并可依据上述因素变化情况，每1~3年确定其在所属行业不同费率档次间是否浮动。对符合浮动条件的用人单位，每次可上下浮动一档或两档。统筹地区工伤保险最低费率不低于本地区一类风险行业基准费率。费率浮动的具体办法由统筹地区人力资源社会保障部门商财政部门制定，并征求工会组织、用人单位代表的意见。

综上所述，在社会保障基金运营中，国家主要是通过财政拨款的方式来支持社会保障事业，企业和个人主要通过按一定比例缴纳各种社会保险费，从而保障社会保障基金的正常运行。

2.3　社会保障基金运营与居民收入和消费的关系

社会保障制度是市场经济发展的必然要求。市场经济的发展培育了完善的社会保障体系，社会保障反过来又内在地影响着经济增长。社会保障基金的本质特征就是一种收入再分配制度，其对居民收入在时间上和空间上进行分配和转移。社会保障基金运营对居民经济行为的影响十分广泛，不仅影响居民收入的分配格局，而且影响居民的消费行为。

2.3.1　社会保障基金运营与居民收入分配和使用

社会保障是对国民收入分配和使用的一种特殊形式。社会保障的初次分配是通过对劳动成本(V)和企业利润(M)的分解实现的，社会保障的再分配是通过政府转移支付实现的。在经济运行中，社会保障参与国民收入分配和再分配的过程，实际上也是一个调节居民收入分配的过程。

社会保障参与国民收入分配和使用主要表现为以下几种形式：劳动者代际(退休职工和在职职工)的收入分配、同代劳动者之间(社会贫困阶层和富裕阶层)的收入分配、劳动者个人(青年时期和老年时期)收入的分配、男性和女性之间养老保险和医疗保险基金的分配和使用[1]。

---

[1] 丛春霞. 社会保障基金运行的行为效应研究[M]. 北京：中国社会科学出版社，2013：62.

1. 调剂退休群体与在职群体间收入分配与使用

社会保障基金运营中,现收现付制就是以调剂退休职工和在职职工之间的收入分配和使用为主要特征的。政府在运用在职人员的缴费支付退休职工养老金时,实际上是使用下一代人的缴费供养上一代人,这也就调节了劳动者代际之间的收入分配,实现了社会成员间的互利互济。

2. 调节不同收入阶层间收入分配与使用

在国民收入分配和使用的过程中,政府凭借政治力量强行参与,以社会保险税、高额累进税、利息税、遗产赠予税等形式将高收入阶层的一部分收入集中到国家,然后通过养老金支付、失业保险金给付、社会救济、社会优抚等政府转移支付的方式,为生活困难的社会成员或对社会有特殊贡献的军人及其家属提供基本生活保障。政府的这些强制措施,都对原有的收入分配格局产生了不同程度的影响,进而调节社会各阶层之间尤其是贫困阶层和富裕阶层、低收入者和高收入者之间的收入差距,缓解了社会贫困,为一部分社会成员提供了基本或最低的物质生活保障。

3. 调节居民个人收入分配与使用

在社会保障基金运营中,完全积累制基金运营模式是以调剂劳动者个人生命周期中收入的使用为主要特征的。完全积累制在将劳动者工作时期(高收入时期)的一部分收入调剂到退休时期(低收入时期)使用的时候,并不像现收现付制那样存在社会成员之间的互济互利和收入再分配,而是将劳动者工作时期的一部分收入转移到退休以后使用,这实际上是工资的延期支付。假设一个雇员在某个纳税档次内,100美元的收入中要缴纳40美元的税。但是,如果雇主不把这100美元作为雇员的当期收入,而是将该收入作为企业补充保险缴纳到养老退休金计划中,则该雇员退休时,这100美元就可以作为退休金支付给雇员。此时,雇员不再有就业收入,有可能进入较低的赋税档次,如税率为25%,节省的这15美元主要来自累进税率下收入在个人生命周期的平均分配。

从以上分析可以看出,社会保障基金运营不仅调节着社会成员之间的收入差距,还调节着劳动者个人整个生命周期中收入的使用,是一种比较特殊的收入分配方式。

4. 调节男性和女性间养老保险、医疗保险基金的分配和使用

这个问题对于城镇职工来说,体现得尤其明显。我国对男性和女性职工的退休年龄采取差别化政策,一般情况下规定男性干部、工人年满60周岁退休;女干部年满55周岁退休,女工人年满50周岁退休。从缴费时间看,女职工平均缴费时间短于男职工;从领取时间看,女职工领取或使用养老和医疗保险基金的时间比男性长,再加上女性的预期寿命要高于男性,领取社会保障基金的时间较男性相对较长,因此社会保障基金参与男性和女性职工的收入再分配。

总之,社会保障基金制度是集合个人收入,采用一生平衡、代内平衡与代际平衡的运行机理,在一定程度上合理分配了个人、家庭与社会在解决社会保障问题上的责任,这种社会保障制度强调国家和社会在保障问题上的最终责任,使社会保障风险在更大的范围内得到集合和分担,其目的在于促进社会福利最大化。

2.3.2 社会保障基金运营模式与居民收入

居民收入形成后,一般分解为居民储蓄和居民消费两部分。这里的居民储蓄是指广义的储蓄概念,不仅包括银行储蓄,而且包括居民对股票、债券、基金、房地产等方面的投资。居民收入中储蓄和消费各占多少份额,主要受居民生活水平、收入心理预期、居民消费行为方式等多方面的影响,社会保障基金运营对居民收入的影响也是不容忽视的。

社会保障制度完善,人们对未来收入预期较高的时候,居民的储蓄动机弱,消费多,储蓄的规模小;相反,人们对未来收入预期较低的时候,居民的储蓄动机强,消费少,储蓄的规模大。居民储蓄规模的大小,对经济发展的作用应该根据不同的经济发展阶段来确定,并且不同的社会保障基金运营模式对居民收入分解的影响也是不同的。下面将逐步分析现收现付制、完全积累制和部分积累制社会保障基金运营模式对居民收入分解的不同影响。

1. 现收现付制运营模式与居民收入

1) 资产替代效应

在现收现付制下,居民的家庭预算倾向于增加现期消费,减少储蓄,这也就是美国经济学家费尔德斯坦(M. Feldestein)所说的社会保障对个人储蓄的"资产替代效应"。

费尔德斯坦在利用其理论研究1929—1971年(不包括1941—1946年)美国居民储蓄减少50%的原因时,提出社会保障对个人储蓄具有挤出作用。费尔德斯坦提出的资产替代效应虽然受到了许多经济学家的质疑,但还是有人依据社会保障制度不完善国家(如日本)或地区(如中国台湾)的情况,从反面论证了挤出效应的存在。费尔德斯坦又指出,社会保障的资产替代效应并不是绝对的,有可能被个人的代际转移支付所补偿,可能会抵消一部分挤出效应,如果存在遗产动机,社会保障对于个人储蓄的挤出效应就会是零。

2) 退休效应

社会保障对个人储蓄除具有资产替代效应外,还具有"退休效应"。产生退休效应的原因在于,福利国家的社会保险给付采取的是收入关联制。居民个人积累的储蓄越多,领取的养老金就越少,这就会促使一些人提前退休。提前退休实际上意味着劳动者工作期的缩短和退休期的延长,职工为了在延长的退休期有足够的储蓄积累,可能会促使自己在工作期间增加储蓄。同时费尔德斯坦又进一步指出,假设不同的人都具有相同偏好、工作能力、禀赋,且赋税以及社会保险缴费率也相同,那么,退休年龄就不会因为社会保障制度的引入而受到影响。私人储蓄只能成为消费者将一个阶段的消费转移到另一个阶段的消费的工具,即消费动机,则社会保障将挤出私人储蓄。

从整个社会来看,居民的净储蓄取决于资产替代效应和退休效应的对比。如果资产替代效应大于退休效应,个人净储蓄就会减少;相反,如果资产替代效应小于退休效应,个人净储蓄就会增加。可见,现收现付制社会保障基金运营模式对居民收入具有明显的收缩和释放作用,这一作用主要体现为社会净储蓄规模大小的变化。

2. 完全积累制运营模式与居民收入

在完全积累制下,企业、个人的缴费实际上等同于对居民收入的强制性储蓄。在不存在社会保障制度的情况下,假设个人是通过自愿性储蓄来养老的,那么,完全积累制社会保障的强制性储蓄就具有了替代个人自愿性储蓄的功能。要分析完全积累制社会保障基金运营模式对居民储蓄行为的影响，可以通过比较这种强制性储蓄与自愿性储蓄的差额来进行。

如果强制性储蓄多于它所替代的个人自愿储蓄，个人储蓄就会增多。比如，社会保障强制个人每月缴费100元，假设不存在社会保障缴费，个人为了养老自愿地每月储蓄80元，那么，从个人的整个生命周期来看，个人储蓄实际上每月就增加了20元。如果强制性储蓄少于它所替代的个人自愿储蓄，个人储蓄就会减少。比如，社会保障强制个人每月缴费100元，假设不存在社会保障缴费，个人为了养老自愿地每月储蓄120元，那么，从个人的整个生命周期来看，个人储蓄实际上每月减少了20元。

如果强制性储蓄恰好等于它所替代的个人自愿储蓄，个人储蓄就不会受到任何影响。比如，社会保障强制个人每月缴费100元，假设不存在社会保障缴费，个人为了养老自愿地每月储蓄100元，那么，从个人的整个生命周期来看，个人储蓄实际上没有发生变化。

假如社会保障所提供的养老金水平与个人所预期的水平是一致的，那么，完全积累制对个人储蓄的影响就取决于社会保险缴费的水平。但是，从长期发展来看，社会保障给付的养老金水平实际上最终取决于社会保险基金的实际投资收益率。假设不考虑社会保障制度运营的管理费用，如果社会保险基金的投资收益率高于个人储蓄收益率，社会保险的缴费水平就可以低一些，社会保障强制储蓄替代个人自愿性储蓄的能力就要增强，这时，个人的自愿性储蓄就会减少；相反，如果社会保险基金的投资收益率低于个人储蓄收益率，社会保险的缴费水平就必须高些，社会保障强制储蓄替代个人自愿性储蓄的能力就要弱些，这时，个人的自愿性储蓄就会增多。

可见，完全积累制社会保障基金运营模式从表面上看取决于社会保险的强制缴费水平，而实际上取决于社会保险基金的投资收益率，而社会保险基金的实际投资收益率又取决于社会保险基金的经营方式和经济发展的状况等。

3. 部分积累制运营模式与居民收入

部分积累制社会保障基金运营模式对居民收入的影响并不像现收现付制、完全积累制那样简单，它对居民收入的分解是一个十分复杂的过程。部分积累制基金在运营过程中，既存在现收现付制条件下的资产替代效应，也存在完全积累制条件下强制储蓄代替自愿储蓄的效应，究竟哪种效应起主导作用，应该考察现收现付制调动的资金量大，还是计入个人账户进行强制性储蓄的资金量大。因此，对于部分积累制社会保障基金运营状况，只能具体情况具体分析。在不同国家，两种力量作用的力度也是不同的。下面以中国为例，具体说明部分积累制对中国居民收入的分解。

改革开放以前，中国社会保障实行的是现收现付制，企业职工是在同就业相关联的终身保障制度下生活的，职工对退休后的养老问题考虑较少，因此，居民的储蓄也就比较少。随着我国经济社会的发展，居民的收入水平逐步提高，城镇居民的平均储蓄水平仍然很高。除了受生活观念影响以外，储蓄水平高还源于应付养老、医疗、子女教育、家庭住房建设等消费需求。其中，为了应付养老和医疗动机的储蓄在居民储蓄中所占的比重较大，表现也比较突出。这主要是因为，我国社会保障制度改革的顶层设计存在诸多不足，人口老龄化的程度不断加深，人口结构存在巨大的差异，制度赡养率不断提高，加之退休职工对养老金需求水平的不断提高，强化了人们对未来收入不稳定的预期，这在一定程度上影响了居民收入的分解，造成目前居民不断增加"储蓄"的局面。另外，我国正在进行的养老保险制度、医疗保险制度、住房保障制度、教育制度等方面的改革，不可避免地造成了一种不确定性，使人们对未来支出的预期增加，这种风险心理因素的增强，进一步强化了居民强制储蓄的行为，集中表现为当前中国居民收入的分解偏重强制自我储蓄。

2.3.3 社会保障基金运营模式与居民消费

1. 现收现付制运营模式与居民消费

现收现付制是将正在工作一代人创造的财富转移给退休一代人消费，社会保障受益人的收入水平较低，边际消费倾向比较高。因此，社会保障基金的给付可以提高整个社会的边际消费倾向，从而扩大了消费需求。也就是说，在现收现付制下，居民的家庭预算倾向于增加现期消费，相关表达式为

$$C_1 = c_1(1-t)Y + bB \tag{2-1}$$

在不存在社会保障给付的情况下，其消费函数为

$$C_2 = c_2(Y + B) \tag{2-2}$$

式中：C_1 为现收现付制下的居民消费；C_2 为不存在社会保障制度下的居民消费；Y 为不存在社会保险缴费的收入；t 为社会保险税率；B 为社会保障转移支付的资金；b 为社会保障受益人的边际消费倾向；c_1 为非社会保障受益人的边际消费倾向；c_2 为不存在社会保险缴费条件下的边际消费倾向。

根据分析可知 $b > c_1 > c_2$，即弱势群体的边际消费倾向大于纳税群体的边际消费倾向同时还大于非纳税群体的边际消费倾向。

又因为在现收现付制下，社会保险缴费全部直接用于养老金支付，那么则有

$$B = tY \tag{2-3}$$

将式(2-3)代入式(2-1)，可得

$$C_1 = c_1(1-t)Y + btY \tag{2-4}$$

将式(2-3)代入式(2-2)，可得

$$C_2 = c_2 Y + c_2 tY \tag{2-5}$$

式(2-4)减去式(2-5)，可得

$$C_1 - C_2 = (c_1 - c_2)Y - t(c_1 + c_2)Y + btY > 0 \tag{2-6}$$

从式(2-6)的分析可以推出，$C_1 > C_2$。这也就是说，在现收现付制社会保障基金运营模式下，居民消费总体上来说还是比较高的。

2. 完全积累制运营模式与居民消费

完全积累制是职工将年轻时创造的财富推迟到年老以后消费，将现期消费的一部分转化为远期消费，这种社会保障基金运营模式对职工一生的消费曲线进行了调整，使职工整个生命周期中各个阶段的消费水平保持一个比较稳定的状态。这种调整，也将影响到职工不同时期的消费需求。

在完全积累制社会保障基金运营模式中，居民消费分解为现期和远期两个部分，因而个人必须将其收入在现期消费和远期消费之间进行消费的时间配置，并通过这种合理配置，谋求其生活福利的最大化。

假设职工的现期消费为 C_1，远期消费为 C_2，一生消费为 C，则有 $C = C_1 + C_2$
假设职工的现期收入为 Y_1，远期收入为 Y_2，一生收入为 Y，则有 $Y = Y_1 + Y_2$
再假设职工的储蓄为 S，利率为 r，则不同时期的消费函数为

$$C_1 = Y_1 - S \tag{2-7}$$

$$C_2 = Y_2 + S(1+r) \tag{2-8}$$

则职工一生消费为

$$C = C_1 + C_2 \tag{2-9}$$

将式(2-7)、式(2-8)代入式(2-9)，可得

$$C_1 + C_2 = (Y_1 - S) + [Y_2 + S(1+r)] \tag{2-10}$$

由于式(2-8)可以换成现值，等式两边同时除以 $(1+r)$ 可得

$$C_2/(1+r) = Y_2/(1+r) + S \tag{2-11}$$

式(2-11)表明，远期消费的现值等于远期收入的现值加上储蓄的和。
将式(2-11)和式(2-8)的现值合并，可得

$$C_1 + C_2/(1+r) = Y_1 + Y_2/(1+r) \tag{2-12}$$

式(2-12)说明，消费现值等于收入现值，这是个人对收入进行消费及储蓄配置的基本准则，也是个人对现期消费和远期消费配置选择的一个基本准则。

如图2-1所示，预算线 AB 表示在现期收入为 Y_1、远期收入为 Y_2 和利率为 r 的条件下，个人对现期消费 C_1 和远期消费 C_2 的选择。职工个人消费效用线 I_0 与预算线 AB 相切，切点为 P_0，P_0 点即个人现期消费与远期消费的最佳替代点。在切点 P_0 处，现期消费与远期消费的边际替代率 $=1/(1+r)$。因为预算线的斜率为 $1/(1+r)$，所以，一般情况下，职工收入是按照 $1/(1+r)$ 的比例分解为消费和储蓄的，这也就实现了现期消费与远期消费之间的最佳组合和选择。

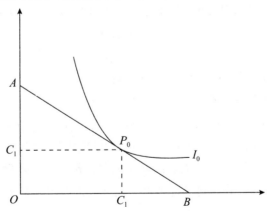

图2-1　现期消费和远期消费的最佳组合与选择

3. 部分积累制运营模式与居民消费

在部分积累制社会保障基金运营模式中，居民收入的分解更为复杂，到底是倾向于现期消费，还是倾向于未来消费(储蓄)，在很高程度上取决于居民的收入预期。经验表明，收入预期影响居民在储蓄和消费之间的行为选择。当居民预期未来收入会很高的时候，居民的现期消费率就高，储蓄就少；当居民预期未来收入不稳定的时候，居民的现期消费率就低，储蓄就多。由

于居民对社会保障不良预期而产生的强制性储蓄,多为长期性储蓄,这种储蓄具有流动性差、不易变现等特点,因而短期性、临时性的消费启动措施对提高居民消费率的作用力度不大。基于此,完善社会保障制度,用社会保障给付替代居民用于养老、疾病和意外事故而进行的自愿性储蓄具有积极意义,尤其是对于经济萧条时期的消费启动具有特别重要的意义。以中国为例,社会保障制度改革以前,职工的医疗保险、养老保险等主要由国家和企业承担,因此,政府、居民倾向于选择现期消费,消费支出占GDP比重即消费率还是比较高的,如表2-1所示。

表2-1　1984—2000年中国消费率变动情况[①]

年份	1985	1986	1987	1988	1989	1990
消费率/%	64.4	64.1	62.3	62.7	62.4	61.3
年份	1991	1992	1993	1994	1995	1996
消费率/%	60.8	59.9	58.3	57.6	57.5	58.9
年份	1997	1998	1999	2000	2001	2002
消费率/%	58.5	58.7	60.3	61.9	59.8	58.2
年份	2003	2004	2005	2006	2007	2008
消费率/%	55.4	54.3	52.1	51.9	50.1	49.2
年份	2009	2010	2011	2012	2013	2014
消费率/%	49.4	48.5	49.6	50.1	50.1	50.7
年份	2015	2016	2017	2018	2019	2020
消费率/%	51.8	53.6	53.6	54.3	57.8	54.3

从表2-1可以看出,自1984年我国实施社会保障制度改革以来,居民收入虽然在不断增加,消费率却明显下降,从1985年64.4%下降到1997年的58.5%,降低了5.9个百分点。这主要是因为,中国正在进行社会保障制度改革,如养老保险制度、医疗保险制度、失业保险制度等改革,促使居民压缩现期消费,转化为未来消费,因此消费率呈现不断下降的态势。1999年,中国消费率有了很大提高,比1998年提高了1.6个百分点,从2001年开始居民率又呈现下降的态势,这与我国房地产价格大幅上升具有密切关系。从2011年开始我国居民的消费率处于稳定上升阶段,2020年尽管受到"新冠肺炎"疫情的冲击,但是最终消费支出占GDP的比重仍然达到54.3%,主要是因为我国政府采取了一系列扩大消费的措施。例如,增发国债用于增加基础设施投资;调整机关单位、离退休职工工资;增加失业人员、社会救助人员和社会优抚人员的转移支付。政府出台的一系列措施,对于提升整个社会的消费水平起到了重要作用。

2.4　社会保障基金运营和企业的资本积累与投资

社会保障是社会再生产的必要准备,特别是劳动力再生产的必要保障,可以为劳动力再生产扫除障碍,保证劳动力再生产连续不断地进行。在这里我们主要探讨社会保障基金缴费对新

---

① 根据中国统计年鉴整理。

增价值分解的影响、对企业生产和投资的影响，同时需注意，社会保险基金运营也会影响企业发展的市场环境和社会环境。

2.4.1 社会保障基金缴费与企业新增价值

按照马克思主义政治经济学的观点，产品的新增价值包括两部分(M：企业利润；V：劳动力成本)，这两部分形成国民生产净值即国民收入。在产品的新增价值中，社会保障基金的一部分来源于M(未扣除企业缴纳的税费)，另一部分来源于劳动力成本V。例如，劳动者的医疗保险费用是"劳动能力的修理费用"，因而其费用来源于V。

在现收现付制下，劳动者的养老保险费、失业保险费和社会抚恤费等主要来源于M，关于这部分保险费，正如马克思所说，保险费表现为特定部门的一定资本在总剩余价值中所取得的份额——利润的一部分，即剩余价值的一部分，从而只体现新追加劳动的剩余产品(从价值方面来看)的一部分，必须充当保险基金。这部分基金是收入中既不作为收入来消费，也不一定用作积累基金的一部分，事实上它是否用作积累基金，或者是否只用来补偿再生产的短缺，取决于偶然的情况。实际情况也是如此，社会保障的对象(老年人、伤残者、失业者等)并没有进入生产过程，这部分人的基本生活费用不是企业的直接生产成本，而是M中的一部分，是通过对M的再分配来实现的。社会保障在对M进行再分配时，由于扣除比例不同，直接影响企业的投资。

2.4.2 社会保障基金征缴与企业资本积累

在企业新增价值($V+M$)中，M越多，企业的资本积累就越多；M越少，企业的资本积累就越少。当资本积累过多时，企业就会寻找机会，进行新一轮的生产投资。但是，企业生产、投资不是没有限度的，只有生产出来的产品被消费者所需要，企业的生产投资才是有意义的，才构成国内生产总值(GDP)中有效益的增长；否则，即使计入GDP之中，也会成为无效益投资。无效益投资只会浪费社会的经济资源，不会促进经济的发展。这也说明，资本积累并不是越多越好，而应该是适度的，这样才会实现经济的良性运转。因此，应适当提高社会保障基金的缴费比例，降低企业的资本积累。相反，资本积累过少，企业生产萎缩，经济萧条，这种状况对于经济的发展同样也是不利的。这时，应适当降低社会保障基金的缴费比例，适当增加企业的资本积累[①]。

社会保障基金运营对企业资本的积累，具有稀释和积聚的调节作用，运用好这一调节作用，不仅可以有效地调节企业生产、投资，而且可以促进经济的稳步增长。

1. 社会保险基金征缴规模与调节企业资本积累

劳动成本增加，对企业利润的变化具有很大的影响。企业社会保障的缴费，可以合理地理解为企业劳动力成本的增加，是直接影响企业产品竞争力的重要因素。如果企业社会保障的缴费超过企业劳动力成本所能承受的范围，那么，这些企业在充满竞争的环境中难以避免被淘汰出局的命运。在这种情况下，损失的就不仅仅是社会保障的缴费，更重要的是加重了社会失业

---

① 丛春霞. 社会保障基金运行的行为效应研究[M]. 北京：中国社会科学出版社，2013：62-102.

的程度，妨碍经济增长。这种劳动力成本增加对企业的敏感程度，会随着企业劳动力结构和资本构成的不同而有所变化，也就是说，劳动密集型企业和资本密集型企业对社会保障供款率增加的反应是不一样的。在劳动密集型企业中，劳动工资在成本中占的比例比较大，因此在劳动工资增加的情况下，对企业绩效的影响和竞争力的冲击就会更加突出。

预算约束对企业行为具有重要的作用，会直接影响企业的福利制度安排。新古典经济模型建立的一个基本公式，就是企业在预算约束下追求目标函数的极大(小)值。如果企业只能运用自己拥有的资金，那么企业的预算必然是"硬"的。衡量企业预算是否软化有两条准则：一是看企业的生存是否自动得到保障；二是看企业的增长与它的盈利是否密切相关。在西方国家，企业与政府的明确分工使企业难以出现软预算约束现象；相反，在不完全市场经济条件下的中国，大量的企业显然还处于软预算约束状态，承担着远远超过经济目标的社会责任，并且这种社会责任由于困难重重的劳动力市场的缺位而放大，更加限制了企业的市场化机制的转换进程。

1) 社会保障基金的筹集对企业资本积累的作用

社会保障基金的筹集需要从企业、个人手中拿走一部分资金，因而对企业资本的过度积累具有稀释作用。当企业资本积累过度时，适当调高企业(雇主)的缴费率，就可以起到稀释企业资本过度积累、抑制企业过度投资的作用，从而可以抑制经济的过度繁荣；企业资本积累过少时，适当调低企业(雇主)的缴费率，就可以起到聚集资金、扩大企业投资的作用，从而刺激经济的复苏。正因为如此，新加坡政府在强制雇主缴费时，其缴费比例不是根据精算原理事先确定的，而是由政府根据经济运行的状况来控制。比如，1986年新加坡经济衰退时，政府将雇主的缴费由前两年的25%下调到10%。雇主缴费率的降低，有利于企业的资本积累，可以起到刺激经济回升的作用。近年来，为了降低企业的养老金缴费率，我国先后两次降低企业缴费比率，由原规定的20%降至16%。

2) 具有促进投资的作用

完全积累制、部分积累制缴费计划，虽然能够改变企业、个人的现期储蓄，却不能改变国民的净储蓄。完全积累制、部分积累制缴费会形成数量可观的社会保险基金，社会保险基金可以通过企业投资、证券投资等方式调节整个社会的投资。在市场投资不足的情况下，社会保险基金的投资可以起到增加投资存量、促进经济繁荣的作用，特别是社会保险基金的入市，不仅可以在一定程度上削减资本市场上短线投资的冲击，对证券市场起到稳定器的作用，更重要的是，社会保险基金进入证券市场拓展了企业融资的渠道，弥补了企业资本积累的不足，使积累起来的社会保险基金起到聚集资本、扩大企业投资的作用。

3) 社会保险基金投资运营可以促进公司治理结构的完善

社会保险基金对于提高上市公司的经营运作质量、推动证券市场的健康发展具有积极作用。例如，美国运通、通用汽车、IBM等大企业都曾在社会保险基金投资者的压力下，更换公司管理层。目前，社会保险基金作为金融媒介的作用也越来越突出。社会保险基金同银行、保险、股票市场和共同基金一样，生存于资金提供者和使用者之间，将聚集起来的金融资产投资到资金需求者手中。社会保险基金从自身利益出发，客观上要求资金投资于具有完善的治理结构的公司，以确保基金安全。

2. 社会保险基金征缴规模与企业营商环境

企业营商环境是指市场主体在准入、生产经营、退出等过程中涉及的政务环境、市场环境、法治环境、人文环境等有关外部因素和条件的总和。营商环境包括影响企业活动的社会要素、经济要素、政治要素和法律要素等方面，是一项涉及经济社会改革和对外开放众多领域的系统工程。企业一般按雇员工资总额的一定百分比缴纳社会保险费，由社会保险机构依法强制征收，这些基金来源于积累基金和活劳动补偿基金。作为积累基金，保障费用体现为雇主扩大再生产的要求，为雇主扩大再生产的必要条件；作为活劳动消耗的补偿基金，表明这部分保障资金是对雇主再生产的补偿，成为简单再生产的维持费用。因此，雇主缴纳的社会保障费用在本质上构成了雇主的"经济性"负担，是企业生产经营顺利进行的内在要素。因此，社会保险基金的征缴规模对于企业来说至关重要。社会保险基金的征缴规模大，企业的资本积累减少，从而降低企业的竞争力，企业的利润也相应减少；反过来看，缩减企业的社会保险基金的征缴规模，就会提高企业的竞争力，相应地增加企业资本积累及利润。另外，由于我国养老保险基金实行省级统筹，各地缴费比例不统一，有的地区企业法定的劳动力成本低，也必然影响劳动力的收入水平，进而影响企业公平的市场竞争环境和社会环境。

世界银行发布的《2020年营商环境报告》显示，由于大力推进各项改革议程，中国已连续两年跻身全球营商环境改善幅度最大的十大经济体行列，排名跃居全球第31位，比2018年提升15位。从国内看，由于经济增长内生动力还不够足，创新能力还不够强，发展的质量和效益还不够高，一些企业特别是中小企业经营困难，民间投资增势疲弱。在这样的背景下，缩减社会保险基金的征缴规模十分必要，同时要不断优化营商环境，进一步激发市场主体活力，提升经济发展质量。降低成本、减轻负担，对企业来讲无疑是利好。但在为企业减负的前提下，要兼顾保障企业职工权益，避免因为降低企业社保缴费比例，影响社保基金的支撑能力和可持续发展。在实践中，相关部门要倾听企业和群众的呼声，多推优化营商环境的务实举措，进一步激发市场主体的活力、社会的创造潜力，以加速形成良好的营商环境。

2.5 社会保障基金运营中的政府责任

2.5.1 《济贫法》《社会保障法》和《贝弗里奇报告》对政府责任的界定

毋庸置疑，无论是社会保障体系的构建还是社会保障基金的运营，政府都具有主导责任，但必须认识到政府能力是有限的。尤其当今世界面临百年未有之大变局，社会保障制度的实现目标和实现目标的手段都在变动之中，毫无疑问政府的责任将总是大于其能力。明确政府责任是福利思想和福利制度安排的核心问题。从《济贫法》《社会保障法》到《贝弗里奇报告》，对政府需承担的社会保障责任的阐述越来越清晰。

1. 《济贫法》中的政府责任

1601年，英国颁布了《济贫法》。该法强调了政府关注穷人的三项责任，第一次依法明确了政府的社会保障责任，从此，救济穷人不再是国家首脑的个人行为。根据《济贫法》，在地方政府的财政支持下，教区负有如下责任。

(1) 对丧失劳动能力的穷人(包括老人和病残人士)实行救济，即救济院的制度安排(poorhouse)。

(2) 对具有劳动能力的穷人提供就业机会，即习艺院(work house)。

(3) 对具有劳动能力却逃避劳动的懒人实行惩罚，即教养院(a house of correction)。

《济贫法》顺利实行了200年。伴随工业化、经济波动和人员流动，政府的救济负担不断加重，同时也受到了一些学者的批评。杰里米·边沁认为《济贫法》的实行会造成被救济者的堕落，托马斯·罗伯特·马尔萨斯认为《济贫法》的实行会导致人口激增，大卫·李嘉图认为《济贫法》的实行会使工人工资收入贬值。

2. 《社会保障法》中的政府责任

1935年，美国颁布了《社会保障法》。该法不仅第一次使用了社会保障的定义，而且第一次全面规划了社会保障体系，包括两项社会保险计划(联邦养老金计划和州失业保险计划)和三项社会救助计划(老人救助、盲人救助和孤儿残疾儿童救助)。其中，政府责任很明确，包括财政责任和行政责任，具体体现在以下几方面。

(1) 提供财政支持，建立联邦基金，将公共收入中的社会保障支出永久地确定下来。

(2) 成立联邦社会保障委员会(第七条)、联邦公共事务管理局和联邦民用事务管理局等，举办社会保障项目，使中央(联邦)政府具有统管地方政府和全国社会保障事业的能力。

(3) 设立联邦紧急救助署，监督联邦政府向州政府提供救济款。

3. 《贝弗里奇报告》中的政府责任

1942年，英国的《贝弗里奇报告》将社会保障描述为"覆盖全社会全部需要的事务"。在该报告中，一方面，对社会保障(准确地说更具有社会保险特征)计划进行更加完善的设计；另一方面，强调国家统一管理的责任和能力，社会保障已经成为政府的主要工作。

综上所述，无论将社会保障视为"追求社会公正"(对社会主义国家社会保障的解释)，还是"资本主义帮凶"(对资本主义国家社会保障的解释)，都承认了公民的社会保障需求，并将这种需求纳入国家义务、公民权利和政府责任来考虑，使公民需求和政府提供达成默契，社会保障服务应运而生。

2.5.2 社会保障政府责任的理论基础

进入现代社会后，公平与正义日益成为社会成员的普遍追求，社会保障制度安排亦成为整个社会关注的焦点，社会保障的分配规模及所涉及的范围也日益扩大，并在社会经济发展中占有越来越重要的地位。这样的发展趋势与发展格局正是经济、社会、政治、文化及伦理道德诸因素共同作用的结果，因此，社会学、政治学、经济学、公共管理学等学科也就自然地共同构筑了社会保障学坚实的理论基础[1]。下面，我们从社会学、政治学、经济学、公共管理学等维度探寻政府对社会保障主导责任和强化相应能力的理论支持。

---

[1] 郑功成.社会保障学[M].北京，中国劳动与社会保障出版社，2006.

1. 社会学理论

社会学认为：公民对国家的第一需求即提供基本生活的安全保障。这种需求的合理性不能被否认，但人们可以与时俱进地分析这个需求在内涵和外延的变化，重新认识和界定公民的社会保障需求。

从以庇古[①]为代表的古典学派提出福利经济思想开始，人们即从经济角度谈论社会保障。公民的理性和信息分享能力是有限的，其基本生活面对各种社会风险，需要国家建立具有抵御和防范各种社会风险的制度安排。从个人到组织，从组织到社会，社会中存在一些共同需要，只有通过集体活动才能解决。例如，社会需要向那些不能自立的人所提供的最低生存保障，是可以在市场之外提供的；政府还可以起扶助或领导作用，这种作用完全可能是有益且不造成任何损害的。我们也几乎没有理由不让政府在诸如社会保险或教育事业之类的领域发挥某些作用，或主动采取行动，或对实验性发展项目提供暂时性补贴[②]。克服社会风险需要动员全社会的资金、人力来建立多层次的社会保障体系，并需要使用强制手段让公民参与进来，建立社会保险制度，对无能力的公民提供社会救助，或者是为特殊对象和全体公民提供社会福利，这一切都需要政府承担主导责任。

2. 政治学理论

政治学认为：国家合理存在的前提条件即向公民提供基本生活保障。这是对执政党纲领和政府责任提出的基本命题。

贫困过度和贫富悬殊极有可能导致社会冲突和社会动荡。除非有人能承担对经济主体间财政再分配的重大责任，否则在任何时候、任何市场经济条件下，收入不均永远会作为公理而存在[③]。因此，国家合理存在的前提条件即构建社会保障体系，执政党的纲领和政府责任都需要围绕这个需求而展开。

从政治学的角度来看，政府积极构建社会保障体系有利于政治民主化。根据经济基础决定上层建筑的基本原理，政治民主化必须以经济民主化为基础，经济民主化能够促进政治民主化。马斯格雷夫认为："理智和文明的政府行为以及政府职责的正确界定才是民主的实质所在。"[④]可见，只要政策适当，政府积极参与社会保障有利于促进经济民主化，从而有可能对政治民主化产生积极影响。

首先，执政党必须将社会保障纳入执政纲领，就其基本原则和体系建设勾画远期规划和明确近期目标，并依法明确(委任)政府对实现这些规划和目标承担连续性责任(需要不同届政府之间的协作)，以便政府拟订具体工作计划，人民可以据此判断是否欢迎这个执政党。其次，政

---

① 1920年，庇古提出"公民收益"这一概念，并假定社会福利特征为：国民收入总量越大，福利越多；收入分配越平均，福利越多。据此研究社会福利增长和生产资源最佳配置问题。这个假定的根据是边际效益递减理论，而这一理论的成立以效用对个人的可比较性为前提。由于效用在个人之间无法比较导致该理论基础发生动摇，经过20世纪30年代末期的一番争论，沦为旧福利经济学而无人问津。

② 弗雷德里希·奥古斯特·哈耶克. 自由宪章[M]. 北京：中国社会科学出版社，1999：402.

③ 大卫·怀恩斯. 贫困陷阱[M]. 北京：中国税务出版社，2000：75.

④ 理查德·A. 马斯格雷夫. 财政学原理[M]. 纽约：麦克格雷夫-希尔公司，1959：6.

府必须围绕政党的社会保障执政纲领制定实施规划和工作计划，对社会保障公共品(包括半公共品)的提供机制承担全部责任。

政府积极构建社会保障体系有利于巩固政权。马克思·韦伯认为，权力可被视为影响力的具体形式，即影响其他个体的行为的可能性，这些行为是与其本身的目标相一致的，而政府实现其早期目标的重要手段就是经济权力，即经济上的影响力[1]。政府积极承担社会保障责任对其来说是"双赢"策略，不仅使政府掌握了更大的经济权力，也使民众从中受益，从而使权力得到巩固。"铁血宰相"俾斯麦为这个理论假设提供了例证。一方面，他极力主张制定社会保险法律的主要目的是"用福利赶走社会主义"，通过一定程度地满足工人的福利需求以缓解社会矛盾和巩固其政权；另一方面，他从市场拿来保险工具，通过立法创造了"政府介入、公益经营"的社会保险计划，开启了资本主义国家由阶级对立向合作包容的新社会关系的转变，发挥了社会稳定器的作用，也为世界各国建立社会保险制度创造了先例。

3. 经济学理论

经济学认为：一个系统的社会保障制度安排具有促进经济发展和社会公平的双向功能。

社会学和政治学定理阐明了国家、执政党和政府与社会保障的内在关系，经济学思考问题的角度则是政府如何安排社会保障制度以履行社会保障责任，既有利于实现执政党的执政纲领，又有利于维护公民利益和国家安全。

政府欲为构建和谐社会而工作，就需要以积极态度构建社会保障体系。因为"以一致性为社会行动的基础的任何观点肯定会导出：市场机制不能作为一种社会福利函数，这是因为市场机制缺少保证一致性存在的利他主义动机。如果是指道德规范的一致性，那么市场的实用主义规范，会使情况更糟糕"[2]。从以庇古为代表的古典学派提出的福利经济思想到勒纳(A. P. Lerner)、卡尔多(N. Kaldor)、希克斯(J. R. Hicks)、伯格森(A. Bergson)、萨缪尔森(P. A. Samuelson)等人寻求的新福利理论；从凯恩斯现代经济学到社会民主主义福利思想，都是从经济角度谈论社会保障的理论结晶。

在"现代经济学之父"亚当·斯密以"看不见的手"的著名论断为基础建立市场机制学说并对其给予相当程度肯定的同时，一些经济学家已经开始意识到市场经济制度有不尽如人意之处。由于存在市场缺陷，一些公共部门的经济行为，市场经济中通行的利益选择、市场定价、资源配置等原则不再适用，在社会保障领域的各项计划不能完全按照个人利益选择或市场定价模式来设计和组织实施，需要在政府干预下进行。由于在市场上存在商业保险市场逆向选择、道德风险、老年储蓄不足、医疗服务成本上升、信息不完备及短视行为、处置通货膨胀风险的困难增大等市场失灵问题，需要政府在社会保障领域加以干预。

4. 公共管理理论

公共管理理论认为：关于政府和市场关系人们已经达成共识，难点是如何建立政府主导和市场化运营的治理机制。

在社会保障方面政府承担主体责任，政府如何才能完成这一主体责任，这是困扰世界各国

---

[1] 马克斯·韦伯. 经济与社会[M]. 北京：商务印书馆，1997：263-270.

[2] 肯尼思·约瑟夫·阿罗. 社会选择：个性与多准则[M]. 北京：首都经济贸易大学出版社，2000：115.

政府的棘手问题。如国际上一些提供从摇篮到坟墓的福利制度的国家，随着人口老龄化程度的不断加深、社会保障税收的增加和政府福利支出的不断上升，社会保障支出超过了GDP的50%，政府已不堪重负，严重影响福利国家的经济社会发展。而实行企业、个人缴费和政府资助的社会保障制度的国家，存在顶层设计、缴费机制、养老金收支地区不均衡等问题。为此，国际社会对建立多层次社会保障体系已达成共识，我国政府在十九大报告中提出要构建多层次社会保障体系，这需要政府有关部门尽快出台适合本国国情的多层次社会保障体系的顶层设计。

在国家层面上，政府部门不是唯一的公共部门，还存在其他形式的公共部门来处理相应的公共事务，比如慈善机构、民间社团、各种私人非营利性组织等，但政府是最主要的公共部门。所谓政府部门，是将履行政府功能作为其主要活动的单位总称，这些单位对一定区域内的其他单位具有立法、司法或行政权力，它们承担向整个社会或各个住户提供货物和服务的责任；它们进行转移支付，以便对收入和财富进行再分配。政府部门直接或间接地主要通过税收和来自其他单位的其他强制性转移来为其活动筹集资金。之所以说政府部门是最主要的公共部门，原因在于：第一，政府对经济社会管理的覆盖范围最广，通过各级政府及其所属机构，形成了覆盖全社会的政治统治和管理网络，和政府相比，其他公共部门总是具有不同程度的局部性；第二，与其他公共部门的自愿性质不同，各级政府对辖区内的个人与法人单位具有强制权，是最有权威的公共部门，可以有效地动员社会资源。正因为如此，在多数情况下，常常将政府部门等同于公共部门应用于社会保障理论研究框架和管理体系中。政府负责的社会保障项目，如社会救助、法定福利和对弱势群体的相关服务方面，在切实织密织牢兜底保障网的基础上，让所有人免除生存危机并享有底线保障，即任何人不因任何原因而陷入生活绝境。在政府主导的社会保障项目如社会保险与面向不同群体的社会福利及相关服务方面，重在提供基本保障，它需要调动用人单位、个人及家庭分担责任的积极性与主动性。对于参与社会保障的主体责任分担，亦应当逐步从失衡状态走向相对均衡，如法定养老保险、医疗保险的缴费责任就宜在用人单位与参保者个人之间保持均衡性，确保制度持续稳定发展。

总之，政府是多层次社会保障体系的设计者、建设者、监督者，甚至是最后责任的承担者。

2.5.3 政府对社会保障基金筹集与支付的职责

在现代社会，无论采取何种社会保障制度模式，国家都承担着一定的直接财政责任，只不过是因模式不同所承担的责任轻重不同而已。从国际社会看，社会保障基金的主要筹资渠道就是企业和个人缴费、政府资助。由此可见，在社会保障基金筹集过程中，国家责任的一个具体体现，便是对社会保障基金的财政资助，它构成了社会保障基金的一个固定的、主要的来源渠道。

国家财政对社会保障基金支付的支持方式，可以概括为三种。

1. 财政拨款

财政拨款，即政府直接拨款实施社会保障项目，如社会救助基金、军人保障基金及有关公共福利基金主要由政府财政拨款形成。

2. 实行税收优惠或让利

实行税收优惠或让利是一种间接资助形式，它又可以分为三种形式：国家允许社会保障机构强制地向企业和个人征收税前缴纳的社会保险费；国家对社会保障机构筹集的基金实行免税优待以及对社会保障对象享受的社会保障待遇不征税；国家让利表现为国家对存储于国家金融机构的社会保障基金，或对于社会保障机构用于投资的资金，给予较高的利率优惠。

3. 承担社会保障管理费用

我国从中央政府到各级地方政府从事社会保障事业的机关和事业单位的行政管理费用和从业人员的工资都由国家财政承担。自2011年7月1日实施的《中华人民共和国社会保险法》规定，政府在社会保障基金的筹资过程中应承担以下五个方面的责任：第一，县级以上人民政府对社会保险事业给予必要的经费支持，在社会保险基金支付不足时给予补贴；第二，国企、事业单位职工参加基本养老保险前，视同缴费年限期间应当缴纳的基本养老保险费由政府承担；第三，在新型农村社会养老保险和城镇居民基本医疗保险体系之中，政府对参保人员给予补贴；第四，基础养老保险基金出现支付不足时，政府给予补助金；第五，国家开办全国社会保障基金，由中央财政预算拨款以及国务院批准的其他方式筹集的资金构成，用于社会保障支出的补充、调剂。

2.5.4 社会保障预算与公共财政之间的关系

公共财政是指政府为实现其职能并满足公共需要，凭借政治权力和财产权力，在公共领域进行的资源配置和收入分配的经济活动。社会保障预算是检验公共财政制度建设的重要指标。为实现社会保障目标，需要根据有关法律法规反映社会保障收支规模、结构及变化的政府行为。社会保障预算是政府社会保障责任规范化、民主化和公开化的具体表现。

1. 社会保障预算模式

建立社会保障预算必须具有以下条件：明确政府对社会保障筹集资金所承担的责任，以及社会保障支出在国家财政中的地位；健全的社会保障预算法制和编制原则，可以做到有法可依和执法必严；建立了公共财政制度，具备转移支付和税费征缴的工作条件。很多国家已经建立了社会保障预算制度，主要包括以下三种模式。

1) 政府公共预算

政府公共预算是指将社会保障所需资金视为政府的经常性开支，在政府公共预算内统一安排，不存在单独的社会保障预算。这种模式的典型代表为英国、瑞典等。

英国的社会保障预算收支都包含在政府的经常性预算中。英国的社会保障收入来源于国民的"社会保障缴纳(社会保险税)"。在英国的社会保障基金来源中，社会保障缴费所占比重偏低，1994年为34.95%(由雇主和雇员分别承担)。英国的社会保险费由国内税务局负责具体征收，收入上缴国库，成为政府财政收入的有机组成部分，由财政部统收统支，不存在独立的社保预算，只是各项社会保障在公共预算中单独反映。当社会保障项目收不抵支时，按规定从一般性税收收入中调剂解决。英国的社会保障支出直接以"社会保障费"项目列示在政府的经常预算支出中，其所占比重在1977年为23.9%，1984年为29.1%，1994年为32%。

以英国为代表的福利国家将社会保障收入与支出直接列示在政府的经常性预算收支中，政府直接参与社会保障收支的具体管理，社会保障收支安排过程中直接体现了政府的意志。这种预算模式的优点在于最大限度地体现了政府在社会保障制度中应当承担的责任，由政府财政为基金支出兜底，可以确保社会成员的福利水平。但由于社会保障预算与政府经常性预算收支混在一起，难免社会保障收支与经常性收支之间相互挤占资金。而且由于社会保障预算收支全部由财政负责，在福利刚性作用下，社会保障支出膨胀，将会成为财政不堪背负的重压。同时由于社会福利支出日益膨胀，致使劳动力成本不断增加，增加了产品的生产成本，影响了作为市场经济主体的私人企业的资金积累，导致产品竞争力下降以及产业资本向廉价劳动力市场流动。在"银色浪潮"的席卷下，以英国为代表的政府公共预算形式的社会保障预算已不再为各国所赞同。

2) 基金预算

基金预算是指以基金方式反映社会保障支出状态的政府行为或其他组织行为。在通过社会保险费的方式筹集社会保障基金的情况下，常常使用基金预算方法。这种模式的典型代表为美国。

美国的社会保障基金以信托基金的形式进行管理，将社会保险税收入存入信托基金账户，社会保险税收入和社会保障支出在政府预算中以总额单独列示，社会保险税的结余以基金形式单独编制预算。

美国社会保障信托基金是财政部下的一个金融账户。社会保障税的税款流入国库存款账户，交由政府在全国各地的财政机构进行管理。财政部将通过国库收上来的工资薪金税以联邦保障金的形式转记到社会保障信托基金的专门账户。美国的社会保障信托基金的89%来源于工资薪金税，亦即社会保险税。它是由薪金税、失业保险税、个体业主税共同构成的一个综合性税种，现已成为美国仅次于所得税的第二大税种。信托基金是一个名义账户，资金并不进行实际转拨，只是财政部在自己的相关账户之间进行转账而已，因此社会保障津贴的发放不通过信托基金，而是通过国库。在国库支付社会保障津贴的同时，同等价值的保障金也就从信托基金的账面销掉了。当社会保障税款的收入大于其支出时，体现在社会保障信托基金专户上的保障金余额就会增加，这些余额代表政府对社会保障信托基金的负债。

以美国为代表的资本主义后起之秀在社会保障制度设计上兼顾了公平和效率。基金预算模式兼具政府公共预算模式和不纳入公共预算模式的优点，主要体现在以下两方面。

(1) 用通过社会保险税筹集的社会保障资金形成社会保障信托基金，由专门机构单独管理，依法运营，并向全社会定期发布基金运营情况，因此基金运作透明度高，公众监督作用强，基金安全性较好，便于基金保值增值，在基金运作管理方面较为成功。

(2) 总额列入政府预算的社会保障信托基金，在其收支投资管理等方面与政府经常性预算收支分开，单独成体系，避免财政对社会保障的大包大揽，减轻了财政负担。

但是这种模式也存在不足，由于政府预算仅反映社会保障信托基金收支总额，对于各项基金的收支情况等不能详细反映，这样政府对社会保障的控制力相对较小，一旦社会保障信托基金管理出现问题，将会对作为社会保障最终负担者的财政构成很大威胁。

3) 不纳入政府公共预算

在这种模式下，社会保障收支均独立于政府预算之外，实施单独管理。这种模式的典型代表是新加坡。

新加坡的社会保障采取中央公积金制度，按照公积金法令，所有受雇的新加坡公民和永久性居民都是新加坡公积金会员，必须依法缴纳公积金。新加坡的公积金下设三个子账户：普通账户、特别账户和保健储蓄账户。75%的公积金存入普通账户，10%存入特别账户，15%存入保健储蓄账户。新加坡的社会保障公积金不论是其收支还是投资运营均不纳入政府预算，政府不负担任何费用，完全是在政府预算之外独立运行。新加坡的公积金制度由隶属于劳工部的中央公积金局负责其行政管理，但公积金资产的具体运营是由政府投资公司负责。

社会保障不纳入政府预算管理这种模式的最大特点是政府不直接参与社会保障的收支管理，因而财政对社会保障的负担相对要轻。而且社会保障基金单独另算，有利于基金的保值增值。但是，社会保障本来是国家宏观调控的一种政策手段，具有收入再分配以及统筹共济性的特征。由于完全脱离预算之外，政府只是通过法律法规等对社会保障实行间接管理，政府对社会保障的干预作用太小，政府利用社会保障进行宏观调控的作用明显减弱。从世界范围看，社会保障完全脱离国家预算这种模式多为一些小国家所采用，比如新加坡、智利和东欧的一些国家。

通过对世界各国社会保障预算模式的分析和比较，不难看出：第三种模式存在非常明显的缺陷，作为与全体公民的生存与生活息息相关的社会保障基金，政府要管，但是如何管、管多少还需要我们进行充分讨论。可以明确的是，社会保障预算应与政府经常预算分开，但又不能完全割裂。

2. 社会保障基金运营对国家总预算的影响

建立社会保障制度是政府弥补市场失灵的一个重要举措。这是因为，无论采取哪种社会保障制度，都需要有国家财政的参与。国家财政依法确定社会保障基金的支出，可以有力地保证社会保障制度对资金的需求。国家制定的社会保障预算、强制征收的社会保险税和个人收入所得税等，是保证社会保障制度顺畅运行的物质基础。反过来，社会保障基金运营也会对政府的经济行为产生较大影响，不同的社会保障基金运营模式对国家总预算、国家预算各层面和政府投资等都会产生不同的影响。

社会保障预算是国家预算的一个重要组成部分。国家预算是依据国民经济宏观运行态势和年度经济社会发展目标，采取自上而下、自下而上的方式编制的，经国家法定程序审查批准的国家年度财政收支计划方案。国家预算包括经常性预算和建设性预算两个方面(见图2-2)。其中，经常性预算包括政府公共支出预算和社会保障预算；建设性预算包括国有资产经营预算、公共建设性预算和国家债务预算。

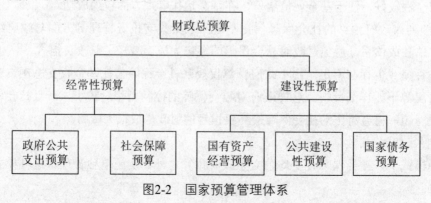

图2-2　国家预算管理体系

社会保障预算是国家作为社会管理者，依据社会保障的总体目标，针对社会保障基金的收入、支出、投资运营、管理和监督而编制的年度收支计划。社会保障预算的主要内容包括：上级和本级政府公共预算安排的各项社会保障经费；依法征收的各类社会保险基金、结余基金及其投资收益；政府预算外筹集和面向社会募捐的用于社会保障的资金等。社会保障预算对财政总预算的影响主要表现在以下几个方面。

1) 社会保障制度决定社会保障预算的规模和结构

社会保障基金构成要素包括筹资规模、支付标准、保障水平和社会化程度等，这些要素都会影响社会保障预算的规模和结构，进而影响国家预算的规模和结构。例如，社会保障基金的来源一般为政府征收的各项社会保险税。现收现付制实际上是对正在工作一代人进行的债务融资，对这种负债只能通过征收社会保险税或具有税收特点的强制性缴费来解决。例如，在德国、法国、瑞士、荷兰、瑞典等国家，社会保障税已经成为这些国家的头号税种。一般来说，政府用于社会保障预算收支的资金越多，依靠税收筹集资金的可能性就越大。

为了支持社会保障计划的实施，各国政府往往采取一些税收减免政策，如缴费及其投资收入免税、养老金免税等。美国法律允许对职工和企业的缴费实行税收减免。根据1974年《雇员退休收入保障法》，固定收益型企业年金计划的养老金被视为企业服务，而养老基金的投资被看作资产，这便使企业养老金计划的缴费在计算所得税时可以给予扣除，并且其投资收益也是免税的。

由此看来，社会保障基金的筹集除了依赖政府税收政策，适当的税收减免，也可以促进社会保障计划的实施。

2) 社会保障基金运营模式对社会保障基金预算的影响

社会保障预算是依据上年度社会保障支付的资金编制的。社会保障支出包括社会保险支出、社会福利支出、社会救助支出和社会优抚支出等。社会保障预算反映着政府介入社会保障的范围、力度和规模。

(1) 现收现付制下，政府介入的力度和规模比较大。

现收现付制下，国家在制定社会保障收支预算编制的时候，计划运用的资金数量比较庞大，运用的范围比较广，保障程度比较高。因此，在现收现付制国家中，社会保障预算已经成为国家预算中规模比较大的一项内容。现收现付制国家的财政转移支付运用的资金数量比较大，如瑞典、德国，这些国家每年通过财政转移支付运用于社会保障的资金占财政资金的40%左右。此外，在现收现付制基金运营模式下，社会保障预算编制应注意代际协调问题。社会保障预算的编制应保持一定的稳定性，编制计划时，各年份资金运用的差距不宜太大，这样职工享受的社会保障待遇才会稳定，才不会造成不同年份及代际养老金收入的不均衡，也不会出现某一时期退休职工养老金给付过高或过低的问题。

(2) 完全积累制下，政府介入力度和规模比较小。

完全积累制模式下，国家在制定社会保障基金收支预算的时候，计划运用的资金数量比较小，保障的范围比较窄，保障程度比较低，如新加坡等国家，政府每年通过社会保障预算运用的资金只占财政资金的9%左右。这是因为完全积累制实际上是职工工作时期为年老时期的储蓄，是个人工资的延期支付，因而只有在社会保险基金入不敷出时，国家财政才予以介入，给予必要的财力支持。国家财政在社会保障事业中承担着总担保人的角色。值得注意的是，智利的社会保障预算占财政支出的比重是很高的，这是因为智利政府正在承担由现收现付制向完全积累制过渡的转制成本。一旦改革的转制成本支付完毕，享受旧制度保障的职工已经不存在，政府转移支付的资金大大减少，政府的主要职能就是监管社会保障基金的投资运营。

2.5.5 社会保障基金运营与国家宏观经济政策之间的关系

在经济运行中，会呈现繁荣、萧条和危机的周期性，运用社会保障基金运营调节经济周期，缓解经济周期的波动，可以起到反经济周期的作用。这是社会保障基金运营配合政府宏观调控的一大功能，应该在调节经济周期中发挥应有的作用。

1. 经济危机、萧条阶段的社会保障基金运营

社会保障发展的历史表明，无论是最初建立社会保障制度的德国，还是后来建立社会保障制度的英国、美国、日本、法国，这些国家当初建立社会保障制度的经济背景大体上都是相同的。这也就是说，在本国经济面临困境、出现经济危机或经济萧条时，政府试图通过建立社会保障制度，通过政府的转移支付活动来扩大社会总需求，从而扩大居民消费，调整经济结构、产品结构，以促进整个经济的恢复和发展。西方国家采取建立、健全社会保障制度的方式，来缓解经济危机和经济萧条的措施是有理论根据的。

根据经济周期的理论，在经济危机时期，作为经济运行晴雨表的股票指数往往首先大幅度下跌，由此，引发企业、银行纷纷破产、倒闭，失业人数激增，职工工资下降，对外贸易锐减，物价指数下降。经济危机过后，整个经济进入萧条阶段。在经济萧条阶段，经济增长率下降，生产过剩，有效需求不足，整个社会的失业状况没有得到有效改善。针对经济处于危机、萧条阶段的状况，可通过调节社会保障基金运营，来缓解经济运行中的矛盾。

1) 社会保障基金投资对扩大投资需求的影响

针对投资需求不足的状况，可以通过降低社会保险缴费率(或税率)的方式，减轻企业、个人的负担，使企业有足够的利润转化资本积累。例如，1986年，在新加坡经济衰退时期，政府主动将雇主的缴费率由两年前的25%降低到10%，减轻了企业的缴费负担，刺激了经济回升。新加坡政府直接管理着社会保障基金，其经常根据经济发展状况来确定政府投资的数额。在经济萧条时期，政府会扩大社会保障支出规模，增加转移支付，这样就可以刺激整个社会的投资需求。

同时，为缓解经济萧条的状况，社会保障基金也可以考虑投资低风险、收益稳定的基础设施建设。例如，建造医院、公寓和新建重建基础设施等。这不仅对扩大投资需求、缓解经济萧条的状况有利，还可以增加社会保障基金的投资收益。

2) 社会保障支出对扩大消费需求的影响

针对消费需求不足的状况，可以采取赤字财政政策，增加政府对失业人口、贫困人口、老年人口等的转移支付。将一部分资金转移到边际消费倾向比较高的失业人口、贫困人口、退休人口中，让这部分人进行消费，既可以缓解社会贫困，也有利于扩大社会总需求。随着失业、贫困和退休人口边际消费倾向的提高，整个社会边际消费倾向也将相应地提高。当前，在我国有效需求不足的形势下，可以通过增加失业、下岗和贫困人口的消费需求，来缓解社会总需求

不足的状况,从而促进社会总供给和总需求趋于平衡。1999年8月,我国政府对城镇中低收入阶层收入政策进行调整,有关政策调整的范围比较广泛,涉及机关事业单位在职职工、下岗职工、离退休职工、失业人员、城镇居民最低生活保障对象、部分优抚对象等,直接受益人员超过8400万人。1999年下半年,全国增加财政转移支付的资金为540亿元左右,城镇居民消费率由1998年的24.3%增加到1999年的25.87%。

同样,美国政府也经常运用社会保障政策调节居民的消费状况。据有关部门统计,美国有近半数的家庭受益于社会保障,使生活在贫困线以下人口的比重由1959年的22.4%下降到1984年的14.4%。据专家估计,美国大部分社会福利开支是以转移支付的形式进入低收入家庭的。在贫困家庭较高边际消费倾向的作用下,这些转移支付资金的90%以上形成了现实的社会购买力,使美国经济不断维持在较高的有效需求状态。相反,如果没有社会保障制度的转移支付,美国贫困人口的比重不会低于20%。可见,社会保障通过国民收入的转移支付使贫困人口比重下降,使失业、贫困人口的生活得到一定程度的补偿,社会保障支付调节了社会总需求,扩大了社会消费需求,使经济周期中危机、萧条的状况趋于缓和,对调节经济周期、缓解社会矛盾、促进社会稳定起到了积极作用。

以上事实说明,社会保障制度对西方国家的经济发展确实起到了"安全网"和"减震器"的作用。因此,美国经济学家萨缪尔森对社会保障支出的"内在稳定器"作用赞不绝口。

3) 社会保障基金运营配合国家的宏观调控政策可促进经济增长

近几年,一些国家积累了数量可观的社会保障基金,社会保障基金投资的扩大或收缩对宏观经济运行起到了不可替代的调节作用。同时,社会保障基金的投资活动,可以有力地配合国家财政政策、货币政策的执行,增强政府调控经济的能力。

在经济危机、萧条阶段,为了促进经济增长,一方面社会保障基金会增加投资,有助于整个社会增加投资需求,在利率上升的市场条件下,社会保障基金可以购买新发行的、利率较高的公司债券;另一方面,在经济危机、萧条阶段,各国政府都会采取积极的财政政策和宽松的货币政策,适当扩大财政赤字,进而积极发挥政府投资的带动作用。社会保障基金配合国家的宏观调控政策在一级市场大量承购、包销政府债券时,会促进政府证券的发行,同时也会影响到央行的货币政策,因此社会保障基金运营对国家宏观调控政策的执行具有积极作用。

2. 经济繁荣阶段的社会保障基金运营

根据经济周期理论,经济繁荣时期,股票指数大幅度上升,市场人气旺盛,企业投资大幅度增加,失业人数下降,就业较为充分,职工工资上升,对外贸易扩大,物价指数上升。针对经济繁荣阶段的状况,社会保障基金运营可以采取相应的调节措施,抑制经济的过度繁荣。

1) 社会保障基金对抑制过度投资的作用

针对投资需求过度的状况,可以通过提高社会保险缴费率,增加企业、个人承担的缴费(或税收)负担,使企业过度的投资转化为必要的、社会保障基金的积累。一些国家就是在经济过度繁荣的时期提高企业或个人的社会保险缴费率(或税率)的,这不仅可以起到抑制过度投资的作用,而且可以抑制经济的过度繁荣,起到反经济周期的作用。在经济高涨时期,政府对于社会保障转移支付的资金也会有所调整,政府往往减少社会保障支出,减少政府转移支付的资金,来抑制过度的投资需求。在这一时期,政府往往通过优化养老保险供款结构,来实现养老保险供款主体缴费率的动态均衡分布。

2) 社会保障基金对抑制过度需求的作用

针对消费需求过度的状况，可以通过减少政府对失业、贫困人口的转移支付等措施来抑制超前、过度的消费需求。由于失业、贫困人口的边际消费倾向较高，如果进一步增加对这部分人口的转移支付，不仅会进一步扩大过度的消费需求，而且对抑制经济的过度繁荣不利。减少对失业、贫困人口的转移支付，可以降低这部分人口的边际消费倾向，进而降低整个社会的边际消费倾向。由于整个社会的边际消费倾向降低，投资乘数的作用也会降低，这就可以有效地抑制过度的消费需求。

3) 社会保障基金运营配合国家的宏观调控政策可抑制经济过渡繁荣

为了抑制经济过度繁荣的状况，社会保障基金运营一方面减少基金投资，有助于减少整个社会过度的投资需求；另一方面可以配合国家的宏观调控政策，如果央行紧缩信贷、控制货币供应量、遏制通货膨胀，在公开市场上抛售公债时，社会保障基金可以购入公债，则有助于央行货币政策的执行。由此可见，政府财政政策、货币政策的执行可以通过社会保障基金运营来配合。

2.5.6　社会保障基金精算评估中的政府责任

社会保障基金是社会保障制度得以正常运行的物质基础，实现社会保障基金的可持续发展是我国多层次社会保障体系建设的目标之一。社会保障基金管理部门首先要摸清家底，对社会保障基金精算估计，并定期向社会公布。中共中央十八届三中全会审议通过的《中共中央关于全面深化改革若干重大问题的决定》第四十五项任务对社会保障制度做出了明确规定："建立更加公平可持续的社会保障制度。坚持社会统筹和个人账户相结合的基本养老保险制度，完善个人账户制度，健全多缴多得激励机制，确保参保人权益，实现基础养老金全国统筹，坚持精算平衡原则。推进机关事业单位养老保险制度改革。""坚持精算平衡原则"如此专业化的技术词汇出现在党的重要文献之中，在历史上是首次，具有深远的历史意义和划时代的现实意义，为厘清国家财政与社会保障的边界、正确发挥养老保障领域国家与市场的作用提供了重要的理论依据。

1. 社会保障精算的内涵

社会保障精算是为保证社会保障制度的平稳运行，以社会保障理论为基础，借鉴精算学和商业保险精算学的基本方法，分析社会保障风险，量化社会保障相关指标，为社会保障部门决策提供参考依据(决策支持)的一门应用学科。

制度精算平衡是度量社会保障可持续性的一个工具。它为确保社会保障制度持续健康发展以顺利跨越"中等收入陷阱"提供了一个测量基准，为社会保障制度运行质量的可检查、可评估、可量化提供了遵循原则和合法依据。

我国多层次社会保障体系由社会救济、社会保险和社会福利组成，其中社会保险是社会保障的核心，不难理解，社会保障精算的核心就是社会保险精算。

社会保险精算是对各种社会保险计划的风险状况、损失规律、成本及债务水平、长短期财务状况和偿付能力等进行分析，以保证整个社会保险制度能够正常运行的数量分析方法。社会保险精算的原理与商业保险精算基本一致,也是建立在对风险和损失进行客观分析的基础上,通过对风险的定量分析和评价,可以测算出承担该类风险所需的成本和未来可能的保险金给付责任,即债务,通过债务与资产总额的比较,就可以评价社会保险基金是否具有偿付能力。

在社会保险基金管理过程中,既要运用精算方法对基金筹集的成本进行估计,对其影响因素进行分析,以确定合理的筹资比例;还要根据社会经济状况和人口结构的发展变化,科学地估计各种风险条件下社会保险基金的债务及其变化情况,研究合理的债务分摊方法,以确保基金运营的平衡和具有长期的偿付能力。精算评估是社会保险基金长期、稳定运营的基础和数量依据,在社会保险基金管理过程中有着无法替代的作用和地位。本教材仅对养老保险精算评估和医疗保险精算评估方法进行介绍。

2. 社会保障精算的产生与发展

20世纪50年代,随着社会保障制度的发展,社会保障精算的相关研究逐步展开。N.L.鲍尔斯等著的《精算数学》推导出一些专门的精算模型。R.L.布朗在其著作《人口数学》中介绍了人口普查数据在美国退休金保障上应用的思路和方法。另外,S.G.凯利森的《利息理论》,N.L.鲍尔斯的《风险理论》和D.伦敦的《生存模型》都从精算的角度对社会保障制度进行了分析。这几位学者的著作开创了将精算学引入社会保障领域的先河。

经过几十年的发展,国外社会保障精算的应用已经较为广泛。在社会保障制度比较完善的国家,大多运用精算技术对社会保障计划费用及其可能的变化做出长期预测,从而为社会保障基金管理部门提供有用信息,使现在和将来的社会保障计划都能建立在合理的财力基础之上,有效避免基金支付危机。例如,美国社会保障署每年都从精算的角度对其年度财务报告进行审查,主要内容包括:一是社会保障信托基金财务状况和精算状况的技术和方法是否符合精算业的要求;二是所有财务报告中的假设和由此引起的精算估计是否合理,是否真正适合于评价社会保障信托基金的财务和精算状况。由此可见,在发达国家,精算已成为社会保障领域中必不可少的管理工具。

国外社会保障精算发展的另一个显著特点是,越来越多的精算师开始从传统的商业保险领域进入社会保障领域。精算师的主要工作就是综合运用统计、数学、会计、投资、法律等方面的知识,对各种风险因素进行预测、评估和管理。在社会保障领域,精算师一般要首先调查和收集有关参保人数、死亡率等资料,然后根据所要预测的目标构建相关的模型,最后在一定的政策和原则的基础上进行精算,对社会保障风险进行评价,进而为政府决策提供参考依据。

总之,当前国外关于社会保障精算的研究主要集中在社会保障风险的预测和管理、社会保障基金的运营管理等方面,而且随着更多的具有从业资格的精算师进入社会保障领域,社会保障精算正朝着规范化、精确化的方向发展。

我国的精算事业起步较晚,尚处于引入阶段。从1982年我国恢复办理寿险业务开始,精算在商业保险领域得到了发展。1986年,我国开始社会保障制度改革,社会保障研究只是简单套用商业保险精算的基本方法,这个时期我国的社会保障精算还处于萌芽阶段。

从20世纪90年代开始,随着我国社会主义市场经济的建立,社会保障制度改革的力度逐步增强;面对人口老龄化程度的加剧和就业人口数量的增加,社会保障对于国家财政的压力逐步加大,因此,我国于1997年开始实施"社会统筹和个人账户"相结合的养老保险和医疗保险制度，但在制度改革进程中引发了养老保险隐性债务、社会保障基金缺口等一系列问题。这些问题使人们逐步认识到，社会保障制度的制定和运行需要更加科学的方法来指导，因此精算在社会保障领域得到了迅速的发展。具体表现在两方面：一是研究领域扩展。从传统的仅集中于研究养老保险扩展到医疗保险、失业保险等其他社会保障项目；二是研究深度增加。由以前多从宏观角度对社会保障问题进行研究，发展为注重对具体问题的深入分析。

从实践方面来看，我国社会保障精算也得到了迅速的发展。具体表现在以下两个方面：一是精算教育从无到有。我国直到1988年才开始在高校中开展精算教育，相比发达国家的精算教育落后几十年，但我国精算教育的发展速度很快，一些高校开设了社会保障精算课程，全国已有数十所高校开始培养精算方向的本科生或研究生；二是精算研究机构逐步建立。除了在高校中开展精算教育以外，我国专业精算机构数量逐步增多，南开大学、复旦大学、上海财经大学、厦门大学等一些高等院校成立了专业的精算中心。其中，中央财经大学于2003年建立了社会保障精算中心，是我国第一家社会保障精算专业机构。这表明社会保障精算已经成为一个单独的研究方向从传统的精算领域中分离出来。

从理论研究来看，部分学者在社会保障精算研究方面取得了一定成果，主要著作有：王晓军的《社会保障精算原理》、王鉴岗的《社会养老保险平衡测算》、周渭兵的《社会养老保险精算理论、方法及其应用》和陈滔的《医疗保险精算和风险控制方法》等。

3. 社会保险精算的主要内容

1) 社会养老保险基金精算

(1) 社会养老保险基金平衡精算。社会养老保险基金平衡就是基金的收入和支出在数量上要保持相等，这是社会养老保险基金在筹资和使用中所要遵循的原则。但是，目前的问题是社会养老保险基金支大于收，基金缺口逐年扩大，养老金的支付风险逐步增大，直接影响社会养老保险制度的平稳运行。

(2) 社会养老保险基金隐性债务精算。社会养老保险基金的隐性债务是在社会养老保险制度转轨过程中形成的历史债务，是在现收现付制社会保障体系中，对已经退休和在职人员的养老金承诺，但这种承诺在现收现付制向基金制转轨过程中缺乏相应的融资途径，由此形成债务。隐性债务是目前世界上很多养老保险制度转轨国家所面临的问题，隐性债务的存在影响着退休人员的养老金待遇水平。因此，为了减少隐性债务带来的巨大风险，缩减其规模，就必须对其进行测算并据此予以补足。

(3) 社会养老保险替代率精算。社会养老保险替代率是养老金与工资的比例，分为平均替代率和个体替代率，它反映了社会养老保险制度对退休职工生活的保障水平。社会养老保险替代率水平的高低影响养老保险基金收支规模和运营状况，是社会养老保险的重要指标。

(4) 社会养老保险影响因素敏感性分析。社会养老保险制度的运行，受到多种因素的影响，包括制度内因素和制度外因素。某些重要因素的微小变动，会对社会养老保险制度的平稳运行产生一定程度的影响。

(5) 社会养老保险基金投资精算。社会养老保险基金的筹集和给付时间跨度较大，期间面临通货膨胀、经济波动等各种风险，这些风险会影响养老金的正常给付，因此，必须对其进行投资以实现基金的保值和增值。选择适当的投资方式，并设计出合理的投资组合方案是基金保值增值的关键。

2) 社会医疗保险精算

(1) 社会医疗保险基本指标测算。医药补偿比、保险因子和增加系数是衡量医疗保险费用收支状况与评价社会医疗保险制度运行状况的基本指标。

(2) 社会医疗保险收支状况测算。医疗保险基金收支平衡是保证医疗保险制度平稳运行的基本条件，要实现医疗保险基金收支平衡，就需要对医疗保险基金的收支状况进行定量分析。

3) 其他社会保险项目的精算

(1) 失业保险精算。失业保险是对失业者在一定时期内提供基本生活保障的一种制度化的社会安排。失业率是衡量失业水平的一个常见指标，只有准确衡量失业水平才能够准确计算失业保险基金的支出状况。另外，"收支相等，略有节余"是失业保险基金管理遵循的基本原则。

(2) 工伤保险精算。工伤保险是国家和社会对在生产过程中因公受伤，或因职业病导致暂时或永久失去劳动能力或导致死亡的劳动者及其家属提供物质帮助的制度。通过分析工伤保险基金的收入和支出状况，恰当地确定工伤保险的缴费率，有利于保证对受伤者的救治和降低工伤风险的可能性。

(3) 生育保险精算。生育保险是对女性劳动者在生育期间提供的医疗服务和经济补偿，能够分散生育行为给女性劳动者职业生涯带来的风险。进行生育保险收支的测算，能够保证生育保险金的正常给付，确保劳动力再生产和人口再生产。

(4) 社会救助精算。社会救助是国家在公民难以维持其基本生活时，提供的保证其最低生活需求的物质援助的制度，是社会保障的最低层次，是保障社会成员基本生活的最后一道防线。其中，贫困率和最低生活保障线是确定社会救助目标群体的基本指标。

4. 社会保障精算中的政府责任

精算揭示的是大范围、长周期的规律。精算是高度专业化的技术服务，服务对象主体应定位于各级政府的相关决策者。社会保险是全民之事，又是政府强制施行的制度，因此政府有责任向社会发布社保精算报告，许多国家每年都要向社会公布精算角度的年度财务报告。

社会保障作为财政支出的重要组成部分，从公共财政的角度而言，提供公共产品和公共服务是我国现阶段财政支出的根本要义。它的投入方向应该是两个层次：一方面是各类社会事业，包括社会保障、教育、文化、科技、卫生、国防、行政等社会事业的支出；另一方面是涉及国计民生的重大投资事宜，比如经济结构转型中的重大产业投资。在社会事业支出中，头等大事就是社会保障支出，然而由于没有引入精算的概念，难以提高其精确度，导致近年来社会保障相关的财政收支波动较大。引入精算是社会保障收支改革的必由之路，能够保证社会保障基金运营的高效、可控，从而更好地为社会发展服务。

根据我国社会保障部门的分类，社会保障主要包括社会保险、社会救济、社会福利、社会优抚和社会互助等内容。其中，社会保险是社会保障的核心部分，是对劳动者在因年老、失业、患病、工伤、生育而减少劳动收入时给予经济补偿，使他们能够享有基本生活保障，主要包括养老保险、失业保险、医疗保险、工伤保险和生育保险等项目。社会保险的资金来源主要是用人单位和参保人缴费，政府给予资助并承担最终责任。需要通过社会保险精算测度每期由个人缴费多少、承担多少、政府资助多少，进一步厘清政府、企业和个人的责任。

社会救济是指国家和社会对因各种原因无法维持最低生活水平的公民给予无偿救助的社会保障制度。救助对象包括：一是无依无靠、没有劳动能力又没有生活来源的人，包括孤儿、残疾人以及没有参保且无子女的老人；二是有收入来源，但生活水平低于法定最低标准的人；三是有劳动能力和收入来源，但由于自然灾害或社会灾害而一时无法维持生活的人。作为最低层次的社会保障，社会救济的经费来源主要是政府财政支出和社会捐赠，应该全额保障。

社会福利是指政府和社会向老人、儿童、残疾人等社会中特别需要关怀的人群，提供必要的社会援助；社会优抚是指政府和社会对军人等特殊工作者及其家属予以优待、抚恤和妥善安置；社会互助则具有自愿和非营利性特征，由社会捐赠和成员自愿交费，政府提供税收支持。因此，社会福利、社会优抚、社会互助是较为特殊的社会保障，我国一直在执行这些政策，是社会保障体系的重要辅助部分。

在社会保障体系中，社会保险确实是重中之重，不仅因为其决定了大部分劳动者群体的社会保障问题，而且涉及社保体系的良性运转，是我国社会保障的根基。在各项社会保障中，社会保险是一个应该逐渐步入市场化运行机制的保障模块，应该引入精算的概念，以提高其资金的使用效率。

过去我国的社会保险没有引入精算的概念，社会保障基金的管理效率不高。如在资金较为紧张的年份，会导致社会保障的功能也受限。另外由于社保基金存放于社保账户中，其余额长期不动，有观点认为这笔钱可以拿出来花，在此前几年我们面临国际金融危机时，有人甚至提出用社保基金来维持金融机构运转，温和一点的提法是可以用社保基金购房、购车甚至消费，这些观点都忽略了一个重要的事实：从一个国家财务管理的角度来看，社保基金实际上归属于报表中的负债项下，如果将负债用于快速消耗的支出，则必将导致负债的远期压力，再加上个别地区有不法分子挪用社保基金从事与社保无关的其他事项，一旦资金无法回笼，就会导致社会保障体系出现危机。因此，作为老百姓的"保命钱"，社会保险基金的收支必须引入精算的概念，起码算清楚每一期大概的收支应该是多少，这些收入中哪些应该是由参保人缴纳的，哪些应该是由国家补充的。另一个微观的层次，还应算出参保人缴纳的比例与家庭收支的关系，从而可以有效地调节收入分配；而国家补充的资金中有多少来自国有资本红利，多少来自税收补偿，也要有明确界定。这有利于从微观上设计、完善我国的国有资本收益分配体系，最终为国有资本收支体系的运行提供理论基础。

社会保险精算与商业保险精算有别。商业保险精算起步早，社会保险精算借鉴了其许多技术，但也有明显差别：一是商保精算一般是为设计保险产品(包括保险定价、负债评估、利润分析、盈利能力等)而进行的基础工作，因而往往局限于特定区域、特定项目；而社保精算要求的范围更大，人群覆盖的普及性更强；二是商保精算的基本目标指向是预测风险程度、规划保费标准、保证公司盈利；而社保精算在追求规避风险的基础上，有维系社会财富再分配公平和社会稳定的更大目标。因此，独立开展社保精算十分必要，不可以商保精算来简单替代，对其人员的知识结构要求较高，需要同时具备精算专业素养和社保工作经验。

我国人口老龄化高峰期加速到来，以养老保险为重点的社保基金长期平衡压力加大，所以中央及时提出社会保险"坚持精算平衡，完善筹资机制，分清政府、企业、个人等的责任"。

如何在组织体系和专业资源上把中央决策落在实处，需要各相关方面深入思考、谋划。首先，设立政府社保精算机构，主导社保精算组织工作，建立专家库和专业信息资料库，以灵活方式汇聚各方面资源。其次，政府通过购买社会服务，综合多家精算成果，做出研判和决策。

2.6 养老保险与医疗保险收支精算评估方法

2.6.1 养老保险精算评估

1. 精算评估的内容

养老保险财务收支和精算估计的内容主要是未来各年的收支预测、偿付能力评价和计划基金状况估计。在对参加养老保险人口的数量和结构、工资水平、利率水平、待遇标准等做出预测和精算假设的基础上，对未来收支状况做出预测。

在预测估计中，对未来年度收入额和成本额的估计是基本的预测分析。当年成本大于年收入时，年度支付出现赤字，如果没有过去积累的资金补偿赤字，养老保险将面临支付困难。年成本额和年收入额是一个绝对数，受价格因素的影响，不能进行不同时期的对比分析，需要引入成本率、收入率和年度精算平衡值的分析方法，用于对比分析养老保险的年度财务收支状况。在长期分析中，通过对比预测期内的综合收入率和综合成本率，估计养老保险在长期内收支的精算平衡状态。

值得注意的是，养老保险在不同的融资模式下，其精算平衡关系不同，精算评估的内容也不同。在现收现付融资方式下，由于没有基金积累，年收入等于年支出，但预先承诺的给付不断地积累着隐性债务，因此，需要评估年度收入、年度支出、年度收支差距以及隐形债务的积累规模。在混合制下，有一定的基金积累以应付未来年份的收支差距，当年的成本从年初基金中开支，因而需要估计年初基金支付年成本的能力，同时估计在长期内收入水平与成本开支的差距，以及积累的精算债务与积累的基金的差距。在完全基金模式下，除了对年度收支水平和长期收支平衡进行估计外，还需要预测在保持完全基金状态，即保持积累的资产与积累的债务相等时，成本的变动。

2. 精算评估的模型框架

养老保险的长期精算模型由几个相互联系的模块组成，具体包括：分性别、分年龄的人口模型；参加养老保险在职人口模型；参加养老保险的领取养老金待遇人口模型；平均工资水平和工资总额模型；利率模型；长期精算平衡模型等。图2-3是养老保险精算评估的模型框架。

在养老保险的长期精算估计中，最重要的是对参加保险人数和结构的预测，它建立在人口预测、就业人口预测、养老保险覆盖率预测的基础上。而由经济发展水平决定的社会工资水平及其增长率、平均利率水平等可以根据社会平均工资和利率的统计规律，结合对经济发展形势的预测，作出合理假设，用于长期精算估计。

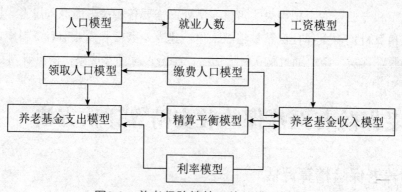

图2-3 养老保险精算评估的模型框架

3. 精算假设

养老保险的精算估计建立在对未来计划人口预测、未来工资和利率预测的基础上，对未来养老保险参加人口、工资和利率水平进行预测，需要对影响这些指标的因素进行科学假设。

养老保险参加人口的数量和结构决定于人口数量、人口结构和养老保险覆盖率，未来人口数量和结构由未来人口的生育、死亡、迁移等模式决定，它们分别用分年龄育龄妇女生育率、分年龄人口死亡率和分年龄人口迁移率表示，但分年龄率的综合性较差，在人口预测中，通常采用妇女总和生育率、预期寿命和标准化迁移率指标。预测时，需要在一定的分年龄模式下分别统计上述指标的分年龄率。目前，我国社会养老保险的覆盖范围是城镇职工，因此，需要分别进行人口预测和城镇人口预测，城镇人口预测需要考虑人口城市化因素。

参加养老保险的职工工资水平和预定利率水平由国民经济的发展水平、社会劳动生产率、社会平均工资水平、通货膨胀率、平均投资回报率等决定。通常根据国内生产总值、货币工资增长率、消费价格指数增长率、实际工资增长率、平均年利息率、劳动力年增长率等指标的过去经验分析，做出养老保险参加人口的未来工资增长率和未来年份平均年利率假设。

归纳起来，养老保险精算评估的精算假设可以分为人口假设和经济假设两类。在进行预测时，精算假设通常取高、中、低三种水平，分别代表乐观、适中和悲观三种情况。从国际经验看，养老保险的长期精算估计通常每年或每2~3年进行一次。在评估时，需要根据实际情况的变动及时调整精算假设。

4. 精算方法

1) 人口和参保人口预测

人口和参保人口预测是养老保险制度财务收支预测的基础和前提。影响人口变动的因素有人口的出生、死亡和迁移，在已知期初人口数和期内人口出生数、死亡数和迁移数时，可以利用人口平衡方程预测期末人口数。

(1) 人口年龄移算。年龄移算是依据 t 年 x 岁的人数与 t 年 x 岁存活1年的概率计算 $t+1$ 年 $x+1$ 岁人数的方法。例如，2000年某地区20岁的男性人口有10 000人，如果假设20岁存活1年的概率为98%，并且不考虑迁移，那么，2001年该地区21岁的人口数应该为9800人。

如果以 $P_{t,x}$ 表示 t 年年初 x 岁的人口数，$D_{t,x}$ 表示 t 年内 x 岁的死亡人数，$I_{t,x}$ 表示 t 年内 x 岁的净迁入人数，那么则有

$$P_{t+1,\ x+1} = P_{t,x} - D_{t,x} + I_{t,x} \tag{2-1}$$

式(2-1)中的分年龄死亡人数和迁移人数通过分年龄死亡率和迁移率计算，通常死亡率和迁移率在一定时期的变动具有规律性。在人口预测中，需要首先依据过去的经验和对未来的预期对未来分年龄死亡率和分年龄迁移率做出假设，再依据年龄预算公式就可以对未来分年龄人口数做出预测。考虑到男女人口在死亡和迁移模式上存在较大差异，人口预测通常分性别进行。如果 t 年 x 岁男女人数分别为 $P_{t,x}^m$ 和 $P_{t,x}^f$，t 年 x 岁男女死亡率分别为 $q_{t,x}^m$ 和 $q_{t,x}^f$，t 年 x 岁男女净迁入人数分别为 $I_{t,x}^m$ 和 $I_{t,x}^f$，则 $t+1$ 年 $x+1$ 岁男女人数分别为

$$P_{t+1,\ x+1}^m = P_{t,x}^m\left(1 - q_{t,x}^m\right) + I_{t,x}^m, x > 0 \tag{2-2}$$

$$P_{t+1,\ x+1}^f = P_{t,x}^f\left(1 - q_{t,x}^f\right) + I_{t,x}^f, x > 0 \tag{2-3}$$

(2) 死亡率假设的设定。在人口预测中，预测年度的人口死亡率水平通常用0岁预期寿命表示。在已知预测期初人口寿命为 $e(0)$，预测期末假设的人口寿命为 $e(n)$ 的情况下，可以根据人口寿命的变动规律，依据一定的递推公式计算出预测期内各年的人口寿命 $e(t)$，则

$$e(t) = \int_0^\infty P_{t,x,s}\,\mathrm{d}s \approx \sum_{k=0}^\infty P_{t,x,k+1} \tag{2-4}$$

式中：$P_{t,x,s}$ 为 t 年 x 岁存活 s 时的概率，$s \geq 0$；$P_{t,x,k+1}$ 为 t 年 x 岁存活 $k+1$ 年的概率，$k = 0,1,2\ldots$ 根据人口的分年龄死亡模式，可以估计出 t 年的存活概率。

分年龄死亡率通常有以下几种估计方法：第一，假设分年龄死亡模式不变，在一定的预期寿命下估计分年龄死亡率。这种方法一般在短期预测、预测地区的死亡率水平很低或者对预测的准确度要求不高时使用；第二，选择适合预测地区的模型生命表，在预测的预期寿命水平下直接或根据相邻水平插值得出分年龄死亡率；第三，根据布拉斯的罗吉特生命表系统，预测未来年份的年龄别死亡率；第四，依据其他死亡率预测模型，如Lee-Carter模型，进行预测。

(3) 生育率假定的设定。人口预测中，人口生育率水平通常用总和生育率表示。设 t 年妇女总和生育率为 TFR_t，它是育龄妇女分年龄生育率之和，则

$$\mathrm{TFR}_t = \sum_{X=15}^{49} f_{t,x} \tag{2-5}$$

根据一定的生育模式可以估计分年龄生育率，可以用标准化生育模式乘以预测年份总和生育率得出。设标准化生育模式为

$$h_{t,x} = \frac{f_{t,x}}{\mathrm{TFR}_t} \tag{2-6}$$

显然，$\sum_x h_{t,x} = \dfrac{\sum_x f_{t,x}}{\mathrm{TFR}_t} = \dfrac{\mathrm{TFR}_t}{\mathrm{TFR}_t} = 1$

$$f_{t,x} = \mathrm{TFR}_t \times h_{t,x} \tag{2-7}$$

可见 $h_{t,x}$ 实际上是分摊总和生育率形成分年龄生育率的分摊系数。当 $h_{t,x}$ 不随时间变化时，可以用未来总和生育率和稳定的生育模式预测未来的分年龄生育率。考虑生育模式的变化，可以采用Brass-Gompit模型估计分年龄生育率。

(4) 参保人口预测。养老保险制度内，人数决定于劳动适龄人口的劳动参与率、失业率、养老保险制度覆盖率和养老保险费遵缴率。由 t 年性别年龄劳动人口数与 t 年性别劳动参与率、失业率可以计算出 t 年性别年龄从业人数。由分性别年龄从业人数与分性别年龄制度实际覆盖

率、养老保险费遵缴率可以计算出分性别年龄实际缴费的参保人数。相关计算公式为

$$(EP)_{t,x} = P_{t,x} (RLEP)_{t,x} (1-(RUE)_{t,x}) \tag{2-8}$$

$$(CL)_{t,x} = (EP)_{t,x} (RC)_{t,x} (RP)_{t,x} \tag{2-9}$$

式中：$(EP)_{t,x}$ 表示第 t 年 x 岁的从业人口数；$(RLEP)_{t,x}$ 表示第 t 年 x 岁人口的劳动参与率；$(RUE)_{t,x}$ 表示第 t 年 x 岁人口的失业率；$(CL)_{t,x}$ 表示第 t 年 x 岁参加养老保险的实际缴费人数；$(RC)_{t,x}$ 第 t 年 x 岁人口的养老保险制度覆盖率；$(RP)_{t,x}$ 表示第 t 年 x 岁人口的养老保险费遵缴率。

制度内退休人数的预测采用年龄移算法，假设退休年龄 r 岁，由退休前一年参保职工人数与分性别年龄参保人口死亡率计算出当年分年龄性别新退休职工数。由上年分性别年龄退休职工人数与上年分性别年龄参保人口死亡率计算出当年分性别年龄退休职工数。相关计算公式为

$$(BP)_{t+1,r} = (CL)_{t,r-1} (1-q^m_{t,\,r-1}) \tag{2-10}$$

$$(BP)_{t+1,x+1} = (RP)_{t,x} (1-q^m_{t,\,x}), \quad x \geq r \tag{2-11}$$

式中：$(BP)_{t,x}$ 表示第 t 年 x 岁的退休人数；r 为退休年龄；$q^m_{t,\,x}$ 表示第 t 年内制度覆盖人口在 x 岁的死亡概率；$(CL)_{t,r-1}$ 表示第 t 年 $r-1$ 岁的参保缴费人数。

如果退休发生在一定年龄段，例如从55岁到65岁，每年都有一定比例的在职人口退休，并在65岁全部退休，这时每年新增的退休人数分布在一定年龄段，一般用分年龄退休率描述不同年龄的退休分布。每年新增退休人数等于分年龄新增退休人数之和，分年龄退休人数等于分年龄在职人口、分年龄退休率、分年龄死亡率的乘积。

2) 工资和利率预测

(1) 平均工资与工资总额预测。依据工资增长的一般规律，在假设的实际工资增长率和价格指数增长率下，可以估计预测期人均工资水平和工资总额水平。以 AW_t 表示 t 年人均货币工资，$IRAW_t$ 表示 t 年人均实际工资增长率，CPI_t 表示价格指数增长率，TW_t 表示 t 年工资总额，TCL_t 表示 t 年参保在职人数，则有

$$AW_t = AW_{t-1}(1+IRAW_t)(1+CPI_t) \tag{2-12}$$

$$TW_t = TCL_t AW_t \tag{2-13}$$

(2) 利率预测。利率水平根据价格指数和资金平均回报率预测，名义利率剔除通货膨胀因素的影响，成为实际利率，以 NIR_t 表示 t 年名义利率，RIR_t 表示 t 年实际利率，则有

$$1+RIR_t = \frac{1+NIR_t}{1+CPI_t} \tag{2-14}$$

$$1+NIR_t = (1+RIR_t)(1+CPI_t) = 1+RIR_t+CPI_t+RIR_t CPI_t \tag{2-15}$$

由于实际利率与价格指数增长率都比较小，上式可以近似为

$$1+NIR_t \approx 1+RIR_t+CPI_t \tag{2-16}$$

即有

$$NIR_t = RIR_t+CPI_t \tag{2-17}$$

5. 社会统筹基金精算评估

(1) 年度收入与年度支出。这两者的来源包括参保单位缴费、国家财政补贴、地方财政补

贴、结余基金利息、其他收入等。其中，单位缴费是最主要的部分。单位缴费以缴费工资总额为基础，按规定的单位缴费率缴费。国家和地方财政补贴通常以社会保险预算为基础做出估计。

设 t 年单位缴费收入为 AI_t，t 年年末退休的参保人数为 L_t，t 年参保者平均缴费工资为 $\bar{S}_t^a$，t 年单位缴费率为 c_t，t 年养老保险费遵缴率为 d_t，则有

$$AI_t = L_t \bar{S}_t^a c_t d_t \tag{2-18}$$

在《国务院关于建立统一的企业职工基本养老保险制度的决定》(国发〔1997〕26号)的制度模式下，统筹基金的支出包括"老人"养老金、"中人"过渡性养老金、"中人"和"新人"的基础养老金、长寿者个人账户支出、死亡抚恤金等。在《国务院关于完善企业职工基本养老保险制度的决定》(国发〔2005〕38号)的制度模式下，统筹基金的支出中不再包括长寿者个人账户支出，在这里不再赘述。

(2) 基金率。年度收入与年度支出之差形成年度结余，年度结余的累积形成累计结余。在部分积累模式下，通常用基金率衡量累积基金的偿付能力，它是年初累积资产与年度内支出的比例，用来衡量年度支出可以由年初资产满足的程度，或者说年初基金可以满足当年支出的倍数。基金率的计算公式为

$$基金率 = \frac{年初累积资产}{下年度支出} \times 100\% \tag{2-19}$$

假设支出发生在年末，则有

$$t+1\text{年年初累积资产} = (t\text{年年初累积资产} + t\text{年养老费收入}) \times (1+\text{年利率}) - t\text{年内支出} \tag{2-20}$$

$$t\text{年养老保险收入} = t\text{年参加养老保险的人数} \times t\text{年缴费平均工资} \times \text{缴费率} \times (1-\text{拒缴率}) \tag{2-21}$$

基金率越高，年初基金的支付能力越强，当基金率大于等于100%时，年初积累的基金足以支付年度的支出；当基金率小于100%时，年初积累的基金不足以支付年度支出，基金面临偿付困难；在一定时期内，基金率均超过100%，说明养老保险基金在这一时期内是有偿付能力的。基金率是一个相对数，消除了价格、经济增长和养老保险变动等对名义累积基金额这一绝对数的影响，因而可用于不同时期的对比分析。通过对养老保险过去年度基金率的分析，可以发现基金率变动的趋势及其所反映的财务问题，从而为及时调整计划提供依据。

(3) 年度收入率、成本率和年度平衡值。对养老保险的财务收支进行长期分析时，需要对不同时期的收入和成本进行比较，但年收入、年成本和年收支差是绝对数，受价格因素的影响，不能直接用于不同时间上的比较分析。收入率和成本率是当年收入和成本与当年缴费工资的比例，其分子和分母都以当年价格计算，消除了价格的影响，可以进行不同时期的比较。每年收入率与成本率之差说明当年收支率的差距，成为年度平衡值。养老保险年收入率的计算公式为

$$养老保险年收入率 = \frac{养老保险年收入额}{养老保险当年缴费工资总额} \times 100\% \quad 养老保险年成本率 \tag{2-22}$$

$$= \frac{养老保险年成本额}{养老保险当年缴费工资总额} \times 100\% \quad 年度平衡$$

$$= 养老保险年收入率 - 养老保险年成本率$$

年度平衡值表明年收入超过年成本的数额占当年缴费工资的比例，当年度平衡值为正数

$k\%(k>0)$ 时，表明收入率大于成本率，当年收入除用于支出外能够形成一定的积累，当年积累的规模为缴费工资的 $k\%$；反之，如果年度平衡值为 $-k\%(k>0)$，表明收入不足以支付当年成本开支，需要动用过去积累的储备基金，支出不足部分是当年缴费工资的 $k\%$。在年度平衡值为负值时，如果过去有一定的基金积累，可以补足当年开支，但当积累的基金仍不能补足当年开支，养老保险当年的财务将入不敷出；年度平衡值为零时，表明养老保险的收入率与成本率在当年保持平衡，没有盈余和赤字。如果加入期初基金因素，年度收入率为期初基金加上年度收入与年缴费工资额的比例，成本率是年度成本与年缴费工资额的比例，在收入率中加入期初基金后，当年收入率小于年成本率时，养老保险在当年就面临支付赤字。

年收入率、年成本率及年度平衡在不同时期的对比分析，可以说明养老保险收支水平在不同时间的变动，如果年度平衡值在一定时期保持稳定增长的趋势，表明养老保险积累的基金不断增加，制度的偿付能力不断增强，基金率不断提高。如果年度平衡值在一定时期内保持稳定的下降趋势，表明偿付能力正在减弱。当年度平衡值降低到负值时，开始出现支付赤字，这时需要采取一定措施增加收入或降低成本以减少赤字。当过去积累的资产不能补足支付赤字时，养老保险将难以维持。如果年度平衡值随着时间的延续发生增长和下降的波动，可能是由于养老保险参加人口抚养比的波动、收入率和成本率的波动，年度平衡值的波动若在长期均衡后为正值，则在长期内增加了基金的积累；反之，则在长期内消耗了过去积累的基金。年度收入率、成本率和年度平衡值反映的是每年的收入和成本以及收支盈余或不足在缴费工资中的比例，这些指标在不同时期的对比分析，反映不同时期内收支差距及其形成原因的差异。通过分析一定时期内年度平衡的变动趋势，可掌握收支的变动状况，为养老保险成本和收入的调整提供依据。但年度分析只能说明年度平衡状况，不能反映长期的精算平衡状态，因此适合于短期平衡分析，时期长度一般是10年或20年。对于更长时期内的精算平衡分析，需要采用长期精算平衡估计。比如，美国社会保障部门每年都做未来75年的长期精算估计，为计划成本和收入的调整提供依据。

2.6.2 医疗保险精算评估

1. 基本医疗保险支出

一般来说，基本医疗保险基金的筹集应依据"以支定收，收支平衡，略有结余，合理增长"的原则，要求一定时期内发生的医疗费用支出、同一时期风险储备金的增加额、管理费用三项之和等于同时期筹集的医疗保险基金总额。通过平衡等式，可以得出满足费用支出和储备金积累所需的缴费率。在我国社会统筹与个人账户相结合的医疗保险制度下，需要分别测算统筹账户的收支和个人账户收支。

为了方便给出医疗保险收支的公式，首先定义下面的符号。

$TE(t)$：第 t 年统筹基金总支出；

$BE(t)$：第 t 年统筹基金医药补偿费支出；

$AE(t)$：第 t 年统筹基金管理费用支出，包括固定费用 $F(t)$ 和可变费用 $V(t)$，可变费用为医疗补偿费支出的一定比例，设为 j_2；

$OE(t)$：第 t 年风险储备金，即风险附加，设其为医疗补偿费的 j_1 比例；

OUTE(t)：第 t 年平均每次门诊费用；
OUTF(t)：第 t 年人均门诊看病频率，即次数；
PLF(t)：第 t 年医疗保险的参保总人数；
BE_average(t)：人均医疗补偿费。

如前所述，医疗保险基金支出可以分为医药补偿费、管理费和风险储备金部分，用公式表示为

$$TE(t) = BE(t) + AE(t) + OE(t) \tag{2-23}$$

其中，BE(t)=BE_average(t)×PLF(t)

$$门诊医疗费用支出 = OUTE(t) \times OUTF(t) \times PLF(t) \tag{2-24}$$

2. 基本医疗保险收入

在我国，社会医疗保险基金收入包括用人单位缴纳的医疗保险费、个人缴纳的医疗保险费、基金利息收入、调剂收入和其他收入等。根据国务院的规定，用人单位缴纳的医疗保险费是指社会医疗保险机构向用人单位收缴的医疗保险费，用人单位缴费占在职职工工资总额的6%。个人缴纳的医疗保险费是向个人收缴的医疗保险费，为个人工资的2%，个人缴费全部计入个人账户。基金利息收入是指医疗保险基金的增值部分，主要包括基金的利息收入和购买国家债券取得的收益。调剂收入是指在一定的保险统筹地域内，为体现医疗保险的调剂性、共济性，以提高其抗风险能力，由下级或上级补助的医疗保险基金收入。其他收入是指滞纳金及财务部门核准的其他收入等。

决定缴费收入的因素包括统筹费率、参保率、缴费率、收缴率等因素。医疗保险统筹费率以工资为征缴基数，工资水平的高低直接决定了医疗保险基金收入总量的多少，任何少报、瞒报工资总额的行为都不利于医疗保险基金的收缴。参保率是参加保险的人数在全部人数中的比例，参保的单位和人数越多，医疗保险基金收入越高，分散风险的基金保障越充足。缴费率应按当时社会保障要求和经济发展水平确定，出于管理的需要，统筹率要保持相对稳定，一般保持若干年不变。参保人群中能够按时足额缴费的人员所占的比例用医疗保险费收缴率度量，收缴率越高，越能充分保障医疗保险基金的足额到位，设

TI(t)：第 t 年统筹基金总收入；
AI_t：第 t 年统筹基金保费收入，由企业为职工缴纳；
OI(t)：第 t 年统筹基金其他收入，包括利息、财政补贴 TR 和其他收入 EI；
TW_t：第 t 年参保人群的总工资；
g_t：单位缴费计入统筹基金的比例；
d_t：第 t 年个人的筹资比例，表现为个人工资的百分比；
c_t：第 t 年单位的筹资比例，表现为企业工资总额的百分比；
i_t：第 t 年统筹基金和个人账户的投资收益率。

则有

$$TI(t) = AI_t + OI(t) \tag{2-25}$$

其中

$$AI_t = TW_t \times c_t \times g_t$$

因此，根据收支平衡原理，有

$$TI(t) = TE(t) \tag{2-26}$$

$$(1+i_t) \times TW_t \times c_t \times g_t + TR + EI = (1+j_1+j_2) \times BE(t) + F(t)$$

得出满足当期支出的单位缴费率为

$$c_t = \frac{(1+j_1+j_2) \times BE(t) + F(t) - TR - EI}{(1+i_t) \times TW_t \times g_t} \tag{2-27}$$

对于个人账户，应实现纵向平衡，即

$$d_t = \sum_{k=1}^{e} w_k \times v^k = PV\left\{\sum_{k=1}^{e} OUTE(t) \times OUTF(t)\right\} \tag{2-28}$$

从而得到个人的缴费率 d_t，其中 e 为保险期限长度。

精算在社会保险制度设计中的作用是不可否认的，但是不能夸大其作用，精算本身就是估计，估计就会不可避免地存在误差。

本章小结

社会保障基金运营是指社会保障基金运营相关制度的规范，基金的筹措、使用、投资以及监管等方面的总过程。从横向来看，它是指社会保障基金运营相关制度的建设、目标模式的构建、社会保障基金的筹集模式、社会保障基金的支付使用、社会保障基金的投资运营以及社会保障基金的监管等方面内容的总和。从纵向来看，它是指社会保障基金运营的各构成因素之间分工合作、相互协调，使社会保障体系得以正常运转的循环过程。

居民、企业、政府三者构成了经济社会系统的基本主体，国家财政在社会保障基金筹集中扮演的是组织者和管理者的角色，不仅要适度承担一部分社会保障基金的筹集责任，还要负责管理社会保险支出的行政费用，并通过财政拨款弥补社会保险费用收支不足的部分。在三方共同负担社会保险基金的原则下，劳动者所在经济单位(企业)和劳动者个人必须按照自己的承受能力承担相应的社会保险基金份额。社会保障基金的本质特征就是一种收入再分配制度，它对居民收入在时间上和空间上进行分配和转移。社会保障基金运营对居民经济行为的影响十分广泛，不仅影响居民收入的分配格局、居民收入的分解，而且影响居民的消费行为。

社会保障基金缴费通过对企业新增价值的分解，影响企业的生产和投资，从而影响企业发展的市场环境和社会环境。

毋庸置疑，无论是社会保障体系的构建还是社会保障基金的运营，政府都具有主导责任，但是必须认识到政府的能力是有限的。尤其当今世界面临百年未有之大变局，社会保障制度的实现目标和实现目标的手段都在变动之中，毫无疑问政府的责任将总是大于其能力。明确政府的责任是福利思想和福利制度安排的核心问题。

我国人口老龄化高峰期加速到来，以养老保险为重点的社保基金长期平衡压力加大，所以中央及时提出社会保险"坚持精算平衡，完善筹资机制，分清政府、企业、个人等的责任"。如何在组织体系和专业资源上把中央决策落在实处，需要各相关方面深入思考、谋划。首先，设立政府社保精算机构，主导社保精算组织工作，建立专家库和专业信息资料库，以灵活方式汇聚各方面资源。其次，政府通过购买社会服务，综合多家精算成果，做出研判和决策。

扩展阅读

1. 郑功成. 多层次社会保障体系建设：现状评估与政策思路[J]. 社会保障评论，2019，3(01)：3-29.
2. 丛春霞. 社会保障基金运行的行为效应研究[M]. 北京：中国社会科学出版社，2013.
3. 周渭兵. 社会养老保险精算理论、方法及其应用[M]. 北京：经济管理出版社，2004.

思考题

1. 什么是社会保障基金运营？
2. 简述社会保障基金运营各环节构成及其内容。
3. 简述经济社会行为主体在社会保障基金筹集中的作用。
4. 简述社会保障基金运营与居民收入与消费的关系。
5. 简述社会保障基金运营对企业资本积累的影响。
6. 试分析社会保障基金运营如何调整经济周期。
7. 简述社会保障基金与公共财政的关系。
8. 什么是社会保障精算？
9. 什么是社会保险精算？
10. 简述社会保障精算中的政府责任。

典型案例

案例1 社保基金与资本市场的互动与"双赢"①

社保基金进入资本市场，以多种方式投资于有价证券，这既是社保基金自身保值增值的发展需求，同时也是我国资本市场发展的良好契机。

社保基金投资渠道狭窄，既限制其资金运用，也影响了收益率。从我国保险业发展实践看，保险监管部门在逐步放宽对社保基金进入资本市场的限制。在目前国民经济整体形势向好的大背景下，资本市场为社保基金提供了一个绝佳的资产保值增值的领域。虽然目前资本市场上可供投资的品种并不是很丰富，但比起单纯的银行与债券来说，可供选择的余地要更大些。社保基金进入资本市场，可选择多种投资工具，并把不同期限、不同性质、不同风险和收益的投资工具进行组合，在保证资产保值增值的同时，又能有效地分散风险，形成一个合理的投资结构，保证资金的安全性和收益性。

对于资本市场而言，社保基金的加入可以促进上市公司改善质量。社保基金从投资角度来说是一个纯粹的投资者，它在资本市场上的投资运用既注重股价在市场上的成长空间，又注重公司每年的分红派现能力，因此上市公司只有不断改善质量，才能吸引社保基金为其投资。

---

① 鲍思思，陶文. 社保基金如何与资本市场"双赢"[J]. 中国经济周刊，2007，000(032)：30-31.

此外，拥有长期稳定资金来源的社保基金，是资本市场上重要的机构投资者，为一级市场发行量和二级市场交易量的扩大提供了雄厚的资金支持。世界主要国家越来越多的养老基金涉足证券市场，购买企业股票和债券。养老基金在现代金融体系中已经是证券市场上主要的投资者之一，成为证券市场上主要的稳定力量。

社保基金入市还可以促进资本市场的产品创新。管理社保基金的机构投资者，在资本市场投资中提高收益率、回避风险、降低交易成本以及实现资产负债的期限匹配等方面的需求，是资本市场产品创新的重要源泉。以美国资本市场为例，从20世纪70年代以来，各种各样的创新产品，包括零附息债券、附属抵押债务、担保投资契约的出现和成功，在很高程度上都要归功于以养老金为代表的社会保险基金的投资。社保基金自身的性质决定了其长期、稳健的投资风格，有助于培养大众投资者长期投资、价值投资的理念。社保基金入市使得社保基金成为继证券公司、基金和境外合格投资者之后机构投资者的又一生力军。作为机构投资者，与散户相比，拥有更强的信息收集和识别能力，能够对所投资的企业形成更强的外部监督，有利于资本市场健康有序地发展。

综上，社保基金入市不但给其提供了实现资产保值增值的机遇，而且也是提升综合经营实力的重要途径，同时有利于资本市场发展，促进金融资源的优化配置，从而达到社保基金与资本市场的互动与"双赢"。

案例2　公共财政对养老金缺口承担什么责任[①]

近日，人社部公布了《2015年度人力资源和社会保障事业发展统计公报》。各家财经类媒体对该报告纷纷进行解读，不少媒体将关注的目光聚焦到对养老金尤其城镇职工养老金缺口的财政补贴上。媒体惊呼，养老金收支缺口不断扩大，财政补贴将不可持续。

目前我国有五项社保，养老保险是其中一项，而养老保险中又有机关干部、城镇职工和城乡居民三种不同的养老险，数据复杂凌乱。这里只能说说近些年问题最多，最引人注目的城镇职工养老保险的收支缺口和财政补贴问题。

从目前情况看，城镇养老保险仍然是收入(包括财政补贴)大于支出，因此，城镇职工养老保险基金一直有结余。按照媒体梳理，2011年之后，城镇职工养老保险的收入增幅开始低于支出增幅。由此推算，迟早有一天，会出现支出吞掉收入的状况。实际上，如果不算财政补贴，城镇职工养老保险基金这几年已经收不抵支。比如2014年，不含财政补贴的收入是20 434亿元，支出是21 755亿元，缺口1321亿元。当年财政补贴3548亿元，使得2014年收入仍然大于支出，累积结余达31 800亿元。2015年，不含财政补贴的收入是23 016亿元，支出25 813亿元，缺口2787亿元，比2014年增大一倍多。但当年财政补贴4716亿元，因此仍然有盈余，到年底时累积结余35 345亿元，比2014年年底的结余还增加了3545亿元。

这就是目前城镇职工养老基金账户的基本情况。虽然收入低于支出，但是由于有各级财政补贴，总的来说不但有结余，而且结余的资金还在增加。所以，如果财政补贴能够保证，则城镇职工养老保险的支付是没有问题的。

---

① 梁发芾.公共财政对养老金缺口承担什么责任[N].中国经营报，2016-06-06.

但是，由于经济下行压力很大，财政收入增幅也在放缓，对城镇职工养老保险基金进行财政补贴，压力也在增大；而且，对于财政补贴养老基金，还存在一些不同看法。这就使财政补贴问题变得复杂起来。

那么，财政有没有职责必须补贴城镇职工养老保险？应该通过什么办法减轻财政的压力？

在实行全民公共养老制度的国家，到一定年龄的所有公民均享有基础养老服务，基础养老金是一种公共品，基金来源主要是税收尤其是工薪税收，公共财政对于公民的基础养老金完全兜底。在我国目前的社会养老保险制度下，城镇职工养老保险基金本质上属于共济性基金，它由参保者提供资金积累，为参保者服务，是一个封闭的系统，并不向未参保的其他人开放。从这个角度出发，有人对于财政补贴养老基金提出异议，认为公共财政不应该为养老基金提供补贴，补贴加大了未从养老基金受益的其他人的负担，是不公平的。

理论上显然可以如此理解，但是我国由财政资金补贴养老基金，确属事出有因，还值得对其中的缘故通过寻根溯源一再进行辨析。

20世纪末本世纪初的城镇职工社会养老保险改革中，限于当时的条件，本该由国家承担的转型成本一直未予支付，国家通过加大在职职工的缴费率来应对转型成本。由于当时参保的"老人"和"中人"基本没有个人账户积累，便使用了在职职工的个人账户资金以解燃眉之急，这样在职职工的个人账户也空了。在养老金收入大于支出的情况下，这不是问题；但当收不抵支的时候，就成为问题了。所以，国家必须承担起责任，解决支付问题，财政补贴当然是国家承担责任的一种方式。

人口结构变化却又遭遇经济下行，使财政补贴的数额和压力同时增加。为了缓解压力，国家想到种种办法。一种是让职工延迟退休；一种是养老基金入市，通过经营增加收入；一种是力推全民社保，通过扩大参保覆盖面来增加当期收入；等等。这些措施如果全部到位，可以解决相当的问题，但这些手段也有一定的副作用。在这些办法之外，还有一个已经呼吁了近二十年的建议，就是划拨一部分国有资产充实社保基金。但这个建议"只听楼梯响，不见人下来"，至今没有什么方案。

如果社保收支缺口一直无法得到有效弥补，那么唯一可行的办法就是实行财政补贴，财政兜底。这不但是国家的道义责任，而且也是支付二十年前转型成本的正确办法。

第3章 社会保障基金投资运营

【本章提要】 本章主要介绍了社会保障基金投资运营原则和特别约束、社会保障基金投资运营模式、国际社会保障协会对社会保障基金投资的一般性指导原则和术语。读者通过对本章的学习,可以把握社会保障基金投资运营的基本要求和投资模式。

3.1 社会保障基金投资运营原则和特别约束

社会保障基金的投资必须遵循安全性、流动性和盈利性原则,还应尽可能地满足社会性和多样性的投资原则。这些原则之间存在一定程度的冲突,难以同时满足。其中,安全性最为重要。因此,在金融市场发展程度和国家政策法规的制约下,社会保障基金必须在保证安全性、流动性的情况下进行投资,这就使得社会保障基金的投资活动面临诸多约束。由于社会保障基金的特殊性,其投资原则与一般资金投资的区别较大,导致对社会保障基金投资的许多限制。总的来说,社会保障基金的投资决策必须以安全性为核心,在此基础上,最大限度地满足流动性和收益性的要求。

社会保障基金投资时不仅面临投资原则的约束,还受社会经济因素、国家政策、社会保障基金的资金来源等其他因素的制约。在这些因素的共同影响下,社会保障基金必须在众多的投资领域和投资对象中做出选择,实现基金资产保值、增值的目标。

3.1.1 社会保障基金投资的基本准则

1. 安全性

社会保障基金投资的安全性原则是指收回投资本金及相关投资收益的保障程度,社会保障基金投资管理以安全性作为首要原则。相对于共同基金和商业保险而言,社会保险基金投资对其安全性的要求更高。由于大多数国家的养老保险制度采用多层次的制度模式,在养老保险基金投资安全性的前提下,不同层次的养老保险制度对安全性的要求又呈现层次性的特征。

一般而言,现收现付制的基本养老投资对安全性的要求更高,因此,在基本养老金层面,大多选择对安全性高且风险低的金融工具进行投资,较多的国家现收现付制的基本养老保险金大都选择国债和其他高信用级别的企业债券及相关金融工具,一般不选择或者很小比例投资股票市场。即使投资股票市场,也仅是对公共养老金盈余的部分进行相当高收益的投资,如瑞典、爱尔兰、中国的社会保障基金。补充养老基金投资对其安全性的要求相对低于对基本养老金的投资要求,一般均有不同程度的风险型投资工具,如选择股票、实业投资甚至风险投资等,与基本养老保险基金相比,对安全性的要求相对弱化。

2. 流动性

社会保障基金投资的流动性是指投资资产在不发生损失的条件下可以随时变现，以满足随时可能支付社会保险待遇的需要。社会保障基金不同性质的投资对流动性的要求不同，完全积累的养老金投资对流动性的要求相对较低，对于委托人而言，在委托人达到退休年龄前是不允许提取的，所以不具有流动性，可以投资期限相匹配的长期投资工具以获取收益；在委托人达到领取年龄后，可按月定期支取[①]。对于基金管理公司而言，在保证支付的流动性需要的基础上，也会有一个相对稳定的余额可以长期投资。流动性和收益率存在替代关系，投资流动性较差的投资工具可以获得较高的收益率。而以现收现付为主要特征并且满足年度支付的基本养老金对基金投资的流动性要求较高，因此其投资一般选择国债、银行存款等。

3. 盈利性

社会保障基金投资的盈利性原则是指在符合安全性原则的前提下，投资能够获取适当的收益。获取较高的收益是社会保障基金投资的直接目的。但投资收益与投资风险受到特殊的制约，要在安全性的前提下，去争取理想的投资收益。在这方面，有些国家规定，基金投资运营收益要高于银行存款收益的一定百分点；有些国家则规定基金投资的组合成分与结构。社会保障基金投资只有满足这一原则要求，才能实现资金的保值与增值，进而达到增强社会保障基金实力，减轻国家、企业或劳动者个人社会保险费用负担的目的。

这里有必要指出，由于存在通货膨胀因素，收回的资金在数量上大于本金并不等于真正实现了保值增值。这里有一个基金投资收益率与通货膨胀率的比较问题，只有当前者大于后者，基金才能真正实现保值增值，否则，仅能起到缓解基金贬值程度的作用。所以，单纯的银行存款制度是无法实现基金的保值与增值的，必须进行有效的投资，才能保证社保基金的有效运行及其功能的实现。

以上所述，是社会保障基金投资应当遵循的几个基本原则。但这些原则在实际投资过程中往往存在一定的矛盾。投资的决策过程，就是对投资风险与收益进行选择的过程。因此，进行社会保障基金投资时，须根据社保基金的投资原则，选择可行的投资方式。

3.1.2 社会保障基金投资的特别约束

社会保障基金投资的具体活动要受到诸多限制，这主要是因为社会保障基金来源的特殊性以及资金安全性的特殊要求，要求保障投资的安全性，而且还要综合考虑资金的流动性和盈利性。因此，从短期看，社会保障基金的流动性越高，基金可用于支付的资金就越多，其安全性也越高；而从长期看，社会保障基金的收益性越好，其资产积累能力就越强，支付能力也就越强，因此必须持有较多的收益高而流动性低的资产，减少收益低而流动性高的资产。由此可见，社会保障基金要确保资产的有效增值，就必须在安全性、流动性和收益性之间做出权衡。从比较的角度看，社保基金的投资与其他金融机构相比，其运行要求与所受的约束有其特殊性，这使社会保障基金在投资的组织体制、管理体系、操作方法等方面形成了独特的机制。

---

① 王静毅. 社会保障基金多元化投资工具的选择[J]. 劳动保障世界(理论版), 2013(06): 179-180.

为了保证基金的保值与增值,投资的流动性就会下降,投资的风险相应会上升,而为了保证投资的安全性,就要求在一定程度上牺牲其投资的盈利性。总体来说,社会保障基金投资原则对投资活动的约束主要体现在投资组织管理体制、投资领域、投资对象和投资方式以及相应的对投资理论的修正和对投资组合管理方法的调整上。

1. 投资组织管理体制

在投资组织管理体制方面,社保基金的投资入市要求有一个特殊的管理机制。社保基金作为一种社会性的公共资金,与纯商业性的投资基金的投资决策要求与风险承受能力有差异,在组织管理方面要有一个较严密的控制与监督体系,在投资的决策授权方面要实施有效控制下的授权,同时,对其投资的运行过程实施有效的监控,以保证社保资金投资运作的安全性要求[①]。

2. 投资领域

在投资领域方面,由于社会保障基金对安全性的特别要求,基金投资必须选择发展状况良好、盈利稳定的领域。而流动性原则要求基金将足够的资金投资于银行存款(现金)等流动性高的领域,以便用于支付。同时,还要将足够比例的资金投资于高回报的领域,以扩大基金的规模,满足日益增长的支付需求。只有这样,才能保证在需要时,基金可以在市场上将自己的资产以最小的损失变现,或者无损变现,以保持足够的流动性。

3. 投资对象和投资方式

在投资对象和投资方式方面,社会保障基金投资原则要求基金在进行投资选择时,不仅要注重安全性,还要综合考虑资产的流动性和盈利性。与一般投资者相比,社会保障基金应该将较多的资金投资于安全性好、流动性高的资产,如银行存款、国债等。还要在高收益的投资对象中进行合理的选择,形成一个合理和有效的投资组合,在保证投资的安全性的同时,尽可能地提高保值、增值能力。在这个方面,我们可以吸取工业化国家的成功经验,既要避免盲目投资,造成风险过大,引起基金的损失;又要避免过分保守的投资策略,使资金闲置,无法实现基金的增值。此外,应根据社会性原则,在收益和风险同等的情况下,选择社会效益好的投资项目。

4. 投资理论和投资管理

在投资理论方面,既要参考传统的投资理论,如马科维茨的资产组合理论、夏普的资本资产定价理论和罗斯的套利定价理论,还要根据社会保障基金的特殊性对这些理论加以修正,使它们既能反映社会保障基金投资原则的要求,又能反映中国的现状。在新的投资理论中,必须考虑到社会保障基金强烈的风险规避的特性,不能简单地套用一般投资理论。

在投资管理方面,要特别强调投资的风险管理,在此基础上谋求投资收益的最大化。在社会保障基金投资过程中,不仅要求能够判断风险的存在,还要能较为精确地计算风险的大小。这就要求基金管理机构借鉴国外社会保障基金投资管理的经验,不断地改进自己的风险管理方法,提高自己的投资管理水平[②]。

---

① 李永贞. 浅论社会保障预算基金运营与投资的法律规制[J]. 法学杂志, 2008(03): 137-139.
② 卢海元. 关于建立中国特色社会保险基金投资运营制度的若干思考[J]. 探索, 2013(06): 145-153.

由此可见，由于社会保障基金的特殊社会性，其投资原则与一般商业基金投资原则的区别较大，由此带来了对社会保障基金投资的许多限制。总的来说，社会保障基金的投资决策必须以安全性为核心，在确保基金安全的基础上，最大限度地追求基金的流动性和盈利性的要求。

3.2 社会保障基金投资运营模式

3.2.1 社会保障基金投资运营模式的分类

社会保障基金运营模式有信托基金运营模式、基金会运营模式和商业经营型运营模式。

1. 信托基金运营模式

这种模式是将社会保障基金委托给某一个专门机构(如财政部)管理并负责基金投资运营，这是一种基本管理模式。美国、日本等国均采用这种社会保险基金管理模式。美国的公共养老基金在支付完当年的养老金后，剩余部分直接进入财政部下属的信托投资基金，由财政部负责基金的运营。日本的养老基金直接进入财政部下属的信托基金局，由其委托投资。

美国和日本习惯采取社会保险信托基金投资模式。首先，社会保险基金投资运营与国家财政密切关联，或由财政部直接管理，或由财政部、社会保障部、劳动部及非政府人士组成的专门委员会管理；其次，社会保险信托基金主要用于购买国债，大部分基金是作为政府预算计划的一个重要支柱而投向公共部门；再次，投资风险由财政部承担，如发生基金收支失衡、投资损失，财政部必须通过政府其他收入来保证支付社会保险金；最后，社会保险信托基金的投资运营与财政收支平衡状态和国债市场密切相关。

2. 基金会运营模式

基金会运营模式是不少国家采取的模式，如新加坡。新加坡的社会保障制度是以个人账户为基础，强制储蓄、集中管理。国家通过中央公积金局依法实施基金管理，同时作为公积金投资的信托人，遵循公积金法和信托法进行投资投放。

新加坡的中央公积金局作为一个高度集中统一的基金会组织，既负责社会保障基金的日常支付，又负责实施基金管理和投资营运，公积金局内设董事会，董事会由政府、雇主、雇员代表组成，董事长由政府任命。基金投资运营主要投资于政府公债，旨在保证投资的安全和有效，同时使国家获得大笔资金投放于社会公益部门。公积金存款的80%以上用于购买国债，投入经济建设，形成了"增加积累—发展经济—扩大就业—提高工资—增加积累"的良性循环，实现了经济发展与经济保障目标的协调与统一。

3. 商业经营型运营模式

商业经营型运营模式是指由政府授权的多个私营基金公司组织实施社会保障基金的管理模式，参保人可以在不同的管理公司之间进行选择。这种模式下的社会保障基金由私营基金管理公司按照商业竞争性原则组织实施管理和投资运营[①]。针对基金的管理，政府的职责是：对私

---

① 刘娴韬. 关于社会保障基金投资运营模式的研究[J]. 云南财经大学学报(社会科学版)，2011，26(02): 122-125.

营管理公司进行审批,制定有关私营管理公司的法规(包括投资比例的限制),对私营管理公司实行监控。

这种模式主要以智利为代表。这种投资模式有三个特点:一是专人专户,一家公司负责一项基金计划,以实现基金运营的简化、透明化并强化监督管理作用;二是将社会保险基金的管理运营纳入严格法治化、规范化、制度化轨道,通过规定最低准备金额、基金投资限额来实现基金的正常运营;三是建立有效的监控体系和制定严格的投资规则,以确保基金营运的安全性和盈利水平。

进入20世纪90年代,智利模式成为其他拉美国家效仿的对象。同时,在世界银行、国际货币基金组织的倡导和推动下,智利模式也为其他一些国家所接受,如匈牙利、波兰、克罗地亚、哈萨克斯坦等。

3.2.2 社会保障基金投资管理模式及收益比较

1. 社会保障基金投资管理模式

社会保障基金投资管理可以分为政府集中管理和私人分散管理两种模式。通常现收现付制的社会保障基金是由政府部门或其下属机构管理的,而完全积累的社会保障基金既有政府管理的例子(如新加坡),也有私人管理的例子(如智利)。政府集中管理模式是由政府部门或其下属机构负责社会保障基金政策的实施、缴费的征集、基金的支付以及积累资金的投资运营。私人分散管理则是由竞争性的金融机构负责基金的缴纳、支付及投资运营,参与管理的机构包括专门的养老基金管理公司、共同基金管理公司或保险公司等金融机构。社会保障基金集中管理与分散管理是相对的,以养老保险制度为例,就养老保险基金的管理而言,基本养老基金采取政府集中管理模式,而补充养老保险基金采取分散投资模式。从整个养老制度来看,养老基金的投资呈现一种混合模式。对于不同的社会保障基金投资管理模式,可从以下三个方面比较收益。

1) 收益率比较

政府管理的社会保障基金和私人管理的社会保障基金在管理模式上的差别体现在收益率和成本两个方面。政府管理的社会保障基金投资存在政府限制,比如要求基金投资于政府债券或为国有企业提供贷款等。私人管理的社会保障基金则有机会选择多元化的投资方式。因此,政府管理的社会保障基金投资收益率低于私人管理。

2) 管理成本比较

从完全积累的社会保障基金的管理成本来看,主要包括两部分:基金运营过程所需成本和基金的组织、促销费用。从理论上来讲,由于存在竞争,可以使私人管理的成本降到最低,政府管理的基金由于垄断经营而产生较高的管理成本。但从实际情况来看,市场竞争使得管理成本降低需要一个过程。在社会保障基金发展初期,基金管理公司为了争夺客户,需要促销,较高的市场营销费用使基金的管理成本处于较高的水平。政府管理的低成本必须要有高效廉洁的政府和完善的监督机制作为保证。

3) 对资本市场影响的比较

从社会保障基金的管理方式对资本市场产生的影响来看,社会保障基金的私人管理比政府管理更具有积极作用。政府将其管理的社会保障基金投资于政府债券、国有企业及公共基础设施,实现了对部分社会资源的控制,但这部分社会资源不按照市场原则配置,投资收益率通常低于市场利率。而私人管理的社会保障基金按照市场的原则进行经营,在市场竞争压力下,为了降低成本、提高效益、回避风险,会对资本市场的机构、工具等多方面产生积极影响。

2. 世界典型国家养老金管理模式、投资范围和投资收益比较

从世界大部分国家来看,由于制度不同,基本养老保险基金结余水平差距很大,投资管理方式也有较大差别。采取现收现付制的国家如德国、英国等,基金结余额一般保持在2~6个月的养老金发放水平,并主要用于购买国债和存放银行;部分采取现收现付制的国家如美国、日本、瑞典等以及采取积累制的国家,基金结余规模较大,投资领域比较宽泛,并成立专门的机构进行管理[①]。现整理部分国家的养老基金投资管理情况,如表3-1所示。

表3-1 部分国家的养老基金投资管理情况

不同国家的养老基金	基金类型	2013年结余/亿美元	占当年GDP比例	投资范围	年均收益率
美国联邦社保基金	现收现付	26 740	16.14%	定向国债	6.5%左右(1965—2014年)
日本公共年金	现收现付	12 055	25.65%	股票、债券等	2.07%(2001—2013年)
加拿大养老基金	现收现付	1723	9.76%	股票、债券	7.1%(2005—2014年)
瑞典缓冲基金	名义账户(现收现付)	1648	29.11%	股票、债券	6.5%~7%(2005—2014年)
智利养老基金	完全积累	1650(2012年)	61.52%(2012年)	股票、债券等	8.7%(1981—2012年)

1) 美国

(1) 投资管理机构。美国联邦社保基金(养老基金是其主要组成部分)由财政部所属的社保基金信托理事会负责管理。与大部分国家不同,美国社保基金投资对象仅限于国债,管理运营相对简单。理事会既负责投资和管理政策制定,又负责具体投资运营,每年要评估上年度基金运营状况和预测未来基金收支状况,并负责向国会报告。此外,美国还建立了较为完善的社保基金信息披露制度,定期向社会公布社保基金的收支情况、投资状况以及其他财务数据,接受社会公众和监督机构的双重监督。

(2) 投资范围。美国《社会保障法案》等规定,社保基金只能投资于财政部为社保基金定向发行的特殊国债。根据期限不同,社保基金购买的特殊国债分为两类:一是债务凭证。社保基金根据每天估测税收和利息收入自动购买同等数量的短期国债,这些短期国债的到期日均为下一年的6月30日。二是中长期国债。在每年6月30日,所有的短期国债集中到期,部分以往发行的长期国债也刚好到期,社保基金将这些到期国债兑取的现金,全部用于购买中长期国债,并使所持有的全部国债的剩余期限平均分布在1~15年。

---

① 刘玉红. 国外基本养老保险基金投资管理经验及借鉴[J]. 中国科技投资, 2016, 000(018): 8-12.

(3) 投资收益率。到2013年年底，美国联邦社保基金累积额为26 740亿美元，巨额结余资金投资国债收益已成为社保基金收入的重要组成部分。美国特别国债的利率水平是按照市场额度，对公开国债市场上距到期日在4年以上的长期国债收益率加权计算的。这一利率稍高于公开国债利率的一般水平，实质上是公共财政以规范化、制度化方式对社保基金收益的适度保障。美国过去50年的年均投资回报率在6.5%左右，2000年以来的年均投资回报率为5.2%。

2) 日本

(1) 投资管理机构。长期以来，日本公共年金(即日本的养老基金)一直被作为财政投资融资政策体系的组成部分，由大藏省统一运营。公共年金结余全部存在大藏省信托局，信托局将一部分资金用于工业、公共基础设施和社会福利等领域的公共项目建设。经过几十年投资运营，基金投资形成了大量的呆坏账，损失达到19.2万亿日元，超过资产总额的20%。1986年，日本改革公共年金的投资管理模式，大藏省信托局将一部分资金委托给养老金福利服务公司，在厚生省的监督下进行投资运营，效果也不理想。2000年，日本通过《年金资金运用基金法》，原大藏省的资金运用部被撤销，成立了"年金资金运用基金"，接受厚生省的委托负责基金投资管理。2006年，日本又成立新的年金管理机构，取代"年金资金运用基金"，以进一步提高养老基金投资管理专业化和市场化水平，增强年金机构的独立性，减少政府对市场化运营的干预。

(2) 投资范围。日本公共年金的投资结构和比例由国会决定。投资策略以规避风险为主，大部分资金投入回报率较低的日本国内债券。近年来，为了提高投资收益率，逐步提高了国内外股票、国外债券的投资比例，投资组合更加多元化，但受制于基金规模巨大，投资国外市场的比例不高。

在投资策略上，由于日本公共年金资产规模较大，投资活动受到金融市场广泛关注，无法在资本市场短期频繁交易，基金以长期投资为理念，偏好被动消极型投资，主要采取模仿市场指数的投资行为，不经常大幅调整其资产配置比例。2013年年底，消极被动型投资的占比高达77%。

(3) 投资收益率。到2013年年底，日本公共年金规模达到126万亿日元，占GDP比重为25.65%。由于资产规模巨大，投资运营难度也很高，加上投资过于保守、国内资本市场不景气和利率较低等因素，2001—2013年，日本公共年金平均名义收益率仅为2.07%。

3) 加拿大

(1) 投资管理机构。1997年以前，加拿大养老基金结余额较小，主要是存入银行，或用于购买联邦政府债券、省政府债券和国家金融机构债券。1997年，加拿大通过《养老保险计划投资委员会法案》，成立加拿大养老保险基金投资理事会，专事养老基金的多元化投资管理。按照法律规定，理事会具体投资决策不受政府干预，并以获得投资收益、保证盈利性作为唯一目的，不考虑促进国家和地区经济发展等因素。

加拿大养老基金采取完全市场化方式管理，投资运营高度透明，理事会按照"谨慎人原则"，制定和执行投资政策、标准和程序。"谨慎人原则"是指对养老基金的资产配置(如投资品种、投资比例)不作任何数量限制，但要求投资管理人的任何投资行为都必须像一个谨慎的商人对待自己的财产那样考虑到各种风险因素，为养老基金构造一个最有利于分散和规避风险的资产组合。

近年来，为了降低对本国经济的依赖，加拿大养老基金越来越多地在全球市场寻找增长机会、分散投资风险。在走出去的过程中，加拿大养老基金非常注重与当地有影响力的投资伙伴合作，这些投资伙伴往往是大型跨国集团或多元化投资管理公司，与其合作有助于交易顺利签订和执行。

(2) 投资范围。按照理事会确定的4%的长期实际回报率目标，理事会自己决定股权资产比重为60%~70%。起初，国内的股权投资主要集中于多伦多证券交易所的指数基金，国外的股权投资主要集中于标准普尔500指数和MSCIEAFE指数基金。目前，基金投资的资产类别已扩展到公开交易证券、私人股权、不动产、基础设施等。为了对冲与投资相关的风险，养老基金还投资了一些衍生金融工具。

截至2014年3月底，加拿大养老基金规模已达到2191亿加元，其中69%投资于海外市场。在其投资组合中，约34.5%投资于成熟市场股权，5.7%投资于新兴市场股权，本土股权投资只占8.5%，还有28.4%投资于固定收益的投资工具，另有22.9%投资于抗通货膨胀的投资产品，如房地产和基础设施。

(3) 投资收益率。尽管在2009年受全球金融危机影响，基金投资曾出现18.6%的亏损，但由于其投资范围广泛，配置较为灵活，过去十年的年平均投资回报率仍达到7.1%。

4) 瑞典

(1) 投资管理机构。瑞典由政府设立的养老基金管理公司对缓冲基金(即瑞典的养老基金)实施管理。瑞典政府认为完全由私营机构管理养老基金成本较高，而由政府垄断管理容易导致效率低下，为此瑞典在2001年成立了五家国家养老基金管理公司。第一家至第四家基金公司在成立初期被分配相同的资金规模，每年获取各1/4的养老金缴费收入，各支付1/4的养老金待遇支付。这样做既可以引入竞争机制，分散管理风险，减少政治干预，又可以避免基金规模过大而影响瑞典国内金融市场。四家基金公司在投资上遵循基本一致的投资政策，具有相似的公司治理结构、风控体系和激励机制，自成立以来各家基金管理公司的投资收益也基本相当。第五家基金公司是一个只能投资私募基金的小型基金，其规模只有其他四家基金公司平均规模的1/10左右，不参与养老金缴费收入与待遇支付[①]。

(2) 投资范围。瑞典对国家养老基金公司的投资范围进行了明确限制：只能投资于资本市场上有报价的、可交易的投资标的；禁止投资直接贷款；投资非上市证券的比例不得超过组合资产净值的5%；投资固定收益资产的比例不得低于组合资产净值的30%；暴露于外汇风险中的投资比例不得超过组合资产净值的40%；单只证券的投资比例不得超过组合资产净值的10%；所有组合持有的单只证券比例不得超过该证券国内流通市值的2%。

瑞典国家养老基金公司实行直接投资和委托投资相结合的方式，即在内部团队对资产直接进行投资操作的同时，将部分资产委托外部专业投资机构来运作。四家基金公司经常会面向海

---

① 郑秉文. 全国社会保障基金理事会管理体制的转型与突破——写在基本养老基金投资进入市场之际[J]. 辽宁大学学报(哲学社会科学版), 2017, 45(03): 1-25.

外招标国际投资管理人,许多著名的国际资产管理公司、对冲基金、私募基金都在其外部投资管理人之列。

(3) 投资收益率。瑞典四家养老基金公司的投资状况与全球股票市场的相关度较高,投资收益也与全球股票市场的变化较为同步,过去十年的投资收益率基本保持在6.5%~7%。

5) 智利

(1) 投资管理机构。智利养老保险费的征缴、个人账户的管理以及养老基金的投资运营均交由养老基金监管局批准建立的养老基金公司管理,同时允许参保成员"用脚投票",自由选择和更换基金公司。由于引入市场竞争,基金公司数量变化较大,1982年改革时基金公司只有十二家,1997年达到历史高峰三十七家,此后呈快速下降趋势,1999年剧减至八家,2014年只剩下六家。

为保证养老基金的安全和收益,智利政府对基金公司注册资本、经营范围、投资政策、信息披露等方面做出了严格规定。特别是为保证养老基金保持合理收益,智利政府规定了最低投资回报率标准,要求每家基金公司每年必须保证最近三十六个月的平均实际回报率高于所有同类基金加权平均实际回报率减去两个(C、D、E类基金)或四个(A、B类基金)百分点和所有同类基金的加权平均实际回报率的50%两者中的较低者。如果某一基金公司当年的投资收益率低于上述比较基准的低者,必须动用收益波动准备金、强制准备金以及自有资产进行弥补,如果仍不能弥补缺口,则宣布基金公司破产,由政府最终出面弥补资金缺口。

(2) 投资范围。基金公司按照股票和债券的不同比例分别提供A、B、C、D、E共五种投资组合,区别主要在于股票投资所占的份额不同,其中,组合A的股票投资比例最高,风险也最高;组合E的股票投资比例最低,风险也最低。参保成员可以根据自己的风险偏好和收益需求进行选择,对于没有自主选择的参保人,养老金管理部门将根据其年龄并综合考虑基金风险系数,为其指定基金类型。2012年年底,智利养老金资产总额为1650亿美元,五种投资组合占养老基金的比重分别是16.83%、17.48%、38.90%、15.01%、11.78%。在具体投向上,61.5%投资于国内资本市场,其中14.9%投资于股票,46.4%投资于固定收益证券;38.5%投资于国外资本市场,其中26.7%投资于股票,11.6%投资于固定收益证券。

(3) 投资回报率。智利养老保险制度改革与私有化改革是同步的,养老基金通过参与大型国企市场化和政府公共事业民营化改革,以及基金公司市场化竞争来提高效率,加上基金规模总体偏小,投资灵活性较高,使得养老基金取得了较高的投资回报率。以主流的投资组合C为例,1981—2012年,平均实际投资回报率为8.7%。与同期其他国家的类似养老基金相比,这一投资回报率水平是相当高的,但波动幅度也很大,如基金年收益率最高的1991年为29.7%,最低的1995年为−2.5%。

3. 养老金战略储备基金

为了应对老龄化,平滑代际负担,提高基本养老保险制度的稳定性和可持续性,一些实行现收现付养老制度的国家设立了养老金战略储备基金,以补充未来养老保险资金的不足[1]。截

---

[1] OCDE. Pensions at a Glance 2019:OECD and G20 Indicators[M]. OECD Publishing,Éditions OCDE:2019-11-27.

至2018年，部分OECD(organization for economic co-operation and development，经济合作与发展组织)国家养老金战略储备基金规模见表3-2。

表3-2显示，截至2018年，美国的养老金战略储备基金累计规模最大，有39.393万亿美元，但是，仅占2018年GDP的14.3%，仅比OECD国家的平均水平高出0.1个百分点。由此可见，虽然美国的GDP总量位列全球第一，但是其政府对养老金战略储备基金的投入水平并不高。韩国、卢森堡和瑞典等国家政府对养老金战略储备基金的投入水平较高，其累计规模占2018年GDP的比重分别为34.2%、30.8%和29.4%，都远远超过美国的投入水平。

养老战略储备基金的投资一般分为两类：一是直接投资以及指数化的被动投资，由管理机构自行投资管理；二是对于证券市场的主动投资，由管理机构通过招投标的方式，外包委托专业的基金公司进行投资[①]。由于养老战略储备基金仅在人口老龄化高峰期才动用，其资金运用周期长，对流动性要求较低，对盈利性要求较高，对证券市场波动性的容忍度较高，可以灵活自由地在国内外资本市场进行投资，总体投资业绩也较好。例如，挪威全球养老基金在1998—2013年实现了5.7%的平均年收益率。

表3-2　2018年部分OECD国家公共养老金储备基金规模

国家	公共养老金储备基金	
	积累额/百万美元	占GDP的比重/%
澳大利亚	103 771	7.7
加拿大	472 278	28.4
智利	14 138	5.1
芬兰	75 551	28.4
法国	67 899	2.5
德国	40 096	1.0
日本	478 578	28.8
韩国	573 155	34.2
卢森堡	20 762	30.8
墨西哥	1552	0.1
新西兰	26 196	13.2
挪威	29 258	7.3
波兰	11 145	2.0
葡萄牙	18 911	8.1
西班牙	5725	0.4
瑞典	157 395	29.4
美国	3 939 300	14.3
OECD国家简单平均	6 035 674	14.2

归纳上述国家养老基金投资，有如下五个特点：一是养老基金规模大的，主要投资国内；

---

① 陈旭明，吴庆涛. 关于基本养老基金市场化运作的几点思考[J]. 清华金融评论，2015(09): 85-92.

养老基金规模小的，投资比较分散灵活，国外投资比例较大。二是在流动性和盈利性关系上，首先保证流动性需要，基金结余不多的国家一般规定只能投资国债和存款，即使是基金结余多的国家，投资与市场化基金也有明显区别，对投资股票市场比较谨慎。三是养老基金一旦涉足证券市场，大多选择或设立专业化、市场化程度高的机构投资运作。四是投资收益高低受多种条件制约，并不是绝对的。美国仅投资国债收益率并不低，日本虽采取多元化投资但收益率并不高，智利、加拿大、瑞典收益率高也各有其特殊性。五是养老保险储备基金与市场化基金一致，大都采取完全市场化方式运作。从我国情况看，据人社部统计，2019年年底城镇职工基本养老保险基金结余达到5.09万亿元，提高基金收益的任务也很迫切。但是，考虑到我国资本市场不规范、风险大，缺乏专业化投资机构，流动性支付压力大，参保人承受能力不高等因素，我们倾向于采取美国模式，将养老基金纳入国库管理，全部用于购买国债。同时，我国已经建立了社会保障储备基金，如确需安排一部分养老基金投资资本市场，实现多元化，可借鉴现有模式，采取委托代管方式，由社保基金理事会进行管理。

3.3 国际社会保障协会——社会保障基金投资的一般性指导原则

建立社会保障基金的目的是：确保社会保障计划的待遇支付能力和服务提供能力；通过投资产生收益从而为提供这些待遇和服务供给经费；在很多情况下还要减轻短暂人口增长带来的压力。

近些年来，建立社会保障基金的国际社会保障协会成员大量增加。他们的经验表明，社会保障基金投资对提高社会保障计划的基金的支撑能力具有重要的推动作用。但是，相关的经验也表明，社会保障基金的投资是具有风险的。如果不坚持审慎和适当的原则，社会保障基金投资就不可能产生实质性的回报，甚或出现基金全部损失的情况。

基于以上原因，国际社会保障协会建立了专门的社会保障基金投资研究小组，成员既包括协会成员组织中直接从事社会保障基金投资的官员，也包括来自其他从事类似投资的机构和国际组织的外部专家。

2002年12月，社会保障基金投资研究小组在巴黎召开第一次会议，决定优先制定社会保障基金投资指导原则，从而在基金投资方面对国际社会保障协会的成员组织提供帮助。2004年4月，投资研究小组在波尔图召开第二次会议，对汲取不同方面意见形成的指导原则草案进行审议，并根据社会保障机构的特殊情况对草案进行了修改。目前的指导原则，是在研究小组的研究以及一些协会成员的反馈意见基础上形成的。

这些指导原则的目的，就是对社会保障机构的基金投资行为——不管负责投资的机构是政府部门、法定组织还是私营机构，提供一般性的指导原则以及明确需要注意的事项。除此之外，指导原则还对有关情况进行补充说明。这些说明提供了相关背景情况，对接受的替代性基金投资方式进行了描述，并对投资时应当考虑的其他因素进行了讨论。

在社会保障基金投资指导原则的起草过程中，我们考虑了两种截然不同的情况：第一种情况是负责社会保障计划管理的机构，同时也负责社会保障基金的投资；第二种情况是在负责社会保障计划管理的机构之外，另有一个不同的机构负责社会保障基金的投资。

世界上有很多不同的社会保障模式，不同国家在金融市场、法律结构以及管理和监督结构方面，都存在很大差异。为适应这些差异，在指导原则的起草过程中已经充分考虑要留有一定的灵活性。但从实际结果看，指导原则不可能反映每种可能的情形。因此，在运用这些指导原则的时候，必须根据各国和每个计划的具体情况，做出适当的修改。

3.3.1　监管的资格条件：监管体系

完善的监管体系对实现社会保障基金的有效投资有着重要的作用。监管体系必须保证在营运责任和监管责任之间，以及在担负这些责任的人的适当性和可靠性之间，做出适当的划分。

监管是一个复杂的课题，涉及很多方面。我们不可能指望通过这样一个指导原则，来穷尽良性监管的所有方面。在指导原则的这一部分以及以下章节中，我们将对社会保障机构对其托管的基金进行投资时必须考虑的最低监管原则和注意事项进行说明。

1. 责任的确定

不管是由政府的一个部门还是由为此设立的专门机构(例如法定的独立机构)来负责管理社会保障计划，在计划的监管中都必须明确划分营运和监管方面的责任。如果是由法定机构负责管理计划，那么应当在建立该机构的立法中明确法律地位、主要目标和内部监管体系。

2. 监管机构

(1) 如果在政府部门之外设立了一个专门机构负责管理社会保障计划，那么就应授权该机构的监管部门采取必要的行动，确保计划能够履行其法定职责。同时，应尽量减少社会保障监管机构的政治干预和影响。社会保障计划监管机构的根本职责，就是保证建立社会保障计划的立法规定得到遵守，并对社会保障计划参保人、受益人和其他利益关系人的权益提供保护。监管机构可以把一些特定的职能委托给外部服务机构负责，但监管机构不能就此完全免除自己所负的责任。相反，在这种情况下，监管机构对这些服务机构仍然负有监督监管责任。

说明：不受政治干预或影响，并不意味着监管机构在运营过程中可以不理会国会确立的立法框架或者政府制定的政策，也不排除监管机构可以就有关问题与国会、政府官员或其他的政府组织进行磋商，但确实意味着监管机构在依法定权限做出决定的时候，不受任何政治干预。

在建立社会保障计划监管机构的过程中，很多国家要求在机构中体现工人、雇主和政府的三方代表性。同其他组织一样，国际劳工组织长期以来一直倡导三方性代表机制，并将其作为抵制无端政治干预和确保社会保障计划利益关系人的意见得到充分吸收的一种手段。

(2) 社会保障监管机构的责任应当与社会保障计划的总体目标保持一致，这就是向计划的受益人提供承诺的待遇和服务。监管机构应对所有与计划相关的风险进行管理和控制，特别是对人口、金融和更广泛的经济风险的管理和控制，由此努力保持计划的财政稳定。在社会保障计划采取的财务体制中，应规定适当的缴费水平和投资收益率，从而保障有足够的资金来提供计划承诺的待遇和服务。同时，在对社会保障计划的长期可持续性的评估中，也应当采用风险管理模式。

3. 投资机构和投资委员会

(1) 根据建立社会保障计划的立法和/或计划监管机构的决定,社会保障基金投资机构可以是管理社会保障计划的机构,或者是专门为计划基金的投资设立的机构。如果是后一种情况,就应当对投资机构的法定地位、主要目标和内部监管体系(包括其监管机构)有一个明确的说明。此外,在这种情形下,监管体系中的第2、4、5、6条指导原则适用于投资机构的监管部门,监管体系中的第7、9条指导原则以及下方提出的监管机制的第1、2、3、4条指导原则适用于投资机构本身。

说明:某些情况下,由社会保障计划管理机构之外的投资机构来负责投资可能是有益的。例如,在由政府的一个部门负责管理社会保障计划的情况下,建立一个独立于该部门之外的投资机构,对于保证计划不受政治干预和避免投资决策受到政治干预的影响都有好处。

(2) 社会保障计划的监管机构和/或投资机构应指定一个投资委员会。该投资委员会的职责包括:制定投资政策和投资战略并推荐给计划的监管机构,监督这些政策和战略的实施,并对实施中取得的效果进行评估。投资委员会应定期召开会议,并将其活动向监管机构汇报。要根据投资委员会的职责和担负的任务,确定多长时间召开一次会议。

说明:必须指出的是,投资委员会与社会保障投资机构或社会保障计划的监管机构不是同一个机构。投资委员会负责向后两个机构提交报告,并对投资政策和投资战略的运用提出建议、实施监督和进行评估。

在某些情况下,由投资监管机构的主席担任投资委员会主席,计划管理机构的首席执行官担任成员。投资委员会的其他成员应根据其专业知识以及在投资管理不同关键领域的经验,从社会保障计划和/或投资机构的监管机构成员中选拔。如果监管机构中没有具备所需专业知识的人员,那么也可以邀请外部的专家到投资委员会工作。

4. 可靠性

(1) 社会保障计划和社会保障投资机构的监管机构,应当对社会保障计划参保人、受益人和其他的利害关系人负责。为确保监管机构的可靠性,监管机构的成员应对他们作为或不作为的情况负责任。

说明:要确定监管机构的某个成员是否严格履行了其职责,一个方法就是运用"保管人责任"原则来做出判断。根据"保管人责任"原则,监管机构的成员在运用权力和履行职责时必须保持公正和诚信,并始终以社会保障计划和计划参保人的最大利益为出发点行事。同样,监管机构的成员在可比的情况下应当像一个理性的审慎者一样,用心、勤奋和巧妙地处理自己的工作(即审慎者原则)。如果监管机构的成员由于自身的专业或职业的原因,具有与履行职责相关的特殊知识和技能,那么就要求这些成员能够运用他们的特殊知识和技能来履行自己的职责。

(2) 社会保障计划和投资机构的监管机构的可靠性原则,要求监管机构在挑选成员、做出决定、召开经常性会议以及发布决策信息等方面,采取一套透明的程序。监管机构应向计划的参保人、受益人及其他利益关系公布这些信息,包括与计划的资金支持和财政状况方面的相关信息。

说明：当被委派到监管机构工作的时候，每个成员都必须披露与自己在监管机构中的职责相冲突或可能相冲突的商业利益和其他社会关系。同时，也要求监管机构成员披露他/她到监管机构以后形成的任何商业利益和社会关系。如果监管机构的某个成员在监管机构处理的问题中有或可能有任何商业利益，那么该成员应当回避，不得参加对该问题的讨论和表决，同时在会议记录中注明该成员已自行回避。

5. 适宜性

社会保障计划和投资机构(包括任何特定的投资委员会)的监管机构成员，应当有一个适宜任职的最低标准，从而确保在社会保障计划和投资机构的监督管理中保持高度的统一性和专业性。

6. 专家建议

当没有足够的专业知识来做出精明的决策并履行职责的时候，社会保障计划和投资机构的监管机构就应寻求专家建议或指派专业人员来负责某些职能。通常情况下必须以公开竞争的方式，与提供专家建议的机构签约，并根据所要求的每类专家建议单独进行。在此过程中，不应仅根据某个专家的要价最低就做出选择，而应同时考虑其专业知识。

在聘请外部的专家顾问时，社会保障计划和投资机构的监管机构必须确保这些专家有足够的知识来确定他们的投资要求，理解有关建议的含义，并根据社会保障计划整体目标对这些建议进行评估。如果监管机构无法确定这些专家是否具有必备的知识，那么就应从那些在决策结构中没有任何实质利害关系的专家那里，获取独立的建议。

7. 审计人员

(1) 政府或社会保障计划的监管机构应指定一名独立于政府、社会保障计划监管机构、管理机构和投资机构之外的审计师，开展社会保障计划的年度审计。审计人员履行职责时不得受任何政治干预。

说明：如果社会保障计划的投资机构与管理机构是分别设立的，那么这两个机构都应有各自独立的审计人员。

(2) 如果审计人员在履行其法定和/或专业职责的过程中，获得可能对计划的财务状况或管理和会计体系产生不利影响的信息，或者了解到社会保障计划控制系统中存在重大缺陷，那么审计人员就应当向(委任他/她的)政府或计划监管机构提交有关这些情况的报告。如果审计人员向计划的监管机构提交报告后，该机构没有在规定时间内采取适当措施，那么审计人员就应同时向政府提交报告。

(3) 应将审计人员的意见吸收到社会保障计划的年度财务报告中，并应使公众有渠道获取该报告。

8. 精算师

(1) 政府或社会保障计划的监管机构应当委派一名精算师，负责对计划开展定期的精算评估。精算师的工作不得受政治干预。

说明：如果精算师是负责管理社会保障计划的政府部门的雇员，或者是计划管理机构或监管机构的成员,那么他/她的工作应接受同等的独立的评估或精算审计。

(2) 如果在履行其法定和/或专业职责过程中,精算师确定社会保障计划基金支撑能力面临重大风险达到这样的程度,即计划不能或有可能无法履行其待遇支付义务、无法履行其法定职责或者面临重大的收入缺口并且无法运用准备金来满足未来的支出需求,那么精算师就应当向(委任他/她的)政府或计划监管机构提交有关这些情况的报告。如果精算人员向计划的监管机构提交报告后,该机构没有在规定时间内采取适当措施,那么精算人员就应同时向政府提交报告。

说明:确定精算评估有关假设的过程必须透明并出于客观的考虑。

(3) 应及时使公众有渠道获取关于精算评估的报告。

9. 保管人

社会保障计划的资产可以由计划管理机构、投资机构、诸如央行一类的政府部门或独立的保管人来负责保管。如果社会保障计划监管机构指定一个独立保管人来保管资产,并确保计划资产的安全,那么应当从法律上将计划的资产与保管人的其他资产分离开。此外,保管人可以授权第三方对其负责的全部或部分资产进行管理,但是保管人不能由此免除自己在社会保障计划的资产保管方面承担的责任。

说明:保管人应在一定的时间间隔内,完成独立的交易事项并对交易的成交量进行调节。

3.3.2 监管的资格条件:监管机制

除有效的监管机构外,还应建立适当的监管机制。应在社会保障计划中建立适当的控制、交流和激励机制,从而提高决策质量,并保证计划的正确、及时实施,增加计划的透明度,并对计划进行经常性的审查和评估。

1. 控制体系

应建立适当的控制体系,确保所有负责管理社会保障计划营运和监管的机构、个人按照建立计划的立法,或者在投资机构和管理机构分设情况下,按照建立投资机构的立法确定的目标行事。这种控制体系应涵盖所有的基本组织和管理程序,包括绩效评估、补偿机制、信息系统和程序、风险管理程序以及对专家顾问和其他协议安排的经常性评估。

2. 内部报告

应当在社会保障计划管理机构、监管机构、投资机构以及政府和其他参与计划管理的人之间,建立内部报告渠道,保障有关信息在这些机构/人之间及时、有效和准确地传送。

3. 公开披露

社会保障计划和投资机构的监管机构应向各有关方面,包括计划参保人、受益人和其他利害关系人,清楚、准确、及时地披露相关信息。

说明:每年度应当披露的信息至少包括以下方面。

(1) 社会保障计划管理机构及其监管机构和投资机构(在设立独立于前两个机构的投资机构的情况下)的职责、目标和管理权限;

(2) 社会保障计划监管机构的委员以及他们的组成、权限和活动；

(3) 社会保障计划上年度的财务报告书，包括收入、支出、资产和支付责任方面的情况；

(4) 审计人员对财务报告书的意见；

(5) 精算人员的精算评估报告(如果已根据以上披露的信息起草了这类报告)。

那些有损社会保障计划的诚信责任或对社会保障基金投资交易带来损害的信息，不属于这里所说的信息公布的范围。

4. 补偿

应当建立一个专门机构或通过法庭，使社会保障计划的参保人、受益人和其他利益关系人有机会利用法定机制及时获得补偿权利。

3.3.3 投资

1. 投资目标

1) 社会保障基金投资的根本目标

(1) 安全性——投资应有助于社会保障计划通过提高成本效益的方式来履行其承担的义务。

(2) 收益性——应在可接受的风险范围内实现投资的最大回报。

对社会保障基金进行投资时，应在两个目标之间取得平衡。

说明：在社会保障基金投资的决策过程中，必须根据其财务制度充分考虑资产安全和资产收益对保持社会保障计划基金支撑能力的重要性。还应在计划承担的债务方面，考虑计划在偿还期和清偿能力方面的要求。

2) 实现社会和经济效用

考虑社会保障基金投资的社会和经济效用，必须以投资的安全性和收益性为前提。同时，应当有一个明确的标准，来判断在什么情况下以及在何种程度上可以考虑基金投资的社会和经济效益。如果政府和/或社会保障计划监管机构认为应向某种具有社会和经济效用的商业经营进行投资，而投资的预期回报可能低于市场标准，为了避免损害社会保障计划的信用责任，应调整社会保障基金投资结构，从而使其能够从其他政府财政资源中获得补贴。

说明：投资的社会和经济效用包括对创办私营企业和国有企业、学生贷款、低成本住房、养老设施、卫生基础设施、旅游以及人力资源提高项目的投资。在很多国家，这些投资种类可能对其长期的国家发展做出巨大贡献，尽管很多情况下无法以货币回报率的形式来充分反映投资的间接回报水平。通过对国家的长期经济增长做出贡献，可以在参保人数、被保险的收益额以及投资的回报率等方面，改善社会保障计划的财务状况。

但是，必须对基于社会和经济效用所做的投资进行持续监管。为此，如果要对社会保障基金进行大规模投资，那么在此类项目的理事会中，就应设有专门负责投资监管的人员。

2. 目标整合

社会保障基金的投资应考虑计划营运的财务制度，并与计划的短期、中期和长期财政目标保持一致。同时，在投资时还要考虑计划的法定义务、预期的资金流转及不同类别投资对实现投资目标的适应性。

3. 投资政策和战略

(1) 必须在审慎者原则和适当的数量限制原则的基础上，制定社会保障计划的投资政策。在投资政策制定过程中应考虑以下概念。

① 风险管理；
② 多样化和分散化；
③ 资产和债务的配比，包括对期限和到期日的考虑；
④ 货币配比；
⑤ 绩效标准和控制。

说明：在制定投资政策和投资战略过程中，社会保障计划管理机构和投资机构的监管机构应确定投资的风险程度及计划的风险承受力。确定计划财务目标的同时，应当考虑缴费和资产方面的不稳定性因素。社会保障计划管理机构和投资机构的监管机构应对计划的债务、投资的目的以及确保计划的基金支撑能力所必需的适当资产组合，有清楚的了解。

(2) 社会保障基金的投资政策和投资战略应与计划的财政目标及其资金流转需求保持一致。应在投资政策中规定投资机构建立相应的控制体系，从而确保(1)中所强调的5个概念被适当考虑。

(3) 社会保障基金投资对国家经济、社会和金融的重要性，要求我们根据这些指导原则，在充分考虑财政部和/或央行之类的国家金融主管部门的经济政策的基础上，制定社会保障计划的投资政策。

说明：在很多国家，社会保障基金是其资本市场的一个主要组成部分。因此，在社会保障基金的投资中应考虑国家的长期目标。如果在投资过程中只追求经济回报的最大化，那么这些国家目标就不能得到完整反映。实际上，任何社会保障计划的可持续性发展最终都取决于国家的经济增长。尽管在制定投资政策和投资战略时应合理考虑国家金融主管部门的意见，但是这些部门不能直接卷入投资战略的实施过程中。需要特别指出的是，这些主管部门不得干预社会保障计划或其投资机构的具体投资行为。

(4) 社会保障计划和投资机构的监管机构应起草有关基金投资政策和投资战略的正式报告，并使公众有渠道获得该报告。

说明：社会保障计划和投资机构的监管机构应对基金投资政策进行经常性审核(至少每3年审核1次)。同时，投资战略还要接受动态的审核和评估。

4. 投资限制

(1) 除非作为例外和暂时性的安排，或者出于非常有说服力的审慎方面的考虑，否则不应对任何特定种类的投资规定最低限制。

说明：反对设定特定种类投资的最低水平的规定，是指外部赋予社会保障计划或投资机构的限制性规定，特别是在购买政府债务方面。尽管如此，社会保障基金不应成为政府弥补赤字和债务的手段。

但是，该规定并不限制社会保障计划监管机构或投资机构作为其投资政策的一个部分，设定最低限度的投资标准。特别是应根据当期待遇支付的需要及偿付义务到期时的要求，制定有关现金和/或短期货币市场债券的最低投资标准规定。

(2) 应根据审慎原则规定每类投资的最高限制。但是，应允许投资机构在特殊情况下(例如时限)，超过规定的最高限额进行投资，但在可能的情况下应事先得到社会保障计划监管机构和/或政府的授权。

(3) 对某一种资产或债券的投资，或者对政府以外的某个特定行业和实体的资产或债券进行的投资，应当限制在社会保障计划总体投资组合的一定比例以内。投资机构在某一特定种类的资产或某一特定行业或实体所持资产的总市场价值不能超过一定比例。

(4) 政府或社会保障计划监管机构可以制定允许/建议投资的资产类别清单。该清单可以是详尽和强制性的，也可以是选择性的。在后一种情况下，投资机构对清单外的资产进行投资时必须说明其合理性。

说明：在采取这种"清单"模式的时候必须非常小心，因为这种做法对资产的战略性分配设定了严格的限制。如果采用这种模式，应列出允许的资产种类，并说明投资哪类资产带来的问题更少。

(5) 应当限制或禁止某些特定种类的投资。例如，没有适当担保或以市场无法接受的条件进行的贷款、没有挂牌的股票以及可能引发利益冲突风险的投资等。对单个发放的、没有挂牌的投资，应当制定更严格的信息公布和审批机制，并要求证明投资的条件是公平的，而且不会受到不适当的影响和控制。应当采取措施，防止基金被非法挪用。

(6) 通常情况下，社会保障基金的国际性投资应限制在投资级别与计划需要相适应的有价证券方面。同时，还应对货币风险进行管理。

(7) 如果通过审慎的方式采取套期保值措施来管理和预防风险(例如，减少货币波动带来的风险)，那么在投资中把金融衍生工具作为投资管理的一个手段，有可能是非常有用和富有成效的。但是，金融衍生工具中出现的没有采取套期保值措施的情况，可能会给投资机构带来巨大的风险。因此，必须建立适当的风险管理规范，对金融衍生工具的使用进行监管，并采取监控措施，以确保这些管理规范得到遵守。

5. 审慎者原则

(1) 对审慎者原则或审慎专家概念的运用，使我们有可能减少投资的数量限制。但是，这样做就需要社会保障计划的监管机构和政府，对投资机构内部管理和控制投资组合的体系有一定的信心。如果在社会保障基金的投资管理中运用了审慎者原则，那么社会保障计划的监管机构或政府就应通过尽量简化的方式，明确这些原则的内容。

说明：只有在适用审慎者原则的形式完全确定的情况下，才有可能建立起一种审慎的态度。这些原则本身或至少是关于这些原则的解释，在不同国家之间可能会存在很大的差别。

(2) 不管投资机构采用哪种原则，都必须通过称职、诚实的经理人来负责实施。因此，必须确保经理人能够胜任并保持诚实正直。社会保障计划或投资机构的监管机构应采取适当标准，使投资经理或投资顾问能够满足实施投资政策和投资战略专业知识需求。

(3) 在使用审慎者原则并停止执行数量限制的情况下，为使那些滥用根据审慎者原则所取得的独立性的人承担相应责任，投资机构的官员及其监管机构的成员在诚实信用方面，应当负有更大的责任。社会保障计划应建立一套适当的管理体系，对基于审慎者原则做出的决策进行控制。例如，通过提名其他胜任者加入投资机构所属的投资委员会和监管机构，或通过一个外部的独立评估机制,实现这方面的控制。

6. 评估

应根据人们普遍认可的会计原则来确定计划的资产价值,从而最大限度地提高投资信息透明度。为实现这一目标,同样也应当公布运用其他主要的替代性方法(例如市场价格或资产用历史成本标注的公平价格)对计划资产进行评估的结果。

7. 绩效分析

(1) 为了确定名义上的投资回报率和经过风险调整、通货膨胀调整后的实际投资回报率,应当定期对每个资产类别的整体投资组合进行分析。在分析中应包括目标回报率的比较并确定适当的参照基准,从而使社会保障计划的监管机构能够对社会保障基金的投资绩效进行评估,更新资产组合战略,必要的情况下对投资政策和投资战略进行调整。

(2) 投资分析结果应向公众公布。

3.3.4 社会保障基金投资的一般性指导原则术语释义

保管人是指由社会保障计划或投资机构的监管机构委派的,负责保管、保全社会保障计划资产的代理人。

衍生工具是指在诸如股票、债券、指数或物品等其他金融工具基础上发展起来的复合型金融市场产品。

分散化是指资产在不同种类资产之间的分布。

多样化是指具体资产在特定种类资产中的分布。

公平价值是指掌握相关信息并有意向的双方按照自愿原则在可能达成的即期交易价格基础上,形成的资产价值。这种资产评估手段通常用于那些无法通过经常性的买卖方式确定其市场价格的资产。

财务制度是指为提供到期的待遇和服务并保持基金收支平衡,对计划的基金进行分配的模式。财务制度的范围包括从完全积累到现收现付等一系列模式。

监管是指某一机构或政府为实现机构福利的最大化和解决其不同利益关系人之间的利益冲突,对机构内部事务进行管理的制度和程序。

监管机构是指根据建立机构的立法或其他法律文件的规定,负责对整个机构进行管理和监督的群体。

套期保值是风险补偿的一种形式,是指通过对冲或卖空补进交易来排除或逐步减少风险因素(特别是价格、利率和汇率风险),从而抵消已有或潜在风险情形的做法。

历史成本是指根据过去同样或可比资产价格来确定的资产价值。

投资机构是指负责对社会保障计划的基金进行投资的机构。根据相关立法和社会保障计划监管部门的决定,投资机构可以是社会保障计划的管理机构,或者是为进行基金投资而专门设立的机构。

投资政策是指投资机构的监管部门确定的投资原则和程序。

投资战略是指经投资机构批准的、实施投资政策的计划。

市场价值是指根据评估时公开市场上同样或可比资产价格确定的资产价值。

审慎者是指对个人行为进行调控的规则或原则，它要求个人在可比的情形下应当像一个理性的审慎者一样，用同样的注意力、勤奋和技巧来履行自己的职责。

审慎专家是指强调应当有真正的专家并保障他们按审慎者原则行事的规则或原则。

审慎原则是指旨在促进有关财务安全方面的所有规则(包括数量限制原则、审慎者原则、审慎专家原则等)。

数量限制是指对投资某类特定资产或几类特定资产的最高或最低的限制规则。根据不同国家的情况，可能通过建立社会保障计划的立法，财政部、央行一类的国家金融主管部门发布指示，或者社会保障计划监管机构做出决定等形式，来确定投资数量限制原则。

计划参保人是指根据其缴费或代缴费享受社会保障计划保障的人。

利益相关人是指受社会保障计划实质影响的所有个人和组织，包括计划的成员、受益人、雇主、工人以及这些人群的代表组织和政府。

本章小结

社会保障基金必须在保证安全、流动性的情况下进行投资，这就使得社会保障基金的投资活动面临诸多约束。由于社会保障基金的特殊性，其投资原则与一般资金投资的区别较大，由此带来了对社会保障基金投资的许多限制，主要体现在投资组织管理、投资领域、投资对象及投资方式的选择以及相应的对投资理论的修正和对投资组合管理方法的调整上。

社会保障基金具有一定的运营模式，当前国际社会社会保障基金投资一般分为信托基金运营模式、基金会运营模式和商业经营型运营模式。三种模式在投资成本、收益与对资本市场的影响方面各不相同，各国应选择与本国实际相适应的运营模式。经验表明，社会保障基金投资对提高社会保障计划的基金的支撑能力具有重要的推动作用。与此同时，社会保障基金的投资是具有风险的。如果不坚持审慎和适当的原则，社会保障基金投资就不可能产生实质性的回报，甚至会出现基金全部损失的情况。因此，国际社会保障协会优先制定社会保障基金投资的一般指导性原则，其目的就是对社会保障机构的基金投资行为——不管负责投资的机构是政府部门、法定组织还是私营机构，提供一般性的指导原则以及明确需要注意的事项。世界上有很多不同的社会保障模式，不同国家在金融市场、法律结构以及管理和监督结构方面，都存在很大差异，指导原则不可能反映每种可能的情形。因此，在运用这些指导原则的时候，必须根据各国和每个计划的具体情况，做出适当的修改。

拓展阅读

1. 刘海龙，刘富兵，杨继光. 社会保障基金资产配置策略研究[M]. 北京：科学出版社，2012.
2. 闫炘. 社会保障基金与证券投资基金[M]. 上海：复旦大学出版社，2002.
3. 李绍光. 养老金制度和资本市场[M]. 北京：中国发展出版社，1998.

1. 试述社会保障基金投资的基本原则。
2. 试述社会保障基金投资的特别约束。
3. 比较不同国家之间的社会保障基金投资运营模式。
4. 选择社会保障基金管理模式应当考虑哪些因素？
5. 试述国际社会保障协会提出的社会保障基金投资的一般指导性原则的意义。

案例1　再过15年，养老金结余若真耗尽怎么办①

"2019年全国城镇企业职工基本养老保险基金累计结余为4.26万亿元，此后持续增长，到2027年达到峰值6.99万亿元，然后开始迅速下降，到2035年耗尽累计结余。"近日，中国社科院世界社保研究中心副秘书长齐传钧表示，在现有模式下运行，中国养老金制度将不可持续。

在《中国养老金精算报告2019—2050》(以下简称《报告》)发布式，暨养老保险降费形势研讨会上，齐传钧对上述数据进行解读。《报告》是中国社科院世界社保研究中心发布的第二部精算报告，测算期首次延长到30多年。全国社保基金理事会副理事长王文灵介绍，养老金精算可以在一定程度上量化制度面临的风险和挑战，有助于养老保险制度顶层设计，促进养老领域诸多配套改革的进行。

中国是全球老龄人口最多的国家，同时老龄人口数量进入快速增长阶段，老龄化趋势严峻。与之相对，根据国家统计局数据，自2012年，中国劳动力人口(16～59岁)延续总量和比重都在下降，其中总量降至8.97亿人，下降了2800万人，比重则下降5%。这意味着养老金收入增速放缓，支出却在加快，收支难以平衡。

老龄化趋势对养老金可持续发展提出更高要求。中国养老金制度模式是国际上普遍采用的三支柱模式，即由第一支柱基本养老保险，第二支柱企业年金(职业年金)和第三支柱个人储蓄养老保险共同构成养老保障体系。不过，多位养老金领域的专家、学者提出，当前中国的养老保障体系严重依赖第一支柱，第二、第三支柱作用不够，这加剧了养老问题的严峻性。专家指出，养老金的持续发展要加快基本养老保险基金投资，调动第二、三支柱发挥作用。

加快基本养老保险基金投资，解决养老保险基金的可持续困境亟需"开源"，投资收益正是一项重要的收入来源。所谓基本养老保险基金投资，是省级政府在养老基金结余额中预留一定支付费用后，将可投资的养老基金统一委托给国务院授权的机构进行投资运营。全国社会保障基金理事会是基本养老保险基金投资运营的受托单位。

目前，基本养老保险投资作用仍未充分发挥。人力资源和社会保障部副部长邱小平曾在国务院新闻办公室举办的新闻发布会上表示，2018年年末基本养老保险结余资金达到5万

---

① 姜语，邱宁. 财新网. 再过15年，养老金结余若真耗尽怎么办？[EB/OL]. (2019-04-16)[2021-08-20]. https://china.caixin.com/2019-04-16/101404863.html.

多亿元,但全国社保基金理事会副理事长王文灵在上述会议上表示,全国社保基金理事会储备基金不到两万亿元,面对未来养老金支付缺口,无论是现有结余资金规模,还是储备基金累计规模都不够。

第一支柱独木难支,应做大第二、第三支柱,一个可持续的养老金制度不能靠一条腿走路。国际上,三支柱模式的理想状态是第一支柱作为基础保障,第二、第三支柱用于进一步提升生活品质,合理各支柱的分工以保障不同人群的养老生活。不过,中国养老保险制度存在第一支柱独大现象。中国劳动和社会保障科学研究院数据显示,中国2016年养老保险基金第一支柱占比74%,第二支柱占比23.1%,第三支柱占比仅为0.29%。高支付比在加重第一支柱负担的同时,过高的养老金费率也在加重企业成本,降低企业活力。2013年,基本养老保险收入和支出差额出现负值,缺口增加,同时基本养老保险赡养率不断攀升。"未来只依靠第一支柱已经没有办法支撑我国养老保障体系。"中欧基金管理有限公司董事长窦玉明判断。

案例2 社保基金与资本市场的互动与"双赢"[①]

社保基金进入资本市场,以多种方式投资于有价证券,这既是社保基金自身保值增值的发展需求,同时也是我国资本市场发展的良好契机。

社保基金投资渠道狭窄,既限制其资金运用,也影响了收益率。从我国保险业发展的实践看,保险监管部门在逐步放宽对社保基金进入资本市场的限制。在目前国民经济整体形势向好的大背景下,资本市场为社保基金提供了一个绝佳的资产保值增值的领域。

虽然目前资本市场上可供投资的品种并不是很丰富,但比起单纯的银行与债券来说,可供选择的余地要更大些。社保基金进入资本市场,可选择多种投资工具,并把不同期限、不同性质、不同风险和收益的投资工具进行组合,在保证资产保值增值的同时,又能有效地分散风险,形成一个合理的投资结构,保证资金的安全性和收益性。

对于资本市场而言,社保基金的加入可以促进上市公司改善质量。社保基金从投资角度来说是一个纯粹的投资者,它在资本市场上的投资运用既注重股价在市场上的成长空间,又注重公司每年的分红派现能力,上市公司只有不断改善质量,才能吸引社保基金为其投资。

此外,拥有长期稳定资金来源的社保基金,是资本市场上重要的机构投资者,为一级市场发行量和二级市场交易量的扩大提供了雄厚的资金支持。世界主要国家越来越多的养老基金涉足证券市场,购买企业股票和债券。养老基金在现代金融体系中已经是证券市场上主要的投资者之一,成为证券市场上主要的稳定力量。

社保基金入市还可以促进资本市场的产品创新。管理社保基金的机构投资者,在资本市场投资中提高收益率、回避风险、降低交易成本以及实现资产负债的期限匹配等方面的需求,是资本市场产品创新的重要源泉。以美国资本市场为例,从20世纪70年代以来,各种各样的创新产品,包括零附息债券、附属抵押债务、担保投资契约的出现和成功,在很

[①] 鲍思思,陶文.社保基金如何与资本市场"双赢"[J].中国经济周刊,2007,000(032):30-31.

高程度上都要归功于以养老金为代表的社会保险基金的投资。

　　社保基金自身的性质决定了其长期、稳健的投资风格，有助于培养大众投资者长期投资、价值投资的理念。社保基金入市使得社保基金成为继证券公司、基金和境外合格投资者之后机构投资者的又一生力军。作为机构投资者，与散户相比，拥有更强的信息收集和识别能力，能够对所投资的企业形成更强的外部监督，有利于资本市场健康有序地发展。

　　综上，社保基金入市不但给其提供了实现资产保值增值的机遇，而且也是提升综合经营实力的重要途径，同时有利于资本市场发展，促进金融资源的优化配置，从而达到社保基金与资本市场的互动与"双赢"。

第4章 社会保障基金投资领域与投资对象

【本章提要】本章主要介绍了社会保障基金投资领域选择的影响因素，社会保障基金投资领域的划分，社会保障基金的投资对象。读者通过对本章的学习，能够掌握如何选择社会保障基金投资领域和投资对象。

4.1 社会保障基金投资领域选择的影响因素

社会保障基金投资必须遵循安全性、流动性和盈利性原则，还应尽可能地满足社会性和多样性的投资原则。这些原则之间存在一定程度的冲突，难以同时满足。其中，安全性最为重要，因此，在金融市场发展程度和国家政策法规的制约下，社会保障基金必须在保证安全性、流动性的情况下进行投资，这就使得社会保障基金的投资活动面临诸多约束。由于社会保障基金的特殊性，其投资原则与一般资金投资的区别较大，由此带来了对社会保障基金投资的许多限制。总的来说，社会保障基金的投资决策必须以安全性为核心，在此基础上，最大限度地满足流动性和收益性的要求。

社会保障基金投资不仅面临投资原则的约束，还受征缴模式、公共政策、利率和通货膨胀率等其他因素的制约。在这些因素的共同影响下，社会保障基金必须在众多的投资领域和投资对象中做出选择，实现基金资产保值、增值的目标。

1. 社会保障基金投资基本准则与投资领域选择

1) 风险和收益

风险和收益是选择社会保障基金投资媒介时首先要考虑的因素。所谓风险，是指某项投资投入资金后，能否收到预期收益，是一个未来的不确定性因素，存在一定的风险性。在社会保障基金投资运营过程中，要运用精算学等方法，具体地对某一项投资的风险大小做出测算，得出数量化结果。收益是指资金投放于某个领域所带来的报酬。一般表现为收入和本金增益两个部分。收益大小用收益率表示，收益率为期末时(一般以1年为期计算收益率)投资增值部分占期初投资额的百分比，即

$$收益率 = [(期末本利之和 - 期初投资额)/期初投资额] \times 100\%$$

要确定某项投资的保值增值能力，必须将其收益率与通货膨胀进行比较，只有当前者等于或大于后者时，才能够真正达到资金保值增值的目的。在投资领域，风险和收益具有很强的正相关关系，要获得高收益，就要承担高风险，不愿冒风险就只能得到低收益。

2) 流动性

社会保障基金是一项为劳动者遭遇风险失去收入来源时准备的收入保障金,随时或最终要被用于支付。因此,必须根据基金支付的实际需要去选择合适的基金投资方式,不同投资方式的变现能力不同。活期存款的变现能力最强;股票和债券由于可以在二级市场变现而次之,但债券变现时往往要损失利息;定期存款、抵押贷款一般只能到期才能收回本金和收益,两者的流动性与期限成反比;一般来说,不动产的变现能力是最差的。

2. 社会保障基金征缴模式与投资领域选择

社会保障基金通常有三种筹集方式:现收现付式、完全积累式、部分积累式。

采用现收现付式筹集社会保障基金,一般是根据支付需要来确定保险费率,基金不留积累部分,只留周转金和意外准备金(后两部分由于给付期限的限制和应付意外事件的需要,对资金的流动性要求很高)。因此,以这种方式筹集的社会保障基金,只能选择期限短、流动性高的投资对象,如银行活期存款、即将到期的债券等。

采用完全积累式筹集社会保障基金,不存在当时支付的责任和需要,能够在社会保险机构存留较长时间,一般为30~40年,因此,若采用这种筹集方式则可选择那些期限长、流动性低但收益率高的投资对象。

部分积累式实际上是前两种方式的混合,表现在基本形态上,既有积累部分,又有周转部分和意外准备金部分。若采用这种筹集方式,可选择长短期结合、流动性高低结合的保值增值渠道。

3. 公共政策与投资领域选择

社会保障基金是一项比较特殊的资金,因此,国家对它的投资形式和范围往往给予严格的限制。能选择哪些投资形式,或不能选择哪些投资形式,各国都有政策或法律规定。储蓄存款(定期与活期)和国家债券属于所有国家都允许选择的投资形式,有些国家也允许投资股票、企业债券市场。一般情况下,国家除对投资形式和范围做出规定外,还往往对基金在不同资产上的投资比例做出规定。

4. 利率和通货膨胀率与投资领域选择

利率主要是指银行利率,它表现为资金的使用价格或机会成本。任何一笔资金,如果存入银行,都可以得到无风险的利息收入。当银行利率足够高时,可抵消通货膨胀的影响,还可实现一定的资金增值。此时,利率扣除通货膨胀率后所剩部分为正值,人们往往不愿冒别的投资风险而宁愿将资金存入银行,社会保障基金存入银行能实现一定程度的增值[1]。当通货膨胀率超过银行利率时,社会保障基金若存入银行就要贬值。这时,基金要抵消通货膨胀的影响并尽可能地做到保值增值,就需要考虑选择收益率高于通货膨胀率的其他投资形式。值得注意的是,在大多数发展中国家,通货膨胀率常常高于利率,有时高出许多[2]。

例如,1980—1990年发达国家的年平均通货膨胀率为4.5%,发展中国家、中等收入国

---

[1] 胡克凡. 我国养老基金投资运营的发展之路[N]. 中国劳动保障报, 2017-06-02(003).
[2] 冉萍. 社保基金投资的国际比较及对我国运营的借鉴[J]. 经济问题探索, 2008(01): 169-174.

家(地区)和中上等国家分别为21.1%和85.6%，低收入国家分别为17.3%和15.1%。根据IMF (International Monetary Fund，国际货币基金组织)于2018年公布的数据，世界通货膨胀率为3.8%，在发达国家范围内则为1.9%。世界前十大经济体中，印度的通货膨胀率最高，达4.9%；巴西其次，为4.2%；中国位列第三，该数值为2.4%。前十大经济体有些国家的通货膨胀率集中在1.3%~2.2%的范围内。尽管21世纪通货膨胀率整体有所下降，但仍不容忽视。高通货膨胀率是发展中国家必须高度重视的因素，应当积极地选择有效的社会保障基金投资形式，以抵消通货膨胀的影响，实现社会保障基金投资保值增值的目标。

4.2 社会保障基金投资领域的划分

根据投资领域的风险程度、投资对象的形态、行业的生命周期以及产业的成长性，可对社会保障基金投资领域进行划分。在不同的领域，投资对象的风险、收益等情况有较大的区别。由于自身的特殊性，社会保障基金必须根据投资原则选择适合的投资对象。

1. 投资领域的风险程度

从风险角度来看，社会保障基金的投资领域可分为低(无)风险领域、中等风险领域和高风险领域。低(无)风险领域主要包括现金、银行存款和国债等资产；中等风险领域主要包括优质企业的债权、蓝筹股等；高风险领域主要包括一般公司债券、一般股票等。传统上，社会保障基金大多投资于低风险领域，这种投资方法与基金的性质相符，保证了基金投资的安全性，有效地维持了社会保障制度的正常运转。但是低风险领域的投资回报相对较低，影响了基金的保值增值。随着人口老龄化趋势的加快以及其他原因造成的社会保障基金支付的增加，有些国家的社会保障基金甚至出现了支付危机。为了解决这一问题，许多国家把社会保障基金委托给民营投资机构管理，后者再根据市场情况统筹安排，并扩大基金的投资领域，提高其增值能力。

2. 投资对象的形态

按投资对象的形态，可将社会保障基金的投资领域分为现金、银行存款、证券和实物领域。现金是流动性最高、风险最小的资产，但由于通货膨胀的原因，现金不仅不能增值，其实际价值还会减少。一般来说，银行存款的安全性较好，适于社会保障基金投资，但它的收益不高。证券的内涵较广，既包括风险低的国债和蓝筹股，还包括风险和收益都较高的一般公司债券和股票。社会保障基金必须通过对未来现金流出量的预测，在不同风险和收益的证券中进行选择。不动产投资的收益和风险与经济周期密切相关，在经济繁荣阶段，不动产投资的盈利性和流动性都较好，但经济衰退时，不动产投资的流动性极差，盈利状况也会急剧恶化。目前讨论较多的资产证券化方式实际上属于证券领域，在现阶段，我国金融市场尚不发达，资产证券的流动性较差，所以社会保障基金在该领域进行大规模投资还不现实。

3. 行业的生命周期

行业的生命周期可分为创新、成长、成熟和衰退四个阶段。社会保障基金不适合进行直接的产业投资，因此，它主要通过证券对这些行业进行投资。处在创新阶段的行业(如目前的高科技产业)稳定性差，投资的风险大，而衰退行业的利润不断下滑，投资前景较差，这两个领域都不适于社会保障基金进行投资[①]。成长阶段的行业利润、市场份额增长快,成熟阶段的行业利润和市场份额都比较稳定,投资的风险不大,比较适合社会保障基金进行投资。

4. 产业的成长性

产业可以划分为工业、农业、商业、地产和公用事业等几大领域。这几大领域还可以细分为不同的小类,包含风险和收益各异的投资对象。工业、农业、商业等领域内涵较大,应根据风险、收益、行业生命周期以及具体投资形态做出进一步的选择。地产行业发展的周期性很强,行业风险较大,不是社会保障基金投资的理想领域。公用事业的投资回报稳定,同时,对它的投资也满足社会保障基金投资的社会性原则,因此,公用事业是适于社会保障基金投资的领域。

投资领域的选择是社会保障基金进行投资的基础。在投资原则的约束下,对投资领域的合理选择有助于降低投资的行业风险,增加投资回报。而投资领域选择的不当则会增大投资发生损失的可能性,不利于社会保障基金的增值,加剧了社会保障体系的脆弱性。

4.3 社会保障基金的投资对象

4.3.1 社会保障基金可选择的投资对象

从世界范围的情况来看,社会保障基金的主要投资渠道有银行储蓄存款生息、有价证券投资、不动产投资、生产与流通领域投资、委托金融机构投资、向被保险人提供信贷和国际资本市场投资。社会保障基金的投资工具总体上包括以下几种。

1. 银行存款

从广义上讲,银行存款也是一种投资方式并且具有较高的安全性,但收益率较低,并且存款期限较短。除期限较长的存款外,银行存款几乎具有完全的资产流动性。社会保障基金中的应急准备金和暂时不用的资金,可以选择活期存款或短期定期存款存入银行。如果银行长期定期存款利率足以抵消通货膨胀的贬值影响,社会保障基金的积累金大部分也可进行这种方式的投资。为了体现国家对社会保障事业的支持和资助,许多国家,如新加坡,规定对存入银行的社会保障基金给予优惠利率,特别是在通货膨胀水平比较高的时候,对存入银行的社会保障基金给予保值增值补贴。在社会保障基金刚刚进入资本市场时银行存款一般占较大比重,随着投资工具选择的多样化,比重会大大降低,一般用来作为短期投资工具,以满足流动性需要。

2. 国债

国债由国家政府发行,国家财政作担保,因此被认为是一种风险较小的投资工具。在我国,国债的收益始终高于同期银行存款利率,社会保障基金投资于国债的收益显然要比银行存款高。另外,从国家财政的角度来考虑,无论未来是否实行积极的财政政策,我国的财政赤字问题短期内难以解决。因此,如果社会保障基金能够每年购入一部分国债,可以在控制风险的

---

① 李丽晖,景娟,贾巍. 全国社会保障基金投资问题研究[J]. 保险研究,2007(03):74-76.

条件下,增加社会保障基金的收益。

　　国际上,社会保障基金大量投资国债是非常普遍的。尽管国债的收益率比不上股票的收益率,但国债具有安全性和流动性强的特点,因而吸引了众多的社会保障基金。在美国,特别是1974年股市出现动荡之后,社会保障基金更是看好政府债券。尽管美国的相关法律法规并没有要求社会保障基金必须持有一定比例的政府债券,但是社会保障基金资产中,政府债券的比例还是从1970年的7%增加到1990年的20%。在1980年开始进行养老金制度改革以后,智利的社会保障基金也十分重视对国债的投资。智利政府规定,各家私人社会保障基金管理公司只能投资于政府债券、银行存款或以抵押为基础的债券。从智利社会保障基金资产结构看,政府债券始终占40%。例如,1986年,智利社会保障基金的资产结构中,政府债券占46.6%,金融机构定期存款占23.3%,对金融机构的贷款占25.5%,企业债券占3.8%;而在1994年,智利社会保障基金的资产结构调整为政府债券占39.7%,金融机构定期存款占6.3%,对金融机构的贷款占13.7%,公司股票占32.2%。由此可见,尽管智利社会保障基金后来加大对股票的投资,但并没有大幅度减少政府债券的持有,它对政府债券的投资一直保持在40%左右。2012年,养老保险基金投资于政府债券的比例超过60%的OECD国家有西班牙、丹麦、斯洛文尼亚、瑞典、墨西哥等。

　　所以,我国在允许社会保障基金进入证券市场后,社会保障基金的资产结构中也必须保持相当一部分比例的国债资产,以此来保证社会保障基金投资的流动性和安全性,作为社会保障基金的价值保证。

3. 金融债券和企业债券

　　证券市场除国债外,还有金融债券和企业债券。债券投资的特点是,债券利率事先确定,收益可以很精确地预期,但易受市场利率的影响,因此,投资的安全性比国债差[1]。银行发行金融债券的目的是为效益好的贷款项目融资,因而它的利率较高。企业债券的种类、期限不同,其利率也不一样,但企业债券的利率一般都高于同期银行储蓄存款利率。与国债相比,这些债券的安全性稍差。这些债券的流动性状况与证券市场的发达程度有关,证券市场交易越活跃、市场规模越大、管理越规范,它们的流动性就越好。

　　目前,我国证券市场还不完善,债券交易还受到发行债券的企业和银行经营状况以及国债利率过高的影响,市场对企业债券和银行债券的需求和供给都不大,债券的流动性不是很强。因此,在我国社会保障基金的投资结构中,这两种债券的比例都不宜过高。

4. 股票

　　一般认为,股票是能够降低通货膨胀对资产贬值影响的主要投资方式之一。这是因为,一方面股票代表的是对股票发行单位(股份制公司)资产的所有权,随着公司的经营壮大,股票所代表的资产的实际价值也在增长,这是它之所以能够使资产保值增值的主要原因;另一方面投资股票的定期收入(红利)不像债券利息那样预先确定,而是随公司经营状况不断变化,以货币表示的公司名义收入能随通货膨胀率的变化而变化,从而保持其实际收入不变,这样红利在一

---

[1] 易沛,张伟. 风格偏好、业绩回报与社保基金投资组合优化[J]. 经济与管理评论,2019,35(01):110-121.

定程度上也能抵消通货膨胀的影响[①]。目前，我国限制社会保障基金投资于股市的原因是股票投资风险太大，违反社会保障基金投资安全性原则。其实，安全性原则固然是社会保障基金投资应当遵循的一项基本原则，但基金投资也要遵循盈利性原则。事实上，所谓投资就是以获取收益、使资产保值增值为目的的活动。如果一味追求安全，不追求适当的投资收益，那么投资的目的就不能实现。当然与政府债券相比，股票投资风险相对要大，它的风险除来自股市的系统性风险(正常情况下它由整个社会经济形势决定)以外，更多的来自股票发行单位；而来自股票发行单位的风险通过对发行单位的研究、分析和选择以及巧妙的投资策略，在一定程度上可以降低，甚至避免。因此，从收益的角度看，社会保障基金应当把股票作为一种重要的投资方式。

从西方各国社会保障基金的运营经验来看，各国养老基金持有的股票数量及其在所有资产中所占比例有巨大差异。1990年，英国养老基金的股票投资占其资产的63%，而瑞典仅占1%。一般来说，许多国家对社会保障基金的投资方向有比较明确的规定和限制。在初期，多数限于银行存款和国库券等流动性强、风险相对较小的投资。随后又有所放宽，可以投资于国库券以外的其他债券和不动产以及公司股票，特别是后来美国及全球股市长达几年的大牛市，也吸引了许多社会保障基金进入股票市场，并且社会保障基金在股票市场上的投资部分有某种程度的增加。比如，英国从1970年的49%上升到1990年的63%，同期德国从4%上升到18%，日本从6%上升到27%，荷兰从11%上升到20%。20世纪80年代初，智利退休基金投资对象范围被严格控制在国库券、银行存款、高等级公司债券以及抵押债券，从1985年开始，规定进一步放松，退休基金可以投资于不动产和外国有价证券，股权的投资比重上升至基金的11%。目前，全球社保基金的资产配置更偏向于股票。例如，加拿大从2001年的15.6%提高到2007年的57.9%，挪威从14.7%提高到59.6%。

在国外社会保障基金的投资结构中，英、美等国家社会保障基金持有的股票占上市股票市值的比重较高，大大超过欧洲大陆国家及日本。出现这种现象的原因是比较复杂的，一般与各国社会保障基金的规模、投资重点、社会保障基金投资管理人的素质以及各国股票市场的发达程度不同有关。

我国的股票市场已经发展到一定规模，并且随着时间的推移，证券市场不断趋于成熟，同时，经济的高速增长有力地支持我国证券市场的发展，因此，允许社会保障基金在控制风险的前提下，有条件、有步骤、有限度地进入证券市场，这样可以使社会保障基金更好地分享我国国民经济和证券市场的发展所带来的好处，实现保值增值。但从我国上市公司质量、法律秩序等内在因素来看，证券市场仍属于新兴市场，系统和非系统风险仍然非常高。因此，目前以及今后的一段时间内，社会保障基金不宜大规模投资于股票市场。

5. 投资基金

投资基金是一种大众化的信托投资工具，它由基金公司或其他发起人向投资者发行收益凭证，将公众手中的零散资金集中起来，委托具有专业知识和投资经验的专家进行管理和运作，

[①] 杨文生，姜晓华. 国外社会保障基金运用的经验及启示[J]. 统计与决策，2007(13)：111-113.

并由信誉良好的金融机构充当所募集资金的信托人或保管人[①]。基金经理人将通过多样化的投资组合，努力降低风险，谋求资金长期、稳定地增值。

自1999年10月以来，我国允许商业保险资金通过购买封闭式证券投资基金，间接进入证券市场。实践证明，商业保险公司通过购买封闭式证券投资基金，取得了较好的收益。社会保障基金进入资本市场，也可以考虑将一部分资金投资于证券投资基金，在风险较小的条件下，谋求与股票市场大致相近的收益。当然，目前我国的封闭式证券投资基金的规模还不大，还不能同时满足商业保险公司和社会保障基金的需求。但在现有条件下，在社会保障基金进入资本市场的初期，将一小部分资金投资于封闭式证券投资基金，不失为一种较好的选择。

目前，投资基金在我国正处于发展期，基金方式及规模在不断扩大，可以成为社会保障基金投资的重要手段之一。同时，社会保障基金在适当时机，根据自身状况也可建立适宜自身特点的投资基金，为基金自身增值寻找新的投资工具和手段。

6. 抵押贷款

抵押贷款是指银行在发放贷款时，要求借款人以自己的资产作为抵押。一方面，抵押贷款风险比较小，因为借方有财产作为借款抵押；另一方面，收益相对较高，因而可作为社会保障基金投资的一种方式。

当前资金短缺是中国金融市场普遍存在的现象，社会保障基金进入金融市场无疑能在一定程度上缓解这一状况。从社会保障基金投资的社会效益角度出发，应当把关系国计民生的行业、企业作为贷款对象。再从企业的角度出发，一方面，多年来金融市场资金短缺，企业难以从银行获得信贷资金；另一方面，随着国家金融体制改革的深化和国有企业经营机制的转换，国有企业投资渠道将多样化。这两方面都为社会保障基金进入金融市场寻找贷款对象提供了有利条件。

从社会保险应当为被保险人及其家属提供服务的角度看，我国社会保障基金可以考虑以抵押贷款的方式借给被保险人用于购买住房(以所购房产作为抵押)等。这样做，一方面满足了社会保障基金投资的需要；另一方面提高被保险人的支付能力，从而可以提前消费。这对于缓解我国职工住房紧张局势、促进住房制度改革以及拉动内需都将发挥重要作用。

7. 不动产投资

不动产是指土地、住宅、厂房、办公楼等财产。投资不动产的收益主要来自两个方面：一是通过出租获取租金，二是获取买卖不动产时的增额价差。投资于不动产一般需要巨额资金，同时，它的流动性比较差，但出现通货膨胀时，不动产的价格也将上涨，因此，不动产投资也可以使资产价值免受通货膨胀的影响。联系我国职工住房的紧张和住房制度改革的紧迫性、长期性，中国社会保障基金对不动产的投资应以住宅建设投资为主。社会保障基金管理机构可以利用基金投资建造职工住宅，在取得适当收益的前提下将住宅出售或出租给被保险人。

除了上述传统投资工具外，20世纪70年代以来的金融工具创新为社会保障基金的投资提供

---

① 沈红波，展一帆，孔令熙. 证券投资基金经理变更、投资行为与基金绩效[J]. 上海金融，2020(12)：58-67.

了更广泛的选择,并且有些创新的金融工具本身就是根据养老基金的特点及其投资要求而"量身定做"的。近年来,社会保障基金开始投资于部分可选择性投资工具,包括风险投资、私募债券、对冲基金、远期合约、期货、期权、互换交易等。

4.3.2 典型国家社会保障基金投资工具选择

世界上大部分国家对社会保障基金的投资对象都有严格的规定,具体如下所述。

1. 美国社会保障基金投资对象规定

美国的《社会保障法案》等规定,社会保障基金只能投资于财政部为社会保障基金定向发行的特殊国债[1]。根据期限不同,社会保障基金购买的特殊国债分为两类:一是债务凭证。社会保障基金根据每天估测税收和利息收入自动购买同等数量的短期国债,这些短期国债的到期日均为下一年的6月30日。二是中长期国债。在每年6月30日,所有的短期国债集中到期,部分以往发行的长期国债也刚好到期,社会保障基金将这些到期国债兑取的现金全部用于购买中长期国债,并使所持有的全部国债的剩余期限平均分布在1~15年。

2. 日本社会保障基金投资对象规定

日本公共年金的投资结构和比例由国会决定。投资策略以规避风险为主,大部分资金投入回报率较低的日本国内债券。近年来,为了提高投资收益率,逐步提高了国内外股票、国外债券的投资比例,投资组合更加多元化,但由于基金规模巨大,投资国外市场的比例不高。

在投资策略上,由于日本公共年金资产规模较大,投资活动受到金融市场广泛关注,无法在资本市场短期频繁交易,基金以长期投资为理念,偏好被动消极型投资,主要采取模仿市场指数的投资行为,不经常大幅调整其资产配置比例。2013年年底,日本消极被动型投资的占比高达77%。

3. 加拿大社会保障基金投资对象规定

按照理事会确定的4%的长期实际回报率目标,理事会自己决定股权资产比重为60%~70%。起初,国内的股权投资主要集中于多伦多证券交易所的指数基金,国外的股权投资主要集中于标准普尔500指数和MSCIEAFE指数基金[2]。目前,基金投资的资产类别已扩展到公开交易证券、私人股权、不动产、基础设施等。为了对冲与投资相关的风险,养老基金还投资了一些衍生金融工具。

截至2014年3月底,加拿大养老基金规模已达到2191亿加元,其中69%投资于海外市场。在其投资组合中,约34.5%投资于成熟市场股权,5.7%投资于新兴市场股权,本土股权投资只占8.5%,还有28.4%投资于固定收益的投资工具,另有22.9%投资于抗通货膨胀的投资产品,如房地产和基础设施。

---

[1] 王洪春,白占立,张占平. 国外社会保障基金投资模式比较研究[J]. 河北师范大学学报(哲学社会科学版),2005(05):24-27.

[2] 乔尚奎,李放,王锦栋,李建伟,朱艳华,党小卉,林秋朔,薛晓明,冷云生,方松海,郭江妮. 加拿大养老保障制度运行实践与经验借鉴[J]. 重庆社会科学,2014(06):5-15.

4. 瑞典社会保障基金投资对象规定

瑞典对国家养老基金公司的投资范围进行了明确限制：只能投资于资本市场上有报价的、可交易的投资标的；禁止投资直接贷款；投资非上市证券的比例不得超过组合资产净值的5%；投资固定收益资产的比例不得低于组合资产净值的30%；暴露于外汇风险中的投资比例不得超过组合资产净值的40%；单只证券的投资比例不得超过组合资产净值的10%；所有组合持有的单只证券比例不得超过该证券国内流通市值的2%。

瑞典国家养老基金公司实行直接投资和委托投资相结合的方式，即在内部团队对资产直接进行投资操作的同时，将部分资产委托外部专业投资机构来运作[①]。基金公司经常会面向海外招标国际投资管理人，许多著名的国际资产管理公司、对冲基金、私募基金都在其外部投资管理人之列。

5. 智利社会保障基金投资对象规定

基金公司按照股票和债券的不同比例分别提供A、B、C、D、E共5种投资组合，区别主要在于股票投资所占的份额不同。其中，组合A的股票投资比例最高，风险也最高；组合E的股票投资比例最低，风险也最低[②]。参保成员可以根据自己的风险偏好和收益需求进行选择，对于没有自主选择的参保人，养老金管理部门将根据其年龄并综合考虑基金风险系数，为其指定基金类型。2012年年底，智利养老金资产总额为1650亿美元，五种投资组合占养老基金的比重分别是16.83%、17.48%、38.90%、15.01%、11.78%。在具体投向上，61.5%投资于国内资本市场，其中14.9%投资于股票，46.4%投资于固定收益证券；38.5%投资于国外资本市场，其中26.7%投资于股票，11.6%投资于固定收益证券。

6. 中国社会保障基金投资对象规定

我国国务院与人力资源和社会保障部对全国社保基金、基本养老保险基金和企业年金的投资对象都做出了严格规定，详见《全国社会保障基金投资管理暂行办法》《基本养老保险基金投资管理办法》《企业年金基金管理办法》。

本章小结

社会保障基金投资时不仅面临投资原则的约束，还受征缴模式、公共政策、利率和通货膨胀率等其他因素的制约。在这些因素的共同影响下，社会保障基金必须在众多的投资领域和投资对象中做出选择，实现基金资产保值增值的目标。

按照不同的划分标准，社会保障基金投资领域也不相同，主要可以根据投资对象的风险程度、投资对象形态、行业发展程度以及产业进行划分。在不同的领域里，投资对象的风险、收益等情况有较大的区别。由于自身的特殊性，社会保障基金必须根据投资原则选择适合的投资对象。

从世界范围的情况来看，社会保障基金的主要投资渠道有银行储蓄存款生息、有价证券投资、不动产投资、生产与流通领域投资、委托金融机构投资、向被保险人提供信贷和国际资本

---

① 杨文生，姜晓华. 国外社会保障基金运用的经验及启示[J]. 统计与决策，2007(13)：111-113.
② 田远. 社会保障(险)基金投资运营与管理国际经验与启示[J]. 经济研究参考，2013(47)：36-40.

市场投资。世界上大部分国家对社会保障基金的投资对象都有严格的规定。

拓展阅读

1. 王洪春，卢海元. 美国社会保障基金投资管理与借鉴[M]. 北京：中国社会科学出版社，2006.
2. 楚英，张青. 社保基金投资组合的国际比较与选择[J]. 决策参考，2002(5).
3. 林义. 社会保险基金管理 [M]. 北京：中国劳动社会保障出版社，2015.
4. 《全国社会保障基金投资管理暂行办法》
5. 《基本养老保险基金投资管理办法》
6. 《企业年金基金管理办法》

思考题

1. 社会保障基金投资领域选择的影响因素有哪些？
2. 如何认识社会保障基金不同投资领域的风险程度？
3. 如何选择社会保障基金投资领域？
4. 为什么我国对社会保障基金投资股市有具体的比例限制？
5. 社会保障基金为什么不能进行不动产投资？

典型案例

案例1　田成平：管理社保基金首先是安全其次才是增值①

劳动和社会保障部部长田成平表示，管理社保基金首先是安全，其次才是增值。

田成平是在中国科学院研究生院在北京举行的"中国科学与人文论坛"第50场主题报告会上，面对提问时做上述表示的。田成平说："这是老百姓的钱，你首先是要保证基金的安全，但是老百姓的钱存在这里，像个人账户基金是20年后、30年后、退休之后才用的，它随着社会的发展不断增值，才能应付未来的需要。"2005年，中国各项社会保障基金的规模已达到18 435亿元。田成平说，随着社会保障制度的发展，社会保障基金积累的资金越来越多，对于基金管理，第一是确保安全，第二是实现增值。

田成平表示，投资运营，一定要在制度上做出非常严格的规定。但是现在我们国家市场经济体制不是很完善，谋求比较高额的增值，就要冒很大的风险。社会保障基金要增值，应该多给它开辟一些投资渠道，但这个问题要逐步摸索，要持非常谨慎、慎重的态度。

请思考：基于安全性和收益性，社会保障基金在选择投资领域、投资工具时应如何权衡才能实现最优投资？

---

① 张泽远，李斌，田成平. 管理社保基金首先是安全其次才是增值[EB/OL]. (2006-11-16)[2021-08-24]. http://www.gov.cn:8080/govweb/jrzg/2006-11/16/content_444960.htm.

案例2　社保基金这样投资股权，18年赚了1万亿[①]

2018年下半年，全国社会保障基金理事会(以下简称社保基金会)公布了2017年度的社保基金年度报告。数据显示，2017年，全国社保基金的权益投资收益额为1846.14亿元、投资收益率达9.68%，自成立以来的年均投资收益率达到8.44%。截至2017年年末，社保基金资产总额达2.22万亿元，其中境内投资资产达92%、境外投资资产为7.53%。此前，社保基金会原副理事长王忠民也公开表示，社保基金在18年中投资滚存收益达到1万亿元。

当然，在全国社保基金的资产构成和投资收益组成中，交易类金融资产和来自二级市场的投资收益占据着非常重要的位置。但从近年来社保基金会公布的数据看，长期股权投资所占的比重越来越高。

请思考：社保基金到底偏好哪些行业？投资了哪些基金？对于股权投资机构的要求是什么？投资收益究竟如何？

[①] 李蕾. 每日经济新闻. 社保基金这样投资股权，18年赚了1万亿[EB/OL]. (2019-04-16)[2021-08-24]. http://www.nbd.com.cn/articles/2019-04-16/1321990.html.

第5章 社会保障基金投资策略及投资组合管理

【本章提要】本章主要介绍了社会保障基金的投资策略，社会保障基金的投资组合选择。读者通过学习本章，可以掌握如何对社会保障基金进行最优的投资组合选择。

5.1 社会保障基金的投资策略

从中国社会保障基金建立和运营的实践来看，社会保障基金真正建立起来并按基金模式运营和管理的主要局限在社会保险基金项目上，具体包括基本养老保险基金、医疗保险基金等。因此，社会保障基金的投资策略也主要针对以上基金项目。

5.1.1 影响社会保障基金投资策略的因素

社会保障基金投资策略是随着金融市场投资工具的增加和投资技术的不断发展而发展的。实践中，社会保障基金投资策略要受基金的收益方式、流动性、投资期限、监管规则、税收等政策工具的影响。

1. 社会保障基金的收益方式

社会保障基金有确定给付制和确定缴费制两种受益方式。通常社会统筹部分属于前者，而个人账户部分则属于后者。在确定缴费制的社会保障基金中，基金账户完全由缴费资金构成，缴费人承担所有的投资风险，基金投资的最优资产组合取决于缴费人能承担的风险程度。在确定给付制的社会保障基金中，受益水平是在考虑了受益人的工作年限、工资或薪金水平、工资增长等因素后根据公式计算出来的，但基金的缴费额及投资形式与方法并不确定。

此外，社会保障计划与社会保障基金是两个不同的概念。计划是明确各参与方的权利与义务的协议，基金则是用来提供承诺的收益额的独立资产。在确定受益计划时，根据基金的资产现值与应计债务(承诺的受益水平)之间的关系，通常有积累不足(under-funded，社会保障基金资产现值<应计债务现值)、过度积累(over-funded，社会保障基金资产现值>应计债务现值)、完全积累(fully-funded，社会保障基金资产现值=应计债务现值)几种情况。确定受益计划发起人(社会保障基金的计划发起人，即政府)承担相应的投资风险，基金的积累状况会影响其投资决策。

2. 社会保障基金的流动性

对社会保障基金而言，通常年轻人的流动性要求较低，老年人的流动性要求较高。整个社会保障基金流动性要求的高低取决于社会保障基金计划参与人的年龄构成，并由此决定了在投资组合中短期国债、短期银行存款等流动性较强的资产所占的比重。社会保障基金的需要之时是存在一定偶然性的，是不可预知的，这就要求社会保障基金的投资应该选择具有良好流动性的金融工具，确保能够迅速实现变现和周转，以便满足财务的紧急需要。因此，应该结合人口年龄结构以及应急需要严格规范社会保障基金的投资范围、投资比例和投资路径。

3. 社会保障基金的投资期限

投资期限是指全部或部分投资的计划终止日期。投资期限影响投资者的资产选择。社会保险基金中养老金的投资期限是计划参与人的退休日期，住房公积金的投资期限是参与人因购房需要而提取公积金的日期。由于养老保险金是社会保障基金的主体，社会保障基金的投资期限较长，可以选择长期的投资工具。

4. 社会保障基金投资运营监管规则

在严格的投资比例限制下，社会保障基金投资组合决策要遵守监管规则的要求。在谨慎人原则下，管理他人的资金的专业投资者要把投资资产限定在谨慎投资者会投资的资产范围内。

在各项社会保障基金中，养老保险基金以其时间长、规模大、影响范围广而最受人们的关注，也是社会保障基金投资中最重要的一部分。1991年6月，国务院颁布的《关于企业职工养老保险制度改革的决定》中就已明确规定，我国的企业和职工个人缴纳的基本养老保险费转入社会保险管理机构在银行开设的"养老保险基金专户"，实行专项储存，专款专用，任何单位和个人均不得擅自动用。银行应按规定提取"应付未付利息"；对存入银行的基金，按其存期比照中国人民银行规定的同期城乡居民储蓄存款利率计息，所得利息并入基金。积累基金的一部分可以购买国家债券。1995年3月，《国务院关于深化企业职工养老保险制度改革的通知》补充规定，当前，养老保险基金的结余额，除留足两个月的支付费用外，80%左右应用于购买由国家发行的社会保险基金特种定向债券，任何单位和个人不得自行决定基金的其他用途。2018年8月，按照党的十九大报告关于"全面建成覆盖全民、城乡统筹、权责清晰、保障适度、可持续的多层次社会保障体系"的要求，人力资源和社会保障部会同财政部印发《关于加快推进城乡居民基本养老保险委托投资工作的通知》，明确2020年年底前各省(区、市)分批次全面启动实施城乡居民基本养老保险基金委托投资。截至2018年年底，累计17个省(区、市)委托投资基本养老保险基金8580亿元，已到账资金6050亿元。其中，9个省(区、市)启动城乡居民基本养老保险基金委托投资，合同金额773亿元。自基本养老保险基金启动投资运营以来，投资收益水平相比以往存银行、买国债的方式有明显提升，2017年投资收益率5.23%，两年累计投资收益率约8%，为实现养老保障体系的可持续发展提供了有力支持。

全国社会保障基金的投资范围限于银行存款、买卖国债和其他具有良好流动性的金融工具，包括上市流通的证券投资基金、股票、信用等级在投资级以上的企业债、金融债等有价证券。其中，银行存款和国债投资的比例不得低于50%，且银行存款的比例不得低于10%，在一家银行的存款不得高于全国社会保障基金银行存款总额的50%；企业债、金融债的投资比例不得高于10%；证券投资基金、股票投资比例不得高于40%。在社会保障基金建立的初始阶段，减持国有股所获奖金以外的中央预算拨款仅限投资于银行存款和国债，只有在财政部会同人力资源和社会保障部报国务院批准后，才可以改按上述规定的比例进行投资。对上述比例规定，财政部与人力资源和社会保障部可以根据金融市场的变化和全国社会保障机制基金投资运作的情况报请国务院进行调整。2019年10月30日，财政部网站发布了《财政部关于政协十三届全国委员会第二次会议第0613号提案答复的函》，其中涉及提高全国社保基金投资灵活性的问题。财政部表示，下一步将积极配合有关部门对调整投资比例、丰富投资产品等问题加强研究，在保障基金运营安全性的基础上，提高基金收益，实现基金资产增值。

5. 税收等政策工具

税率的高低直接影响社会保障基金投资运营的税后收益。在考虑税收因素时，主要涉及两方面的问题：合理避税与延缓纳税。

我国对社会保障基金的投资运营给予了税收上的支持。继2002年5月，《财政部 国家税务总局关于全国社会保障基金有关税收政策问题的通知》明确规定一些优惠政策后，2018年《财政部 税务总局关于保险保障基金有关税收政策问题的通知》(财税〔2018〕41号)、《财政部 税务总局关于全国社会保障基金有关投资业务税收政策的通知》(财税〔2018〕94号)、《财政部 税务总局关于基本养老保险基金有关投资业务税收政策的通知》(财税〔2018〕95号)、《国家税务总局关于责任保险费企业所得税税前扣除有关问题的公告》(国家税务总局公告2018年第52号)都规定了社会保障基金支持政策，具体包括：①对中国社会保障基金有限责任公司根据《保险保障基金管理办法》取得的部分收入，免征企业所得税；②对社会保障基金取得的直接股权投资收益、股权投资基金收益，作为企业所得税不征税收入；③对社会保障基金会及养老基金投资管理机构在国务院批准的投资范围内，运用养老基金投资取得的归属于养老基金的投资收入，作为企业所得税不征税收入；④企业参加雇主责任险、公众责任险等责任保险，按照规定缴纳的保险费，准予在企业所得税税前扣除。

5.1.2 社会保障基金投资运营组合管理的策略

社会保障基金投资运营的目的是获得投资收益，实现基金的保值增值。根据社会保障基金投资应遵循的原则，有以下几种投资策略可供选择[①]。

1. 固定比例投资策略

固定比例投资策略是将社会保障基金按固定比例投资于国家债券、银行存款、短期贷款、公司债券、房地产、股票等投资领域的一种方法。这种方法会形成多种资产。当某种资产的净资产变动时，就调整投资比例，使投资能维持原定的比例。假设投资者将30%的资金购买股票，将30%的资金购买债券，将40%的资金投资于其他领域。当股票的价值增加时，就卖掉部分股票，或者再相应增加其他投资的比例，以保持原有的投资组合比例；如果股票价值下跌，就购进适当的股票，恢复原来的投资比例。采用这种投资策略，资产比重一发生变化就进行调整，一般来说，股票基金涨20%就卖掉一部分，跌25%就增加投资；或者投资者每隔一段时间(一个季度或半年)，根据社保基金净资产变动情况调整一次投资组合比例。

这种投资策略的好处是能使投资经常保持低成本的状态。因为当某种资产价格上涨较多时，就补进该类成本下降的资产。这种投资策略还能使投资者获取一定的投资收益，见好就

---

① 丛春霞. 社会保障基金运行的行为效应研究[M]. 北京：中国社会科学出版社，2013：151.

收,不至于因为对价格变动的预期失误损失已获取的收益。另外,运用固定比例投资策略,保持社会保障基金投资按照一定比例分配金额,能有效地防范投资风险,不至于因某项投资选择不当而使整个投资组合发生亏损。

2. 变动比率投资策略

变动比率投资策略是指投资者根据当时的金融市场上的资产价格,将社会保障基金按照一个恰当的比率分别投资于债券、房地产、股票和其他领域,并根据基金价格的变化来调整投资组合中各种资产的比率。

例如,投资者将社会保障基金投资于银行贷款、政府债券、不动产、公司股票时,将30%的基金投资于银行贷款,50%购买政府债券,10%投资于不动产,10%购买公司股票。同时确定一个价格中数,假设确定投资组合中股票的价格中数(取10年平均数)为120,每当股票价格上涨,导致这个价格中数上升10%时,便卖出10%的股票,这样依次卖出,使购买股票的资金在投资总额中的比率发生变动,股票资产在投资组合中的比率呈不断减少的状况;反之,则呈现不断增长的状况。投资者也可以随时根据这个价格中数水平的变动,调整贷款、政府债券、不动产、公司股票在投资基金中的比率。

3. 保值策略

保值策略是指社会保障基金选择收益率有保障的资产进行投资,它具体有两种形式。

一种形式是将社会保障基金投资于保值国债、保值存款等资产。这种保值一般是指国家、政府通过法规形式,规定特定的资产收益率要高出通货膨胀率若干个百分点。它的原则是使每种投资具有正的实际收益率。通常在经济萧条即投资收益少的时候,这种投资具有吸引力。但在经济高涨、大部分资产收益率较高的情况下,采用这种投资策略,会使社会保障基金的盈利性受到损失,也就是说,不像其他投资项目那样具有更高的收益率,而且这种投资策略能否实施还取决于国家投资政策的规定是否能确保投资具有正的实际收益率。

保值策略的另一种形式就是投资于不动产与股票。不动产是一种比较好的保值投资方式。因为如果出现通货膨胀,不动产的价值一般是按比例增长的。另外,购买具有实力的公司的股票,随着公司的发展壮大,股本价值也能逐渐提高,它能够减轻通货膨胀的压力,因而也是一种较好的投资方式。

4. 分散、常数投资策略

分散、常数投资策略是指将一定量的社会保障基金按照一定比例分别投资于两种或两种以上的基金,如投资于政府债券、企业有价证券、公司股票等,然后确定一个价格上下浮动的幅度作为常数。如果某种资产价格下跌幅度超过了所确定的常数,就迅速抛出,将收回的资金再投资于其他价格可能上升或正在上升的资产,这是典型的短期投资操作方法,适合于资金实力不强的投资者运用。

5. 平均成本投资策略

这种策略是社会保障基金进行长期投资时常用的一种投资策略,该策略的投资领域一般是股票和有价证券。所谓平均成本是指每次认购金融资产的平均价格。这种投资策略的做法是每隔一段固定的时间(1个月、1个季度或半年),以固定数额的资金去购买某种资产。

由于资产价格经常变动，每次以相同金额所能购买的资产是不一样的。当价格较低时，可以买到较多的资产；而当价格较高时，就只能买到较少的资产。运用平均成本投资策略，实际上将每次所投资的资产价格的波动对购买资产数量的影响相互抵消，长期下来，就降低了购买每个基金单位的平均成本。运用这种策略的条件，一是投资者必须做长期投资的准备，持之以恒，连续不断投资，如果投资时间短，这种策略的好处就发挥不出来；二是投资者必须有相当数额的稳定的资金来源，用来进行经常且固定的投资。

6. 指数化投资策略

指数化投资是西方国家近些年来比较流行的一种投资理念，其核心是跟踪某一指数设计投资组合，形成指数基金。指数基金是指按指数化投资理念而设立运作的基金，其投资目标并非追求高收益而是证券市场的平均收益，这对那些以抵消通货膨胀为目标的养老基金来说是非常合适的。运用指数化投资策略对社会保障基金进行投资运营的主要过程就是使指数基金净值的涨跌幅度与指数的涨跌幅度完全一致。按照指数化投资理念设计投资组合的方式有许多种，最简单的做法是复制指数，即根据指数的权重构成按比例分配资金买进股票。比如，如果要跟踪标准普尔500指数，可将资金按市值权重比例分配到500个成分股票上；要跟踪道·琼斯指数，只需将资金按价格权重比例分配到65个成分股票上。

对于上述几种社会保障基金投资策略，应根据实际情况来选择。有时采用一种策略不行，可将几种策略结合起来运用。

5.2 社会保障基金的投资组合

现代证券投资理论建立在资产组合理论和资本资产定价理论的框架之上，用以阐释和估量投资风险，推导风险和预期收益率的关系，进而推导风险和投资收益率之间的关系。资产组合理论要解决的问题是在组合证券的风险保持在可以接受的水平时如何选择使预期收益率最大化的资产组合。

现代证券组合理论是由哈里·马科维茨(Harry M. Markowitz)创立的，他于1952年发表的《证券组合的选择》一文和1959年出版的同名专著成为现代证券理论的起源。他采用均值-方差法(the mean-variance analysis)分析了不确定条件下投资者的决策行为，解释了投资者应该如何构建有效的证券组合并从中选出最优的证券组合。

5.2.1 社会保障基金投资组合理论及基本假定

马科维茨为了说明理论的本质，提出了许多假设作为证券投资理论的前提条件：第一，假设证券市场是有效的；第二，投资者都是风险厌恶者，在同一风险水平上，投资者偏好收益较高的资产或资产组合，在同一收益水平上，投资者偏好风险较小的资产或资产组合；第三，投资者能利用预期收益的波动来估计风险，风险以收益率的变动性来衡量，用统计上的标准差来衡量；第四，假定多种证券之间的收益是相关的，如果可以知道它们之间的相关系数，就可以选择最低风险的投资组合。

5.2.2 社会保障基金投资组合收益与风险测算

利用马科维茨模型确定最小方差资产组合，首先要计算构成投资组合的单个资产的收益、风险以及资产之间的关系。计算预期收益风险的标准方法就是用数学期望计算预期收益，用方差或标准差计算风险，用协方差计算资产之间的相互关系。根据马科维茨关于证券组合投资理论的前提假设我们可以知道，在购买风险资产以前，投资者应首先对资产的未来收益做出估计，估计值同实际值之间总是有偏差的。根据对各种不同经济状况的预期，我们可以对这种偏差进行估计，并用估计值标准差或方差的形式表示出来，将它作为衡量风险的一个标准。通过大量的研究，马科维茨发现只有用投资收益的方差作为投资风险的度量指标才有可能找到一种科学的、系统的投资组合选择方法。因此，马科维茨投资组合的方法也被称为"均值-方差法"。

1. 投资组合的预期收益

资产未来的收益是一个不确定的因素，在不同的经济状况下，我们会对资产的未来收益做出不同的估计，而不同的经济状况出现的概率也是可以估计的。把所有可能的资产收益率按其出现的概率进行加权平均计算，便对这一资产未来可能的收益率有了一个综合的估计。我们利用数学期望来描述对预期收益率的估计表明，预期收益率并不代表某一资产将来可能获得的收益，而只反映对可能获得的有关信息进行合理分析后对资产未来获利能力的一种估计，它的计算公式为

$$E(r) = \sum_{i=1}^{n} h_i r_i \tag{5-1}$$

式中：r_i 为第 i 种经济状况下的资产收益率；h_i 为第 i 种经济状况可能发生的概率；$E(r)$ 为这一资产的预期收益率。

证券组合的预期收益率取决于组合中每一种证券的预期收益率和投资比例。具体来讲，证券组合的预期收益率是构成该组合的各种证券的预期收益率的加权平均数，权数是各种证券在组合中所占的比重。计算由 N 种证券组成的证券组合收益率的公式为

$$\bar{r}_p = \sum_{j=1}^{N} x_j \bar{r}_j \tag{5-2}$$

式中：$\bar{r}_p$ 表示证券组合投资的收益率；x_j 表示投资于第 j 种证券的比例；$\bar{r}_j$ 表示第 j 种证券的预期收益率；N 表示组合中所包含的证券种类数。

2. 投资组合的风险计算

风险是指对投资者预期收益的背离，或者说是投资收益的一种不确定性。投资者投入一定数量的本金后取得收益是在未来发生的，在持有所投入资产的这段时间内，有很多因素可能使预期收益发生变动。因此，证券投资的风险是普遍存在的。测定某一单项资产的风险也就是在估计预期收益率后分析实际结果对预期结果的偏离程度。统计量方差以及它的平方根标准差反映的就是随机变量对数学期望的离散程度。因此，我们利用预期收益率的方差(或标准差)作为衡量风险标准，具体来讲就是将每一种可能出现的经济情况下的收益率同预期收益率之差的平方加权相加，计算公式为

$$\sigma^2 = \sum_{i=1}^{n} h_i [r_i - E(r)]^2$$

$$\sigma = \sqrt{\sum_{i=1}^{n} h_i [r_i - E(r)]^2}$$

式中：σ^2 表示预期收益率的方差；σ 表示预期收益率的标准差；r_i 为第 i 种经济情况下的资产收益率；h_i 为第 i 种经济情况可能发生的概率；$E(r)$ 为这一资产的预期收益率。

计算结果的方差(或标准差)越大，代表实际结果对预期结果偏离的程度越大，风险也就越大。

同预期收益率的计算不同的是，证券投资组合的风险并不等于组合个别证券标准差的加权平均。根据我们对风险的定义，风险主要来自不确定情况的出现。实际上，证券市场价格受到经济、政治、上市公司本身、投资者心理以及各种社会因素的影响。我们根据不同的影响因素将风险划分为两类：一类是系统性风险(systematic risk)，另一类是非系统性风险(non-systematic risk)。

资产之间的相互关系可以用协方差和相关系数来表示。协方差是一个测量投资组合中一个投资项目相对于其他投资项目的风险的统计量。以两只股票A和B为例，协方差的公式可以表示为

$$\text{cov}(r_A, r_B) = \sum_{i=1}^{n} [r_{Ai} - E(r_A)][r_{Bi} - E(r_B)] h_i$$

式中：r_{Ai} 表示股票A在第 i 种经济情况下的资产收益率；r_{Bi} 表示股票B在第 i 种经济情况下的资产收益率；$E(r_A)$ 为股票A的预期收益率；$E(r_B)$ 为股票B的预期收益率；h_i 为第 i 种经济情况可能发生的概率。

从公式中我们可以看出，协方差可以反映两个资产的收益变动是否同向。当 $\text{cov}(r_A, r_B)$ 为正数时，表示A和B的收益变动方向相同；当 $\text{cov}(r_A, r_B)$ 为负数时，表示A和B的收益变动方向相反。如果要进一步分析两种证券收益率相联系的程度，就必须引入一个新的统计量——相关系数，它的计算公式为

$$\rho_{AB} = \frac{\text{cov}(r_A, r_B)}{\sigma_A \sigma_B}$$

式中：$\text{cov}(r_A, r_B)$ 表示两只股票A和B的协方差；σ_A 表示股票A的预期收益率的标准差；σ_B 表示股票B的预期收益率的标准差。

ρ_{AB} 的取值范围为 $[-1, 1]$。ρ_{AB} 为正数时，表示两者正相关；ρ_{AB} 为负数时，表示两者负相关。ρ_{AB} 的绝对值越接近1，表示两者的相关程度越强。当 $\rho_{AB} = 1$ 时，A和B的变动完全一致，我们称之为完全正相关；当 $\rho_{AB} = -1$ 时，A和B的变动完全相反，我们称之为完全负相关；当 $\rho_{AB} = 0$ 时，A和B完全不相关。

根据我们对风险的定义，一个投资组合的风险就是资产组合的实际收益和预期收益偏离数的数学期望的平方，用公式表示为

$$\sigma_p^2 = E[r_p - E(r_p)]^2$$

式中：r_p 表示资产组合的实际收益率；$E(r_p)$ 表示资产组合的预期收益率。

将公式展开整理后，我们可以得到由N种证券组成的证券组合的标准差公式为

$$\sigma_p = \sqrt{\sum_{i=1}^{N} \sigma_i^2 x_i^2 + 2 \sum_{1 \leq i \leq j \leq N} \text{cov}_{ij} x_i x_j}$$

式中：σ_i，σ_j 表示第 i 种和第 j 种证券的标准差；x_i，x_j 表示证券 i 和证券 j 在证券组合中的比重；N 种证券的组合中存在 $\frac{N^2-N}{2}$ 项不重复的协方差。

3. 组合收益和风险

在实际操作中，股票收益率的变动是难以估计的。即使借助计算机，我们也很难使用前文中的公式来计算。实证研究结果表明，在一种较为稳定的市场环境下，从长期来看，通过历史数据计算出的结果是具有延续性的。这就提供给我们一个新的方法——利用样本来估计未来的收益和风险。使用样本计算某一证券的预期收益率的公式为

$$\bar{r} = \frac{\sum_{i=1}^{n} r_i}{n}$$

式中：n 为收益观察值的数量，通常是一个时间变量。

使用这种方法计算时，我们假设各种资产收益率发生的概率相等，这会产生一定的误差，我们称之为样本误差，样本误差可以通过在一定时间范围内增加观察值来缩小。某一证券的样本方差的计算公式为

$$\bar{\sigma}^2 = \frac{\sum_{i=1}^{n}(r_i - \bar{r})^2}{n-1}$$

由于我们使用样本平均值去估计总体平均值，在估计总体方差时就失去了一个自由度，分母为 $n-1$。样本协方差的计算公式为

$$\text{cov}(r_A, r_B) = \frac{\sum_{i=1}^{n}(r_{Ai} - \bar{r}_A)(r_{Bi} - \bar{r}_B)}{n-1}$$

式中：r_{Ai} 表示股票A在第 i 种经济情况下的资产收益率；r_{Bi} 表示股票B在第 i 种经济情况下的资产收益率；$\bar{r}_A$ 表示股票A的预期收益率；$\bar{r}_B$ 表示股票B的预期收益率。

用样本值去估计单项资产的收益、风险和资产之间的相互关系，给我们计算组合投资的风险和收益提供了基础数据，这是我们实施组合投资管理的关键环节。接下来，利用计算机就可以很快计算出组合投资的预期收益和风险。

4. 马科维茨模型在社会保障基金运营投资中的应用

在社会保障基金投资过程中，流动性及安全性有特别重要的意义，因此，社会保障基金的投资应该在风险最小的前提下实现收益最大的目标。在现实的社会保障基金投资活动中，必须对上述资产组合模型进行修正，使其满足社会保障基金投资对安全性的特殊要求。

5.2.3 投资组合最优化

在马科维茨的投资组合理论中，以理性投资者及其基本行为特征为前提，论述了建立有效资产边界、确定最小方差资产组合的思想和方法。

1. 有效组合的确立

一个理性的投资者具有两个基本行为特征：一是厌恶风险，二是追求利润最大化。一般来

讲，资产的收益越高，它的风险也就相应越大。但是，在组合投资中，我们可以将不同种类的资产按照一定的比例组合，这样可以提高原有收益率或者降低原有风险，从而可以通过比较选择组合投资整体的收益风险特征，达到同等风险收益最大或同等收益风险最小的理想状态，也就是选择有效率的资产组合。

在市场上，我们可以选择投资的证券有很多种，它们可以组成许多证券投资组合。一个理性投资者在选择投资组合时应遵循下述规律：如果两种证券组合具有相同的收益率标准差和不同的期望收益率，那么投资者应选择期望收益率较高的组合；如果两种证券组合具有相同的期望收益率和不同的收益率标准差，那么投资者应选择收益率标准差较小的组合；如果一种证券组合相较于另一种证券投资组合具有较小的收益率标准差和较高的期望收益率，那么投资者应该选择前一种投资组合。这种选择规则我们称之为投资者的共同偏好规则，在一个投资组合集中按照这种规则选择的投资组合称为有效组合。显然，有效组合将满足以下两个条件：第一，在各种风险条件下，提供最大的预期收益率；第二，在各种预期收益率水平下，提供最小的风险。这种有效组合是在一定的收益或风险水平上投资者希望得到的最优组合。

我们可以用图示的方法表达有效组合集。如图5-1所示，坐标轴的横轴表示投资风险，纵轴表示投资收益。假设市场上有N种可供投资者选择的证券，这N种证券可以按照不同的比例组成许多证券投资组合，每种投资组合按其相应的预期收益和风险在图中用一个点标出。每一个点代表一个可行的投资组合，所有的点组合在一起就形成了一个可行组合集，而有效组合就隐含在可行组合集中。一般来讲，这种可行组合的集合在图中呈伞状。

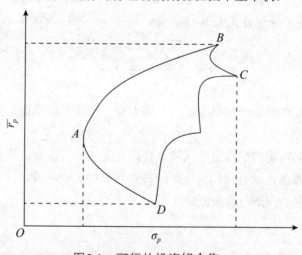

图5-1 可行的投资组合集

根据有效组合所应满足的条件，我们可以在可行组合集中找出有效组合。

第一个条件：在各种风险条件下，预期收益率最大。

我们在图5-1中找到A点，过此点做平行于纵轴的垂线，使得所有可行组合的点都落在垂线的右边。也就是说，可行组合集中A点组合风险最小。同样道理，我们找到C点，过C点做平行于纵轴的垂线，使得所有可行组合的点都落在垂线的左边。C点也就是可行组合集中风险最大的点。因此，在各种风险水平条件下，能够提供最大收益的证券组合位于从A点到C点之间的可行组合左上角的边界上。

第二个条件：在各种预期收益水平下，风险最小。

在图5-1中我们找到B和D两个点,分别过B点和D点作平行于横轴的平行线,使得可行组合集中所有的点都落在过B点所作平行线的下方,也就是说,所有B点的组合是所有可行组合集中预期收益率最大的点,同时可行组合集中的点都在过D点所作平行线的上方。D点就是所有可行组合集中收益率最低的点。因此,在各种可能的收益水平的条件下,能够提供最小风险的组合位于从D点到B点可行组合左边的边界上。

有效组合在图5-1中的表示就是满足条件一和条件二的两段曲线的交集,也就是曲线AB。通过比较我们可以发现,位于可行组合集左上方的曲线AB比这一曲线外的其他任何组合都要优越。

2. 投资者的效用

前文中我们介绍了投资组合的有效边界是一条向右上方倾斜的曲线,它反映了高收益、高风险的投资规律。位于有效边界上的组合都是有效的投资组合,是可供投资者选择的范围。那么投资者该如何选择呢?这个问题同经济学中消费者选择的问题类似。很高程度上,这取决于投资者对风险和收益的态度。收益和风险好比投资者所必须选择的两种商品,增加其中一种就势必要减少另一种。我们引入经济学中效用的概念来解决这个问题,在金融市场上,理性投资者的两大特征是追求收益最大化和厌恶风险,两者综合起来就是追求效用最大化。在效用相同的条件下,如果增加投资者所面对的风险,就必须相应地提高预期收益来补偿。因此,投资活动的效用实际上就是投资者权衡风险和收益后的满足感。我们用无差异曲线来表示投资者的效用,如图5-2所示。

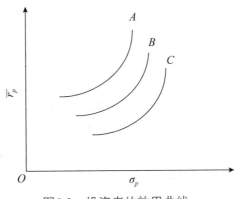

图5-2 投资者的效用曲线

在同一条无差异曲线上的点体现了不同的收益和风险,但对于投资者来讲,效用都是一样的。也就是说,这个投资者对这条线上的投资组合具有相同的偏好,每一条曲线代表一种效用水平。一般来讲,无差异曲线具有以下性质。

(1) 无差异曲线的波动方向一定是从左下方到右上方的过程。也就是说,无差异曲线的斜率都是正的。这主要是由投资者非满足性和风险规避的特征造成的。风险增加时投资者需要更高的收益来弥补,这种高收益、高风险的投资规律使得无差异曲线的斜率一定为正。

(2) 随着无差异曲线向右移动,曲线将变得越来越陡峭,而不是越来越平缓。也就是说,无差异曲线都是凸向的。随着风险的增加,为了弥补所增加的风险,投资者需要额外增加的风险溢价即收益也越来越高。同时,当风险越低,投资者为使风险再降低一个单位而愿意放弃的收益也越来越少。这就决定了无差异曲线的凸向性。

(3) 无差异曲线的形状(弯曲程度)因人而异,它反映了投资者对收益和风险的偏好态度。愿意冒险的投资者,无差异曲线较为平坦;而害怕风险的投资者,无差异曲线较为陡峭。这是因为对愿意冒险的投资者来说,只要收益有少量的提高就可弥补可能的风险损失;而对于害怕风险的投资者来说,收益必须有较大幅度的提高才能使他愿意承担较大的风险。图5-3、图5-4分别代表愿意冒险和不愿冒险的投资者的无差异曲线。

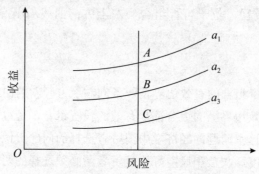

图5-3 愿意冒险的投资者的无差异曲线

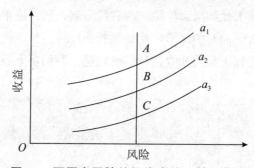

图5-4 不愿意冒险的投资者的无差异曲线

(4) 投资者更偏好位于左上方的无差异曲线。如图5-3所示,在同一风险水平上的两点A和B具有相同的风险,而位于偏左上方的无差异曲线上的A点明显具有较高的收益率。因此我们说A点投资组合对投资者来讲比B点的投资组合效用高。对于某一特定投资者而言,只要他对风险和收益替代关系的态度不变,他的无差异曲线的斜率在同一水平线上保持一致。而且每一条位于左上方的无差异曲线上的任何投资点都优于位于右下方无差异曲线上的任何一个投资点。

(5) 无差异曲线族中的曲线互不相交。因为每一条无差异曲线都代表一种投资者的效用水平,所以无差异曲线在坐标系上都是相互平行的。

3. 投资组合最优化的标准

当确立了投资组合的有效集合以及投资者的效用无差异曲线后,将这两者结合起来就可以得出投资者选择的最优证券组合。

如图5-5所示,首先,最优组合应该位于有效边界上,只有在有效边界上的组合才是有效组合;其次,最优组合应位于投资者的无差异曲线上;最后,由于无差异曲线的斜率为正,非满足性和回避风险的特性使得无差异曲线呈凸向,而投资组合的有效集一般呈凹向,因此,两者之间存在唯一的切点。无差异曲线同有效边界的这个切点是投资者对证券组合的最优选择,也是唯一选择。值得说明的是,无差异曲线族中的很多条曲线都与有效边界有交点,但在所有与有效边界有交点的曲线中，同它相切的那条曲线一定位于左上方，因此在切点处的投资组合给投资者带来的效用最大。

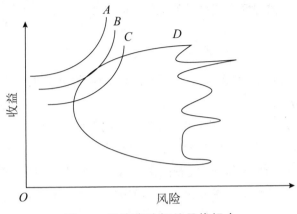

图5-5　投资者选择的最优组合

以上我们所讨论的方法在理论上是正确的，但在实践中，我们要运用这种方法，首先就要确定投资者的效用无差异曲线，这是不容易做的。因此，在现实生活中，在有效集合包含预期收益目标的前提下，确定最优资产组合的问题通常被转化为在投资者可以接受的风险水平下寻找预期收益率最高的投资组合或是寻找能实现一定预期收益目标的最小方差的资产组合的问题。也就是说，在我们确定了要达到的收益目标后，选择风险最小的投资组合。确定最小方差资产组合的方法有3种：马科维茨图像分析法，微积分法和非线性方差法。通常我们可以借助计算机来解决。

5.2.4　投资组合的管理：最优投资组合的确定

在这一小节里，我们将主要讨论投资组合理论的意义，以及如何利用马科维茨的证券组合投资理论进行投资组合管理，主要内容包括资产的数量同资产组合风险的关系、投资组合的构建等。最后，我们对马科维茨组合投资理论的实际应用以及它在实践中的局限性做了分析[①]。

1. 马科维茨投资组合理论的意义

马科维茨的投资组合理论为有效投资组合的构建和投资组合的分析提供了重要的思想基础和一整套分析体系，对现代投资管理有着深远的影响。

(1) 收益和风险是证券投资的核心问题。在马科维茨投资组合理论出现之前，投资顾问和基金经理尽管也会顾及风险因素，但他们没有一种计量风险的方法，不能有效地估计风险，因此就把精力主要放在投资收益方面。马科维茨在投资组合理论中用投资收益的数学期望来估计投资的预期收益率，用预期收益的方差来估计投资风险，提供了一种科学的衡量风险的方法。他又从投资者的角度分析，认为大多数的投资者都是风险规避型，在追求收益的同时尽可能地规避风险，从而引入了投资效用的无差异曲线。据此，马科维茨提出了以均值-方差分析为基础的最大化效用选择的投资组合理论。

(2) 投资分散化能够降低投资的风险是马科维茨投资组合理论中阐述的另一个重要观点。
投资分散化就是将风险分摊在许多不同的行业、不同的公司证券或其他形式的投资上。在

---

① 丛春霞. 社会保障基金运行的行为效应研究[M]. 北京：中国社会科学出版社，2013：154.

马科维茨之前,尽管人们对分散投资能够降低投资风险有一定的认识,但都未能从理论上形成系统化的认识。马科维茨投资组合理论告诉我们,投资组合的方差并不是组合中各投资证券方差的简单线性组合,在很大程度上取决于各证券之间的相互关系。投资组合的方差公式为

$$\sigma_p = \sqrt{\sum_{i=1}^{N}\sigma_i^2 x_i^2 + 2\sum_{1\leq i<j\leq N}\rho_{ij}\sigma_i\sigma_j x_i x_j}$$

式中:ρ_{ij}表示证券i和证券j的相关系数;σ_i、σ_j分别表示证券i和证券j资产收益率的标准差;x_i、x_j分别表示证券i和证券j在证券组合中的比重。

从投资组合的方差公式我们可以看出,证券组合的整体风险由两大部分组成。第一部分是构成该证券组合的每两种证券各自的方差和它们在组合中所占比重的平方之积。由于各种证券所占比重都小于1,即使两种证券之间没有关系,将它们的风险加总之后,也会使一些风险相互抵消。第二部分是反映证券组合多元化效用的关键。这部分有代表两种证券相互关系的相关系数,由于相关系数在(-1, 1)之间变化,ρ_{ij}的值越小,这部分的风险也越小。如果两种证券负相关,这部分的风险也为负,可以从总体的风险中减去。从中我们可以得出结论,选择搭配的各种证券之间正相关性越弱或负相关性越强,则整个组合的风险就越小,组合提供的资产多样化的效用也就越大。

因此,在组成投资组合时,不仅要看构成组合的各个证券的风险大小,更重要的是关注个别证券之间预期收益率的关系。如果组合中的多个证券完全正相关,那么这种分散投资就不能降低或是在很低程度上降低投资风险;如果多个证券完全负相关,投资组合的非系统风险就可以完全抵消,但证券的额外收益,即超过无风险收益的收益也不会存在;如果投资组合中的证券完全不相关,则分散投资可以使非系统风险大幅度降低。马科维茨投资组合理论中的投资组合方差公式不仅对分散投资提供了理论上的支持,而且提供了有效分散投资的实际指引。那就是单个证券的投资收益和方差等指标对投资者可能并不具有吸引力,但如果它跟投资者已有的投资组合中的其他证券相关性弱甚至是负相关时,投资组合的方差会在很高程度上取决于投资组合的协方差,单个证券的方差会居于次要地位。

(3) 马科维茨提出的有效投资组合的概念使得基金经理将注意力从对单个证券的分析转到构建有效投资组合上。

自20世纪50年代马科维茨发表《证券组合的选择》这篇著名的论文以来,投资管理的实践发生了革命性的变化。他的观点为我们提供了一个投资管理的基本框架。在他看来,投资管理应该分为四个阶段:在第一阶段,投资应该考虑各种可能的投资组合,也就是前面所说的找出投资组合的可行集;在第二阶段,计算这些证券组合的预期收益率、方差、协方差;在第三阶段,通过比较这些组合的收益、方差等来决定投资的有效集合;在第四阶段,利用投资者的无差异曲线与有效边界的切点确定最优组合,或者我们根据预期可承受的风险或预期要达到的收益在有效边界上找出相应的投资组合。在他这一思想的影响下,投资经理人将注意力从如何挑选个股转移到如何利用证券之间的相关关系通过分散投资建立投资组合。事实上,投资组合理论已经将投资管理的概念扩展为组合管理。

(4) 马科维茨的投资组合理论被投资者广泛地应用在投资组合中对各种投资类型进行最优配置的活动中。

比如,在投资区域上,国家型基金对全球主要市场投资份额的确定;在投资类型上,某一

国家内投资于股票、债权、黄金、外汇等比例的确定。许多业内人士认为，资源配置的决策是投资者要做的最重要的决策，大型养老基金收益波动的90%都与资源配置决策有关。

在实践操作中，由于资产的类别有限，我们进行资产类别组合分析时借助计算机很容易就能计算出各类别资产的协方差。因为不同的资产类别具有不同的收益和风险，它们之间的相关度很低，利用投资组合理论进行资源配置的效果也是很明显的。从某种角度来讲，对资产之间进行相关分析这一理论精髓更适合用在资产配置上。一个经典的例子是1989年加菲(Jaffe)对组合投资的收益和风险特征进行调查时发现，黄金同金融资产的相关系数几乎为零，他利用这一发现构造了许多含有黄金资产的投资组合。比如，在1970—1990年这段时间里，一个普通股占55%、小股票占15%、国库券占5%、不动产占10%、外国股票占15%的投资组合的月收益率为1.01%，标准差为3.73%。将资产组合的10%投资于黄金后，月平均收益率上升到1.04%，标准差降到了3.51%。在这种情况下，含黄金的资产组合的有效边界要优于不含黄金的资产组合的有效边界。资产配置实际上是一种确立资产组合的战略性总体框架，从而在总体上规范了投资组合的基本特征，控制了总体风险。投资组合理论在资源配置方面的应用使我们可以在构建投资组合时选择那些高风险、高收益的资产，而不必过分受制于它们的高风险，因为只要选择的资产之间的相关度较低，就可以通过组合来降低总体风险。

2. 资产数量同投资组合风险的关系

通常我们在构建投资组合时，所面临的首要问题就是选择多少种类的证券或是资产类型进行投资。根据我们前面的讨论，分散投资可以降低投资组合的风险。但实际上，并非组合中的证券种类越多就越能降低风险，证券组合中风险被抵消的程度同证券种类也有关系。

1976年，芝加哥大学教授法玛对资产组合风险与资产组合中证券数量的关系做了实证研究。他从纽约股票交易所中随意挑选了50种股票，分别计算了它们在1963年7月—1968年6月的月收益率的标准差，然后分别计算了从第1种到第50种股票的资产组合的标准差。他的研究方法是这样的：先选出一种标准差为11%的股票，然后随机选择另一种加进去构建一个组合，在组合中使各股票的权数相同。按照同样的方法，一种一种地增加组合中的股票数量，将它们以相同的比例构建投资组合。结果，法玛发现，在最初几种股票被加入资产组合时，对组合标准差的降低作用非常大；当第二种股票被加入组合时，组合的标准差已经降到了7.2%；股票的数量从第4种增加到第5种时，标准差的降幅最大。但是，当股票增加到20种时，再增加的股票对资产组合标准差的降低作用就不大了。当股票数量从30种增加到34种时，增加股票的数量对风险的降低作用已经不能弥补成本的增加，出现了边际收益下降的情况。

我们可以利用资产组合方差的公式对这一实证研究结果进行理论推导。

在一个包括N种股票的投资组合中，如果每种股票在投资组合中所占的份额都是$1/N$，那么投资组合方差的公式为

$$\sigma_P^2 = \sum_{i=1}^{N}(\frac{1}{N})^2\sigma_i^2 + \sum_{i=1}^{N}\sum_{j=1,i\neq j}^{N}(\frac{1}{N})^2 x_i x_j \text{cov}(r_i,r_j)$$

整理后可得

$$\sigma_P^2 = \frac{1}{N}\bar{\sigma}_i^2 + \frac{N-1}{N}\frac{1}{\text{cov}(r_i,r_j)}$$

式中：$\bar{\sigma}_i^2$ 表示股票 i 资产收益率的方差；x_i、x_j 分别表示股票 i 和股票 j 在证券组合中的比重；$cov(r_i, r_j)$ 表示股票 i 和股票 j 的协方差；$\bar{\sigma}_i^2$ 表示股票 i 的样本方差。

从这个公式中，我们就能看出资产组合中的资产数量同组合风险的关系。我们分两种情况来分析：第一种情况，如果组合中的证券完全不相关，即 $\frac{1}{cov(r_i, r_j)} = 0$，公式中就只剩下项 $\frac{1}{N}\bar{\sigma}_i^2$，这时候我们增加投资种类，使得 N 增大，风险会降低。当 N 趋于无穷大时，资产组合的风险就趋近于零。也就是说，在资产完全不相关的情况下，资产组合的风险会随着资产数量的增加而消失。第二种情况，如果组合中的证券具有相关关系，即当 $\frac{1}{cov(r_i, r_j)} \neq 0$ 时，也就是说，投资的证券之间具有一定的相关性，这时候如果 N 不增大，增加 N 的量就会使组合资产的方差降低。如果 N 趋向无穷大时，这样 $\frac{N-1}{N} \approx 1$，资产组合的风险就主要取决于资产之间的协方差，而资产之间的协方差是不能够依靠多元化来降低的。因此，在组合投资中，投资种类达到一定数量后，就无法用增加投资种类的方法降低组合风险，尤其是在考虑了投资种类增加会带来投资成本的增加后，我们就更不能盲目地期望用增加投资种类的方法来降低风险。

实际上，资产完全不相关或完全负相关的情况很少，正如我们前面对风险的分析，像非系统风险这种由于公司内部原因产生的风险是可以通过分散投资来降低的，但是像系统风险这种由于全局因素引起的风险几乎对所有的证券收益都会产生影响，是不能够通过分散投资来规避的。而且，由于这种政治、经济、社会大环境等因素对公司证券收益的影响方向大致相同，使得大部分投资组合中的证券都处于不完全正相关的状态，协方差的和都为正值。这个时候，资产的风险就主要来自资产价格的同向运动，也就是说，资产组合的风险主要是系统风险。

通过上面介绍的实证研究结果和理论分析，我们可以得出这样的结论：在构造证券投资组合时，开始的时候，组合中每增加一种证券就可使风险较大程度地减少，但随着证券种类的增加，风险减少的边际效果逐渐递减，直到非系统风险完全抵消，只剩下与市场有关的风险，这个时候，投资组合的风险就同整个市场的风险相差无几了。从实践中得出的经验是这样的，一个投资组合中的证券种类以 10~15 种为宜，大型基金可能适当多些，但也不会超出 35 种。当我们考虑了分散化所带来的交易成本、时间成本和信息成本等，就会发现，过渡的分散化往往得不偿失。

3. 投资组合的管理

投资组合管理是一种区别于个别资产管理的投资管理理念。在马科维茨之前，经济学家和投资管理者一般仅致力于对个别投资对象的研究和管理。20世纪30年代，偶尔有人在论文中提出组合的概念，但缺乏系统的理论支持，没有引起人们的注意。马科维茨在创立组合理论的同时，用数量化方法提出了确定最佳资产组合的基本模型。此后，经济学家一直在利用数量化方法不断丰富和完善组合管理理论和实际投资管理方法，并使之成为投资学中的主流理论。目前，在西方发达国家，有三分之一的投资管理者在利用数量化方法进行组合管理，利用传统的基本分析和技术分析进行投资管理的人也各占三分之一。这三种投资管理者的业务在总体上也不分胜负，只不过在科学化的投资管理时代，数量化方法更合乎时代的发展趋势。

投资学中的"组合"一词译自于英文的 portfolio。portfolio 源于拉丁语中的 portafoglio，后者由 porta 和 foglio 两部分组合而成。在现代英语词典中，portfolio 的首义仍然是纸夹、公文包。投资学中的"组合"一词通常是指个人或机构投资者所拥有的各种资产的总称。证券组合是指个人或机构投资者所持有的各种有价证券的总称，通常包括各种类型的债券、股票及存款单等。

投资组合管理的目的是按照投资者的需求，选择各种各样的证券和其他资产组成投资组合，然后管理这些投资组合，以实现投资目标。投资者的需求往往是根据风险来定义的，而投资组合管理者的任务则是在承担一定风险的条件下，使投资回报率实现最大化。

1) 投资组合的分类

投资组合的分类通常以组合的投资目标为标准。以美国为例，投资组合可以分为避税型、收入型、增长型、收入和增长混合型、货币市场型、国际型及指数化型等。其中，避税型证券组合通常投资于市政债券，这种债券免交联邦税，也常常免交州和地方税。收入型证券组合追求基本收益(即利息、股息收益)的最大化。能够带来基本收益的证券有附息债券、优先股及一些避税债券。增长型证券组合以资本升值(即未来价格上升带来的价差收益)为目标。投资于此类证券组合的投资者往往愿意通过延迟获得基本收益来求得未来收益的增长。这类投资者会购买很少分红的普通股，投资风险较大。收入和增长混合型证券组合试图在基本收入与资本增长之间达到某种均衡，因此也称为均衡组合。两者的均衡可以通过两种组合方式获得：一种是使组合中的收入型证券和增长型证券达到均衡；另一种是选择那些既能带来收益，又具有增长潜力的证券进行组合。货币市场型证券组合是由各种货币市场工具构成的，如国库券、高信用等级的商业票据等，安全性很高。国际型证券组合投资于海外不同国家，是组合管理的时代潮流。实证研究结果表明，这种证券组合的业绩总体上强于只在本土投资的组合。指数化型证券组合模拟某种市场指数。信奉有效市场理论的机构投资者通常会倾向于这种组合，以求获得市场平均的收益水平。根据模拟指数的不同，指数化型证券组合可以分为两类：一类是模拟内涵广大的市场指数，这属于常见的被动投资管理；另一类是模拟某种专业化指数，如道·琼斯公共事业指数，这种组合不属于被动管理之列。

2) 投资组合的构建

所谓组合投资的构建，是指研究确定组合投资中包括的各种资产及其对应的资金分配比例。投资组合的构建是所有投资者在开始投资时首先面临的问题，对于一般的投资管理公司而言，投资组合的设计和构建就像制造企业开发商品一样，往往要在开始募集资金之前完成。不同的组合构建理念、原则和方法形成了投资产品的不同风格。因此在构建投资组合之前，我们必须明确投资组合的理念，也称投资哲学(investment philosophy)。

投资理念实际上是关于盈利模式的理论，是整个投资运作的指导思想。投资理念要解决的是投资过程中一些深层次的问题。比如，投资收益应该建立在什么基础上，是价值增长、价值发现、价格波动还是市场的非理性或投资者的套利行为？投资收益受哪些因素影响，是资产配置、市场时机的选择还是证券的选择？

在构建投资组合之前，我们需要明确以下投资基本原则。

(1) 本金的安全性原则。投资组合管理首先要考虑的是本金的安全无损，这是未来获得基本收益和资本增值的基础。本金的安全不仅指保持本金原值，而且包括保持本金的购买力。由于通货膨胀的存在，购买力风险是一种非常现实的风险。买普通股比买固定收益证券，如债券、优先股等,更有利于抵御这种风险。

(2) 基本收益的稳定性原则。在构思投资组合时,组合管理者都把获得稳定的基本收益作为基本的考虑。以股息或利息形式获得的当前收益,使投资者可以很现实地享受投资组合的成果,这可能要比收入期望值更有意义,稳定的收入可以使投资者更准确地制订投资计划,确定是再投资,还是消费。

(3) 资本增长原则。一般而言,资本增长是组合管理的一个理想目标,但这并不意味着一定要投资于增长型股票。投资组合既可以通过购买增长型股票而壮大,也可以通过收益再投资而壮大。规模较大的资产组合比规模较小的资产组合更稳定、更安全,收入也更多。资本增长对改善组合头寸状况、维持购买力和增强管理的灵活性都是有益的。

(4) 良好市场性原则。良好市场性原则是指证券组合中的任何一种证券应该易于迅速买卖,这取决于具体证券的市场价格和市场规模。某种股票的市场规模取决于公司的规模、股东的数量等。高价股的市场性一般不如低价股的市场性好,每股400美元的股票肯定不如每股40美元的股票容易买卖。小公司股票的市场性不如大公司好,大公司的可流通股票多,可保证市场交易的连续性,而且大公司的稳定及良好形象也对增强其股票的市场性有利。

(5) 流动性原则。资产的流动性强,有利于组合管理者及时抓住有利的投资机会。谨慎的组合管理者往往会专门保留一部分现金资产或持有部分流动性强的证券。

(6) 有利的税收地位。很多金融决策都要受所得税的影响,承担高税赋就难以实现理想的收益目标。在需要避税时,可考虑投资于免税的政府债券或较少分红的股票。

3) 投资组合的内容

在明确了投资理念和原则之后,我们来讨论一下投资组合管理的具体内容。投资组合管理的目标是实现投资效用最大化,即使投资组合的风险和收益能够给投资者带来最大的满足。这种目标的实现有赖于组合管理有效的内部控制,具体内容包括计划、投资分析、选择证券、选择时机、监管等。

(1) 计划。组合管理的第一步就是计划,即考虑和准备一组能满足组合管理目标的证券。如果投资目标是今年实现增长、以后获得收入,那么组合计划应该符合这种目标及变化。如果投资没有以任何计划为依据,组合管理者就可能会发现他拥有的证券无法实现组合管理目标。要避免这类问题发生,组合管理者应该确定投资目标并制订相应的投资计划。

(2) 投资分析。制订投资计划后,构建投资组合的基础工作就是对各种可能的投资对象进行科学系统的分析,了解各种资产在不同时期的收益和风险特征,这项工作一般被称为投资分析。投资分析分为投资收益的分析、投资风险的分析、资产自身特征的分析以及资产收益的相关分析。

在投资收益分析中,投资者要对各种资产在计划投资期内投资收益的来源、影响因素以及收益分布进行深入系统的研究和分析。投资风险的分析要求投资者研究和掌握资产的风险特征,也就是投资期内各资产可能面临的风险类型、大小以及产生风险的原因等。资产自身特征的分析,是指投资者对各种资产的规模、成长特点、行业特点等特征的分析。资产收益的相关分析是分析不同资产的收益在运动变化的过程中所表现出的协调一致性。

在对各种投资资产研究分析的基础上,投资者要调整各主要资产类型在投资组合中的权重,从而形成投资组合的特点。资产配置的总体特征是把各种主要资产类型混合在一起,以便在风险最低的条件下,使投资获得最高的长期回报。

值得一提的是，投资组合管理者以长期投资目标为出发点，为提高回报率，常审时度势地改变各主要资产类别的权重。例如，若一个经理判断，在未来几年内，权益状况要比债券的总体状况对投资者更加有利，则他极有可能要求把投资组合的权重由债券向权益转移，而且在同一资产类型中选择那些回报率高于平均回报率的证券，经理便能改善投资组合回报的前景。可以说，投资组合的构建是一个动态的过程，甚至在投资期限内，我们也能够根据不同的目的调整投资组合中各种类型资产的权重。比如，我们用债券和股票构造一个投资组合，在这个组合中，债券投资部分对股票投资部分起着调剂作用，股票和债券所占的比重取决于选取目标与保护目标对投资人的重要程度。当投资者期望计划的投资资金比例不变时，我们就可以根据股票价格的变化来调整原有投资。例如，投资者用10万元资金按6∶4投资于股票与债券，如果股票价值增值到8万元，则必须卖掉0.8万元的股票并购入债券，从而维持6∶4(即7.2∶4.8)的比例；如果股票价格下跌，则卖掉债券，买入股票，直到比例恢复到6∶4。

(3) 选择证券。投资组合管理的第三个主要内容就是在确定了各主要资产类型在组合中的权重后，在各资产类型内选择不同的证券或其他具体的投资形式。在挑选具体的投资对象时，需要综合考虑许多因素。以投资股票市场为例，我们知道证券之间的相关性越弱对降低投资组合风险的作用就越大。因此首要分析的就是行业相关性，在相关性较弱的行业的公司中选择投资对象。此外，投资者还要对各只股票所面临的非系统风险有一定的认识和把握。实际上，筛选具体投资对象的方法和标准是多种多样的，并不存在统一的方法，这一点也体现了投资的艺术特征。在挑选好所要投资的股票后，根据历史数据回归计算出各种股票的预期收益率、方差以及相关系数，从而求出有效的投资组合集。投资者可以根据自己对风险的承受能力，在有效投资边界上选择相应收益率最高的投资组合。这就是在可承受风险的范围内，投资者所能选择的最优投资组合。在构建一个投资组合时，投资者需要反复地比较和选择，尽量将可预见的因素量化在模型中，才能得到满意的结果。

(4) 选择时机。选择时机是指选择买卖时机。本着低价买入、高价卖出的原则，投资组合管理者可以选择合适的买卖时机。当然，由于受多种因素的影响，证券的价格始终处于波动之中，投资组合管理者不可能总是在证券价格的最低点买入，在最高点卖出。但是，他可以运用分析技术确定一个价格的波动区间，从而以尽可能低的价格买入，以尽可能高的价格卖出。

(5) 监管。在选择证券及实际买卖时，组合管理者应持谨慎及理性的态度。谨慎的态度对于投资是非常重要的，因为投资组合管理的基本要求就是防范风险。投资者不希望风险超过自己的承受力，因此应该定期检查组合中的证券。有些人买了股票后就把它扔在一边不管了，在一个充满竞争的社会、波动的市场中，这不是一种理智的策略。购买某种股票后长期持有是可以的，但不能忽略它。投资组合管理者应经常分析证券的资料，以确定该种证券是否符合他的目标。如果不符合投资目标，就应当及时采取一些行动。

4. 马科维茨的投资组合理论的局限性

马科维茨的投资组合理论的概念和方法广泛地应用在金融投资实践中，对现代投资管理有着深远的影响，但它不可避免地存在一些局限性。

1) 将方差作为测量风险的参数具有理论色彩

该理论隐含的一个假设是，收益的数学期望值附近的结果的离中趋势呈现对称性的概率分布，但实证表明，其结果的离中趋势并不都是呈现对称性概率分布，尤其是单个证券的结果趋势更是如此。现实世界中，收益率的离中趋势很难完全符合理论阐述，往往是非对称的，所以在实践中不能完全依赖该理论。

2) 该理论所假设的投资者均有相同的时间概念

该理论所假设的投资者均有相同的时间概念，这与现实相距较远。从现实投资来看，该理论所表达的最优组合只是一种暂时的静态均衡组合，而实际上投资的风险、价格以及收益都是不断变化的。只有根据实际形势及时进行调整，优化投资组合，才能达到现实所要求的目标。

3) 预期收益和方差

所谓预期收益和方差，是建立在对未来可能出现的状况的概率的主观评价上。鉴于未来的不可预知性，历史会有相似之处，但绝不会相同或完全重复。因此，该理论在现实中运用会有一定的风险。

本章小结

社会保障基金投资策略是随着金融市场投资工具的增加和投资技术的不断发展而发展的。实践中，社会保障基金投资策略要受基金的收益方式、流动性要求、投资期限、监管规则、税收等因素的影响。

社会保障基金投资运营的目的是获得投资收益，实现基金的保值增值。根据社会保障基金投资应遵循的原则，可选择的投资策略有固定比例投资策略，变动比率投资策略，保值策略，分散、常数投资策略，平均成本投资策略，指数化投资策略。

马科维茨投资组合理论要解决的问题是在组合证券的风险保持在可以接受的水平时，如何选择使预期收益率最大化的投资组合。社会保障基金的投资目标就是在风险最小的前提下实现收益最大化。在现实的社会保障基金投资活动中，必须对马科维茨资产组合模型进行修正，在满足社会保障基金投资对安全性的特殊要求的基础上进行资产最优组合，从而实现社会基金的保值与增值。

拓展阅读

1. 全国社会保障基金理事会基本养老保险基金受托运营年度报告[N]. 中国财经报，2020-11-24(002).
2. 韦琳. 社保基金投资效益与风险监控[M]. 北京：中国金融出版社，2014.
3. 唐大鹏，杨紫嫣，翟路萍. 社保基金投资组合的定价效率和投资风险研究——基于股价同步性的实证检验[J]. 经济理论与经济管理，2014，34(009)：96-112.

思考题

1. 简述影响社会保障基金投资策略的因素。
2. 试比较分析社会保障基金投资运营组合管理的一般策略。
3. 简述马科维茨的投资组合理论。
4. 试表述马科维茨的投资组合理论的意义。

5. 在构建投资组合之前要明确哪些基本原则?
6. 简述马科维茨的投资组合理论的局限性。
7. 简述证券投资组合风险与收益的计算方法。
8. 简述投资组合的最优化标准。

案例1 社保基金:价值投资还是韭菜收割机?[①]

社保基金会党组书记王尔乘在《人民论坛》发表署名文章称,将推动社保基金适当放宽投资范围、放松投资品种限制。截至2018年年底,全国社会保障基金累计投资收益额9598.55亿元,年均投资收益率7.82%,超过同期通货膨胀率5.53个百分点。一直以来,"社保基金入市"如同A股市场的"板蓝根",在市场不振时,就被挖出来,鼓舞一波人气。然而,你真的了解社保基金么?关于社保基金,它的来龙去脉、投资理念以及入市影响究竟如何?

社保基金指的是国家社会保障储备基金,主要用于人口老龄化高峰时期的养老保险等社会保障支出的补充和调剂,以备不时之需。社保基金的资金来源主要有"中央财政预算拨款、国有资本划转、基金投资收益和国务院批准的其他方式筹集",并由全国社会保障基金理事会负责管理运营。

社保基金成立于2000年8月,2006年和2012年,做实个人账户中央财政补助资金、部分企业职工基本养老保险资金分别并入社保基金统一运营。财联社简单梳理社保基金的发展历史,如表5-1所示。

表5-1 社保基金的发展历史

时间	事件
2000年	8月,全国社会保障基金成立,并且设立理事会负责基金投资运营
2003年	社保基金确定首批10家委托投资机构,开始进行委托投资
2006年	做实个人账户中央财政补助资金(45.5亿元)并入社保基金统一运营
2012年	广东省部分企业职工基本养老保险资金(1000亿元)并入社保基金统一运营
2015年	山东省部分企业职工基本养老保险资金(1000亿元)并入社保基金统一运营
2017年	11月9日国务院印发的《划转部分国有资本充实社保基金实施方案》,由国务院委托社保基金会负责集中持有的划转中央企业国有股权,单独核算

在资金来源方面,中央政府拨款、国有股划拨和彩票公益金是社保基金的主要来源。截至2017年年末,财政性拨入社保基金资金和股份累计8577.8亿元。其中,中央财政预算拨款3098.36亿元,国有股减转持资金和股份2827.7亿元,彩票公益金2651.6亿元。扣除其他拨出项目,累计财政性净拨入8557.1亿元。此外,2006年做实个人账户中央财政补助资金共计45.5亿

---

① 周亦成. 财联社. 社保基金又说要增资A股-跟风前不妨先读懂社保基金[EB/OL]. (2019-05-04) [2021-08-30]. https://www.cls.cn/detail/349988.

元,2012年和2015年广东省和山东省分别委托企业职工基本养老保险基金结余资金1000亿元。

社保基金目前主要有两大运作方式：一个是由社保基金理事会直接管理运作；另一个是由社保基金理事会委托投资管理人委托运作。

随着投资规模的不断扩大，社保基金委托管理的方式所占比重不断提高。2015年，社保基金委托投资规模首次超过直接投资。按照社保基金2017年年报披露的数据："截至2017年年末，社保基金资产总额高达2.22万亿元。"2017年社保基金总规模较2003年的0.13万亿增长了16倍。其中，委托投资占比由2003年的24.07%上升到2017年的57.65%。目前，社保基金境内委托投资机构共计18家，其中管理账户较多的管理人有博时基金(9个)、华夏基金(7个)、嘉实基金(7个)和鹏华基金(7个)等。

社保基金是社会保障的储备基金，其资金久期较长、规模较大，这一特性决定了社保基金的投资风格以长期价值投资为主。国投电力是2007年以来社保基金持股时间最长的个股，2018年三季度持有1.18亿股，占流通股的1.74%。

社保基金官网上介绍了社保基金的投资案例，社保基金2003—2005年在小幅波动的市场低位加仓，2006年持有不动，2007年高位大幅减仓，2008年逐渐加仓，2009年在低位小幅加仓，2010年逢低加仓，2011年也逢低加仓，总体上较好地把握了股市的节奏，没有出现高位大幅增资和低位大幅抽资等重大失误。

在个股的案例中，我们能看到一场与上述价值投资典范不那么协调的投机。

曾经的网红股乐视网，社保基金也曾对其有一番"骚操作"。2014年，社保基金多次增持乐视网，此时乐视网处于底部位置。2015年一季度，随着乐视的故事越讲越大，股价也越来越高，可能社保基金也闻到了不好的气息，随即在此时清仓。不到半年后，乐视网的泡沫破灭，直至濒临退市。社保基金完成了一通"只吃鱼身，不吃鱼头鱼尾"的高抛低吸。

除了在2008年金融危机时取得负收益外，自成立以来，社保基金在其余年份均实现了稳定的正收益，累计年均投资收益率达8.44%。自成立以来，社保基金投资收益相对稳定，社保基金累计投资收益额高达1.01万亿元，收益率达8.44%，远超通胀水平。由此可见，社保基金基本达到了其追求稳定正收益的目标。其中，受益于股票市场上涨，2006年、2007年、2009年和2015年投资收益率较高，分别为29.01%、43.19%、16.12%、15.19%。

社保基金在2018年第三季度和2018年第四季度连续出现减持，而到了2019年一季度，社保基金投资开始活跃起来。剔除因限售股解禁持有的股票外，2019年第一季度被列入前十大流通股股东的持股市值合计为1608.49亿元，比2018年第四季度的1385.33亿元增加223.16亿元，增加幅度为16.11%。但是从长期来看，目前整体的持仓量仍为2014年第四季度以来第三低。

据西南证券统计，截至2019年一季度，社保基金目前持股市值最大的前十家公司为长春高新、三一重工、美年健康、乐普医疗、牧原股份、华侨城A、金风科技、中炬高新、青岛海尔和迈瑞医疗。持股比例最高的是迈瑞医疗，比例为9.36%，也是社保基金一季度持股比例增加最多的股票，增加3.59个百分点。

案例2 养老金管理"四大层次":模式、策略为何需因地制宜[①]

全国社保基金理事会养老金管理部主任陈向京在积极应对人口老龄化国家战略背景下的养老金融展望暨中国养老金融50人论坛成立五周年年会上指出,不同的养老金"支柱"需要采取不同的投资框架和投资策略。

陈向京认为,养老金管理模式可分为顶层设计、制度及管理机构、投资决策框架体系和管理流程四大层次。

在主流观念下,养老金投资管理需要通过研判宏观经济和资本市场走势,获取预期的投资收益率,来实现养老金的保值增值。但在陈向京看来,养老金的管理是一个系统管理过程,需要根据不同的养老金政策、制度和投资环境来确定不同的投资管理模式,并在不同的投资框架和决策机制下确定不同的投资策略,以实现与资金性质相匹配的投资收益率,来获得保值增值的目标。

陈向京指出,养老金管理的第一个层次是养老制度的顶层设计。

"先确认属于一、二、三支柱当中哪一个支柱,进而决定定位是基本养老金还是普通养老金,是属于公共养老金范畴还是私人养老金范畴。"陈向京表示。

"公共养老金是国家强制收缴并发放,体现强制性和基础性的特征。大多数国家公共养老金都采取限收限付,积累量是比较小的,因此为了满足支付需求,它一般只是关注流动性管理,获得更高收益不是核心内容。"陈向京指出,"投资策略相对比较保守,长期收益水平比较有限,公共养老金大多数国家成立专门机构集中运营,该机构一般是按照公共管理部门来设立。"

不过公共养老金可分为市场化、公共部门管理两种模式。

"一种是完全按照市场化投资管理模式来试点,大家印象比较深是加拿大CPPIB;另外一种是按照公共管理部门来设立的,两种不同设置投资机构差别也比较大,总体来讲市场化养老金发展比较好。"陈向京说。

陈向京举例指出,虽然国内也采用了公共管理部门模式,但在投资环节中仍然可以引入市场化的做法,逐步培养较好的配置能力,制定适宜的投资策略,选出优秀管理人员,实现保值增值的目标。

相比之下,私人养老金的市场化程度则更高。"私人养老金是作为补充性的养老金,一般不具强制性,而是个人自愿缴纳作为养老金的补充,大多数实行个人账户积累制。无论是看资金性质还是各国实践,一般都是在统一规范养老金账户下对接合格的适合养老金性质的资产管理机构和金融产品,由多个合格市场化养老金投资机构进行竞争性、分散化的管理。"陈向京表示。

不同的养老金管理制度及机构,则是陈向京所讲述的第二个层次。"市场化养老金管理机构的特点是具有市场化的机制,投资业绩是其主要目标,组织机构也比较扁平化,

---

① 洪小棠. 经济观察网. 社保基金陈向京详述养老金管理"四大层次":模式、策略为何需因地制宜[EB/OL].(2020-12-15)[2021-08-30]. http://www.eeo.com.cn/2020/1215/445642.shtml.

以投研为核心，投资决策链条比较短，有比较好的激励约束机制，容易吸引和留住优秀人才，同时不断完善投资决策体系，提升投资能力，优化投资管理模式和管理体系，并做好营销和品牌管理，以获取更多市场份额。"陈向京指出。

但有别于市场化养老金管理机构，公共管理部门型养老则兼顾了更多的社会责任。"有的国家采取了简单的较低保底收益模式，比如新加坡个人账户基金由中央公积金集中管理的，它给了平均约2%的收益。公共养老金管理机构管理的大多数是第一支柱公共养老金，收益保底比较低。公共管理机构特征决定了管理模式和收益，不能简单看高低，要看国家养老金政策、政府财力以及资金可能转给其他政府投资机构去运营，和这些都是密切相关的，体现了公共管理部门的特征。"陈向京强调。

如何灵活化配置框架？作为直接影响投资业绩与稳定性的重要因素，投资框架是养老金管理的第三个层次。陈向京指出，资产配置是养老金投资管理中比较好的投资管理模式，具有科学性、规范性和纪律性，可以有效解决机构投资者量大、产品体系庞大、目标不明确、投资结果分化难以控制这些问题。"资产配置体系贯穿整个投资流程，包括理解资金投资需求、明确投资目标、设立资产类别、制定比例调整和再平衡的规则、选择管理人、确定细分资产结构和风格、开展风险管理、进行绩效评估一系列环节，通过战略配置、战术配置获得超额收益，平衡控制整体风险体系，可以提高投资管理专业人员的能动性，避免主观判断失误造成损失。"陈向京表示。

"反之不采取资产配置框架，或者有效管理模式，可能出现管理松散。一方面，容易导致投资运作偏离投资目标和性质、投资执行不及时的问题，甚至极端市场情况下被个人情绪贪婪和恐惧所主导；另一方面，容易导致产品体系缺乏有效配置，无法发挥协同效应，无法实现整体融合，进而无法获得可预期的整体业绩。"

在陈向京看来，资产配置框架也需要更加灵活的投资流程，而这也是养老金管理的第四个层次。"直接投资和委托投资在选择上没有优劣之分，不是说集中管理公共性养老机构必须采取委托模式，分散管理参与市场化竞争的机构必须采取直接投资模式，而是根据自身特点、投资能力、机制体制和竞争优势来确定。"陈向京表示。

在陈向京看来，在合适的时机、合适的领域选择合适的投资方式颇为重要。"对于偏行政化的公共管理机构，难以具备市场化管理机构的约束机制，因而不能采取细分领域，而是采取委托投资方式，博采各家机构的资产。而公共型投资管理机构在某些领域也有自身开展直接投资的优势，比如在国家重点战略项目、大额投资中，我们可以考虑运用机构本身的权威性和体量优势，获取准入或者更有利的价值条款。"陈向京表示，"市场化投资机构必须在某个或者几个资产领域，或者分类中有较强的直接投资能力，我们很难想象没有直接投资能力的市场化机构如何在竞争性市场环境中生存下去。"

"投资能力和专业人员培养是一个长期的过程，一些养老金投资管理机构早期可以适当借助于委托投资方帮助自己提高投资利润，要考虑自身成本和规模潜力，现实情况就是这样，如果规模很小、规模增长潜力也很小，很难选聘优秀的管理机构。"陈向京指出。

第6章　社会保障基金投资运营风险及管理

【本章提要】本章主要介绍了风险与风险管理、社会保障与风险管理，社会保障基金投资运营风险的识别和度量。读者通过对本章的学习，可掌握社会保障风险的来源以及管理方法。

6.1　风险与风险管理概述

6.1.1　风险的基本内涵

1. 风险

风险这个词含义丰富，广义的风险是指在某一特定环境下，在某一特定时间段内，某种损失发生的可能性；狭义的风险通常与不确定性及相应的不利后果相联系，是人们对未来决策及客观条件的不确定而引起的实际结果与预期结果发生的负向偏离。

预期结果有两种含义：一种是人们心中所希望的结果；另一种是统计学意义上的预期结果。人们心中总是怀有一种美好的愿望，希望不利的事情不会发生，这样预期的结果就是最为有利的结果，但是这种主观上的希望意义不大，因为在现实中得到最有利的结果的概率通常比较小。因此相对而言，统计学意义上的预期结果更有意义，它是大概率事件或是平均概率下的期望值。

当实际结果与预期结果不同步就发生了偏离，但是在风险的定义中，并不要求偏离一定在实际情况中发生，只要存在偏离的可能性，就可以说存在风险。偏离有正向偏离也有负向偏离，从概率上说，正向偏离和负向偏离都有可能发生，但是狭义上风险中所谓的偏离基本是指负向偏离，这也正是风险管理所要解决的问题。

2. 社会风险

广义的社会风险是指由于自然灾害、政治因素、经济因素、技术因素以及社会因素等方面的原因引发社会秩序混乱或社会动荡的可能性。为了防范这些风险，人们会对风险进行管理，比如通过选择自留或者购买商业保险等方式将这些风险转嫁出去。

3. 商业保险

商业保险是分散风险的一种重要方式，它以营利为目的向社会成员提供保险服务，帮助人们承担各种风险，但是有些社会风险是商业保险不能解决的。商业保险无法解决的社会风险通常包括以下三种情况。

(1) 商业保险能力不足。当风险为社会成员普遍面临的风险时，或者是出现大范围严重的自然灾害时，商业保险可能会无能为力。例如，当出现经济危机或是经济衰退时，可能会出现大量失业人员，这是商业保险无法承受的，也就是说，商业保险不能有效供给失业保险。另外一个例子是巨灾风险，巨灾风险可能会造成巨大的财产损失和严重的人员伤亡，具有突发性和高破坏性的特点，无法单纯依靠商业保险应对。

(2) 存在信息不对称时，保险市场会出现失灵。所谓信息不对称，是指交易双方中的一方利用另一方没有掌握的信息为自己谋取更多的利益。信息不对称广泛存在，保险市场尤其明显，保险市场中的信息不对称可能导致逆选择。以健康保险为例，与保险人相比，消费者对于自己的健康状况的了解更加准确详细，健康的人倾向于自留疾病风险，而健康状况较差的人比健康的人更渴望购买保险，这就是保险市场中的逆选择。保险人了解的消费者的健康信息显然比不上消费者自己，不容易分辨健康的人和健康状况较差的人，很难按照不同健康程度和保险需求来定价。这样的结果就是发病率高的人购买商业保险，从而推动保险费率不断提高，最终导致越来越多的人买不起保险，而这些买不起保险的人恰恰多是健康状况差、收入低、最需要健康保险的人。保险市场失灵需要通过其他方式来解决信息不对称和逆选择问题，一种方法就是强制所有人都参加保险，从而在所有人中分散风险，这样既可以解决被保险人转嫁风险的问题，又有利于将保险费率控制在一个合理的水平，但这是政府举办的社会保险才能实现的。

(3) 风险选择。所谓风险选择，是指保险人对投资人的选择。个人的风险并不一定都能转嫁给保险人，保险人以营利为目的，会对被保险人和保险标的进行选择，从而自己控制承担的风险。例如，商业保险中的养老保险不会卖给年长的人，健康保险不会卖给生病的人等。这些需要保障的人无法通过商业保险来解决其面临的问题。

6.1.2 风险管理

风险管理是针对风险状况而采取的一系列降低风险的管理行为，风险管理是一个管理过程，包括对风险的识别、测量、防范和评估。风险管理的目的是把可以避免的风险降至最低，使成本及损失最小化。

1. 风险管理的过程

风险管理的基本过程主要包括以下4个关键步骤。
(1) 风险识别。识别各种可能带来损失的重大风险，这是风险管理的基础。
(2) 风险测量。在识别风险的基础上衡量潜在的损失概率和损失程度。
(3) 风险防范。开发并且选择适当的风险管理方法，并运用这些风险管理方法。
(4) 检查和评估。对所采取的风险管理方法和管理策略进行检查、评估和修正，以保证风险管理的有效实施，尽量减少和避免风险。

人们对风险的认识以及管理技术方法总是在不断地提高，因此风险识别、风险测量、风险防范以及检查和评估这4个环节也在不断地修正，从而使风险管理真正有效。

2. 风险管理的方法

风险管理的基本方法主要有损失控制、损失融资和内部风险控制。要提高风险管理的有效性，需要对这三种方法加以灵活运用。

1) 损失控制

所谓损失控制是指通过降低损失发生的频率或损失程度来减小损失期望值的各种行为。一般可以把影响损失发生频率的行为称为损失防止手段，把影响损失程度的行为称为损失降低手段。

损失控制的方法主要有两种：一种是控制风险行为的数目，另一种是对风险行为可能造成的损失提高预防能力。对风险行为的数目加以控制是为了降低损失发生的频率，但是这种方法的缺陷是在控制风险行为可能带来的损失的同时，也降低甚至丧失了风险行为可能带来的收益。当把风险行为的数目降低到零时，就不存在任何风险损失了，这种极端的行为被称为风险回避。另一种损失控制的方法是提高对给定风险的预防能力，从而降低风险发生的频率和损失程度。

2) 损失融资

所谓损失融资是指支付或抵偿损失的方法或手段。损失融资一般有4种方法或手段，它们经常结合使用。

(1) 自留。自留是风险财务安排的一种基本形式，是指自己承担风险，并为风险导致的一切后果特别是损失负责。采用风险自留的方式，必须对风险损失的后果有适当的应对措施，主要是融资准备，以便在损失发生后有足够的资金对其进行补偿。补偿资金可以是自己的内部资源，也可以来自外部融资渠道。

(2) 购买保险合同。通过向保险公司购买合同，将自身的风险转嫁给保险公司，在购买合同时需要向保险公司支付一定的保险费，当发生保险责任范围内的损失时，保险公司要按合同约定对损失进行补偿。保险合同降低了购买保险一方的风险损失，而保险公司一方则通过损失分摊的大数法则来降低自己的风险。

(3) 套期保值。远期合约、期货合约、期权合约以及互换合约等金融衍生品可以用来对风险进行套期保值，即可以对冲由于商品价格、利率、汇率以及其他价格变动带来的损失。这些金融衍生品主要用于价格风险管理。

(4) 使用众多的合约化风险中的一种或几种来将风险转嫁给其他团体。这种方法与保险以及金融衍生工具类似，通过某种合约将风险转嫁出去。

3) 内部风险控制

所谓内部风险控制是指在内部控制风险，而不是通过将风险转嫁给其他团体的方式来降低风险。内部风险控制主要有两种方法：一种方法是分散化，其形象解释是"不要把所有的鸡蛋放在同一个篮子里"。对于一个公司来说，分散化意味着通过分散经营活动从内部降低风险。另一种方法是进行信息投资，对风险损失分布进行准确评估，进而更科学地预测期望损失。

6.2 社会保障与风险管理

6.2.1 社会保障风险

社会保障是分散社会成员面临的各种社会风险的一种有效方式，但是社会保障制度在运行中也面临各种风险。社会保障风险是指由无法准确预见的因素导致社会保障活动的实际结果与预期结果之间存在偏差和损失发生的可能性。如果不能较好地化解这一风险，就会妨碍社会保障发挥其分散社会风险的功能。另外，社会保障制度运行的责任主体是政府、企业和个人，我国的社会保险法明文规定政府是社会保险的终极责任承担者，一旦发生社会保障风险，不仅影响政府财政预算，而且影响国家或地区安全与稳定运行。因此，不论是从确保社会保障分散社会风险功能的顺畅发挥的角度，还是从减轻政府财政压力的角度，都应该关注社会保障风险，并对这些风险进行有效管理。

社会保障制度所面临的风险不同于各种类型的企业所面临的风险，有其自身的一些特点。

(1) 风险的双重性，即社会保障本身能够分散风险，同时，其本身运营还有风险，形成了双重风险。

(2) 具有经营风险和财务风险的混合性。

(3) 风险的相关性，即各种风险之间还存在相关性。

(4) 有些风险具有较强的隐蔽性。

(5) 危害的严重性，社会保障出现偿付危机时，政府作为举办主体有财政责任，可能造成巨大的财政压力。

6.2.2 社会保障风险来源

社会保障制度与政治、经济、法律、文化等诸多微观系统相联系，主要可分为两大类风险：外部风险和内部风险。其中，内部风险可以分为制度设计风险和制度实施风险。外部风险源于社会保障制度设计和实施以外的诸多因素，内部风险源于制度安排和实施本身。

1. 外部风险

所谓外部风险是指与社会保障制度相联系的经济社会环境变量和其他制度安排等因素的变化，可能对社会保障制度产生不利影响。外部风险影响因素主要有以下三个。

(1) 全球经济形势。如今全球经济一体化，外部经济形势对国家的经济发展影响是非常大的。

(2) 国内经济形势。国家的社会保障制度运行状况与该国的经济形势有着非常紧密的联系，国内经济形势对社会保障的运行有着重大影响。当经济形势处于高涨期时，社会保障总体来说收入较高而支出较低，制度负担轻，社会保障制度能保持良好运行；当经济形势处于衰落或低谷期时，经济增长缓慢，失业人数多，需要救助的人数多，社会保障支出会增加，制度运行负担较重，严重时可能会导致社会保障危机爆发。

(3) 人口老龄化。人口老龄化直接影响养老保险制度的负担比(即养老金领取者人数与劳动者人数的比例)，而且老年人的医疗支出比年轻人更高，所以人口老龄化也会加重医疗社会保险的负担。老年人因为丧失劳动能力和工作机会，很容易陷入生活困境，需要接受社会救助，因此人口老龄化也意味着社会救助支出需要增加。另外，人口老龄化对经济增长、储蓄、投资、消费、劳动力市场、税收等各方面都会产生影响，这些能间接影响社会保障制度的运行。人口老龄化对社会保障的直接影响和间接影响都会加重社会保障运行负担，如果不能较好地解决将会直接造成社会保障危机。

2. 内部风险

1) 制度风险

所谓制度风险是指政府在对社会保障制度做出安排时，在制度设计、制度实施和制度保障等一系列制度安排过程中对社会保障制度运行产生的风险。制度风险主要有以下几种。

(1) 社会保障缴费率。社会保障缴费率是社会保障缴费额占一个国家或地区的职工工资的百分率，它反映了社会保障的筹资水平和企业与员工的缴费负担。缴费率如果太低，则可能导致社会保障筹资不足或是出现偿付能力不足的问题；缴费率如果太高，对企业和员工来说会是沉重的负担，对企业的进一步发展和员工的消费产生消极影响。

(2) 社会保障支出占国家财政收入的比例。国家财政收入用于社会保障支出的比例应该适度，如果比例过高，会对财政形成沉重的负担，不利于国家经济建设；如果比例过低，则可能造成社会保障支出水平低，导致社会不稳定。

(3) 法定退休年龄。退休年龄影响劳动期和退休期的时间长短，法定退休年龄偏低意味着较短的工作期和较长的退休期，可能会使工作期积累不足，无法支付退休后的各种支出需求。在采用现收现付方式的养老保险制度下，偏低的退休年龄意味着制度负担比较重，会使在职员工缴费负担较为沉重。

(4) 监控机制的完善程度。社会保障的监控机制设置是否完善，会影响社会保障体系能否正常运行，对整个社会保障体系来说，监控是社会保障管理不可或缺的环节，只有完善的监控机制安排才能让社会保障制度健康运行、持续发展。

2) 制度实施风险

所谓制度实施风险是指社会保障制度由收到支的各环节，即筹资过程、管理过程和支付过程中所产生的风险。制度实施风险主要有以下几种。

(1) 财务风险。社会保障财务贯穿社会保障运营的全过程，包括社会保障筹资、基金投资管理和待遇支付，这三个环节中所涉及的不确定性因素都能引起社会保障财务风险，因此财务风险是一项涉及多个风险因素的综合风险。社会保障财务风险主要表现为偿付能力可能不足，这种偿付能力不足与社会保障的筹资和投资管理以及待遇水平的确定都有关系。一般来说，投资管理环节的不确定性因素较多，既包括经办操作中的风险，也包括投资过程中的市场风险，因此会显著影响社会保障基金的最终偿付能力。在筹资环节和待遇支付环节主要涉及一些经办操作风险，它也能影响最终的偿付能力。

(2) 经办操作风险。社会保障制度实施和政策落实是由经办机构来操作的，经办机构也面临诸多的风险。经办操作风险主要是指不完善或者有问题的程序制度或规定、系统、人员和外部条件造成社会保障损失的风险，这类风险主要源于三个方面：系统、人和操作流程。经办操作风险是一种纯粹风险，只能给社会保障带来损失而不会带来任何收益，经办操作风险不是社会保障所必须承担的风险，因此应该通过一定的风险管理措施使其降到最低。

社会保障制度所面临的这些风险并非都能得到控制，财务管理风险、投资风险、操作风险等可以通过制度安排、监管或其他方法得到控制，而自然风险、经济环境风险、政策法律风险、利率风险等这些外部风险则难以掌控，对于这些风险应该有应对之策，在风险发生后可及时弥补。

6.2.3 社会保障风险管理

1. 社会保障风险管理的目标

社会保障风险管理需要经过风险识别、风险评价、风险管理策略选择和实施以及持续的检查和评价，来达到一定的风险管理目标。社会保障风险管理的目标总的来说有以下两个方面。

(1) 财务稳定目标。财务稳定性是社会保障基金运转和融通能力的主要保证，资金运转和融通能力就是社会保障的偿付能力，社会保障制度有稳健的财务，有足够的偿付能力是社会保障风险管理的基本目标。

(2) 持续发展目标。社会保障是一个注定要持续发展的制度，这不仅是社会保障功能的要求，也是政府信用和形象的要求。社会保障牵涉甚多，需要保证其持续健康地发展。实施社会保障风险管理需要瞄准对象，因地制宜地采取对策，争取把风险控制在最小的范围内。

2. 社会保障风险管理的原则

社会保障风险管理的基本目标是财务稳健，有足够的偿付能力。为了实现社会保障风险管理的目标，应遵循以下风险管理的基本原则。

(1) 全面周详原则。实现社会保障风险管理的目标，首先，必须全面、周详地了解社会保障中存在的各种风险因素以及因风险出现而引起的后果；其次，应该选择风险管理策略，全面、周详地安排风险管理计划；最后，应该全面、周详地实施风险管理计划，并不断根据实际情况进行调整。

(2) 量力而行原则。社会保障体系建设和发展水平应该与经济社会相协调，超出社会经济承受能力的社会保障难以持久。社会保障风险管理也要注意成本控制，要以最低的成本、最少的费用支出获得最好的风险管理效益。

3. 社会保障风险管理的层次

社会保障风险管理是一个有层次的管理体系，可以分为宏观和微观两个层次。宏观风险管理是为了整个社会保障体系健康、持续地运行而进行的风险管理，微观风险管理是对社会保障经办机构面临的风险进行的管理，本章讨论的社会保障风险主要是宏观层次上的风险。

宏观层次的风险管理对象是整个社会保障体系，它的风险来源更为广泛，一切能影响社会保障制度运行的因素都可称作社会保障风险，社会保障制度的外部环境和社会保障制度本身的制度设计、实施都是社会保障体系的风险来源。微观层次的风险管理对象是社会保障经办机构，它的主要风险来源是操作风险，一般可以通过制度安排和监管等这类损失控制策略来化解。社会保障风险发生后，可能会给国家财政造成巨大的压力，甚至引起整个经济社会的动荡，因此社会保障风险管理的主体是政府监管机构，需要通过实施一系列的制度安排和措施，并对社会保障制度运行实施有效监控来进行社会保障管理，以控制社会保障风险。

社会保障的宏观风险管理和微观风险管理有着密切的联系。一方面，微观风险影响宏观风险，微观层次的风险也能造成社会保障体系的震荡，从而引发宏观风险，如果微观风险得到控制，则社会保障体系的运行会更加平稳；另一方面，宏观风险也是所有社会保障经办机构面临的风险，如果宏观风险得到有效控制，社会保障经办机构的风险管理环境也会更宽松。

4. 社会保障风险管理的策略

从前文对风险管理基本理论的介绍中可以知道,风险管理的基本策略不外乎损失控制、损失融资以及内部风险控制。损失控制主要是通过一定的手段降低风险发生的频率和损失程度;损失融资主要是选择某种方式对损失进行弥补;内部风险控制主要是在内部控制风险。高效的整体风险管理必然要求灵活搭配这三种基本策略,有效地提高风险管理效果。不过,由于社会保障制度是一种以政府为主体、牵涉面甚广、内容众多的准公共产品,它的风险管理与一般企业的风险管理相比有诸多独特之处,应该要有所侧重。社会保障风险管理的基本策略应为:以损失控制和内部风险控制为主体,以损失融资为辅助,主要通过一系列的制度安排和监管来实现社会保障的风险管理。

(1) 以损失控制和内部风险控制为主体。社会保障经办局内部和监管当局对社会保障运营的各个环节都应该予以监管。对社会保障的操作风险应主要以损失控制为主,防范和杜绝危害社会保障制度运行的各种违法违规行为的发生,即通过制度安排和监管将经办操作风险发生的概率尽量降低到零。对社会保障基金财务风险,应主要采用内部风险控制和损失控制的风险管理策略,由于社会保障基金追求安全性、流动性和适当的收益性,不能将其运用到具有过高风险的投资项目中去,而且应该通过分散化投资来控制整体投资风险。社会保障风险管理应贯穿整个制度运行过程。

(2) 以损失融资为辅助。由于社会保障的特点,社会保障的损失融资可以采用的手段包括风险自留、财政补贴和利用金融工具交易进行风险转移。由于社会保障的目的是承担社会风险,且举办主体是政府,在损失融资策略中社会保障更侧重于风险自留和财政补贴。利用金融工具交易进行风险转移是一种补充策略,风险转移一般有两种形式:其一为传统的再保险;其二为利用期权、期货、互换等金融衍生工具来规避金融风险,这一方式主要运用于投资领域。

6.3　社会保障基金投资运营风险的识别和度量

社会保障基金投资运营的风险是指投资的实际收益率与预期收益率之间的差额,及投资收益率的不确定性。从原因上看,客观上有市场风险、流动性风险、信用风险、利率风险等原因,主观上有投资决策失误、投资组合失当等原因。社会保障基金投资风险管理是指针对社会保障基金投资管理过程中面临的各种风险制定的一系列政策、制度和措施,把社会保障基金投资过程中的风险可能造成的不良影响减至最低的管理过程。

社会保障基金投资运营风险管理的内容包括风险识别、风险度量和风险防范。首先,社会保障基金管理者对基金运行过程中可能面临的各种风险进行识别,考察各种风险来源;其次,对这些风险的概率分布以及可能损失的程度进行度量,然后根据风险本身的特征以及风险管理主体对风险的厌恶程度和对风险的承受能力来选择和实施适当的风险管理措施;最后,对社会保障基金投资管理过程进行监控,对风险管理措施进行检查,并不断调整和修正风险管理措施[1]。

---

[1] 邓大松, 孟颖颖. 社会保障风险管理[M]. 北京:人民出版社, 2017.

6.3.1 社会保障基金投资运营风险的识别

风险识别是社会保障基金投资风险管理的第一步，是进行风险管理的基础，这一步主要是了解风险的来源和性质，为风险管理措施的选择做准备。社会保障基金在投资运营过程中既会面临外部经济环境周期性变化和证券市场价格整体波动的外部风险，又会面临基金投资操作失误和管理不善的内部风险，即社会保障基金投资风险来源是多方面的，有必要对其进行详细考察，并根据不同的风险特质采取不同的风险防范策略。

1. 外部风险

社会保障基金投资面临的外部风险是指基金管理本身不能控制的一些因素，例如经济因素、社会因素、政治因素和市场因素等，使基金面临损失的可能性。外部风险主要有下面几种。

(1) 宏观经济周期风险。宏观经济运行具有周期性特点，有高涨时期也有衰落时期，这将会反映在证券市场中：宏观经济运行高涨时期，证券市场股票价格整体处于上涨状态；而宏观经济运行衰落时期，证券市场股票价格会整体下跌。宏观经济运行的周期性特点引起证券市场价格变动，从而影响社会保障基金收益水平的变动。

(2) 通货膨胀风险。通货膨胀风险又称为购买力风险，它是指由于通货膨胀的客观存在或是社会保障基金投资收益水平不确定，或是社会保障基金在经过若干年的积累后其实际购买力存在不确定性。基金投资是为了使基金保值增值，而通货膨胀影响了实际的收益水平，使基金保值增值的目标难以实现，社会保障基金的实际购买能力下降。

(3) 信用风险。信用风险又称为违约风险，它是指债务人不能履行债务而给债权人造成损失的可能性，或者是交易的一方不履行义务而给交易的另一方带来损失的可能性。信用风险存在于一切信用活动和交易活动中。社会保障基金投资中的信托投资以及基金交易都可能因为信用风险而导致基金投资收益水平下降、基金受损。

(4) 利率风险。利率风险是指市场利率变动引起投资收益水平变动的可能性。证券价格与利率呈反方向变动关系，即市场利率上升会引起证券价格下降，从而可能导致基金资产受损或收益减少。

(5) 法律风险。社会保障制度中社会保障基金投资管理与国家的法律法规有关，社会保障基金投资的法律风险主要是指有关基金投资的法律法规制度的完善程度以及基金投资监管的法律有效性影响基金投资绩效，如果社会保障基金投资以及监管的法律法规不完善，可能使得基金投资收益受损或是资产与逾期支付债务不匹配，不能实现基金投资的流动性、安全性和收益性目标。

(6) 政治风险。政治风险主要是指社会保障基金投资受到政治干预而使得基金投向没有收益回报或风险过大的资产，基金存在资产价值降低或收益减少的可能性。

(7) 政策风险。政策风险是指国家在货币政策、税收政策、产业政策以及社会保障投资政策等方面的政策变动给社会保障基金投资带来的影响，它可能对社保基金投资有利，也可能不利于社保基金投资。

(8) 行业风险和上市公司风险。行业风险是指证券发行企业所属行业的特征引起的证券投资收益变动的可能性。行业发展都有生命周期，即行业发展需要经历成长、成熟和衰落的过程，不同阶段中的行业风险不同，行业中的企业及其所发行证券的风险也会不同，因而投资于不同行业的基金，其收益是不确定的。上市公司风险是指证券发行企业盈利下降、经营亏损以及企业破产等原因导致的社会保障基金投资收益下降或出现亏损的可能性。

在社会保障基金投资的这些外部风险中，有些风险能够影响整个证券市场，例如宏观经济周期风险、通货膨胀风险、信用风险、利率风险、法律风险、政治风险以及政策风险，而有些风险只能影响个别投资品种，例如行业分析和上市公司风险。这两类风险性质不同，风险管理手段也是不同的，影响个别投资品种的非系统风险可以通过分散化投资、构建投资组合来较为有效地防控，但是对于影响整个证券市场的非系统性风险的控制比较难，分散投资策略无法起作用，只能通过建立有效的风险预警系统在一定程度上提高社会保障基金对外部系统性风险的反应能力，合理控制相应的风险损失。因此，对社会保障基金投资面临的外部风险的性质进行辨别和分类，有助于找到合理控制风险的方法。

2. 内部风险

在社会保障基金投资管理过程中，基金管理人的管理和操作可能出现失误或是违反管理流程，致使基金资产价值受到损害，这被称为社会保障基金投资管理的内部风险。内部风险与外部风险不同，内部风险源于基金投资管理自身的问题，例如管理、运作不当这些内部因素；而外部风险源于政治、经济、社会、法律等一些在基金投资管理过程之外的、投资管理人无法控制的外部因素。内部风险主要有三种，即投资操作风险、道德风险和技术风险。

(1) 投资操作风险。投资管理人在基金投资管理操作过程中可能会有很多因素致使投资失误，从而导致基金资产收益减少或受到损失。例如，投资管理人对宏观经济运作形势、证券市场价格变动趋势和资产价值等信息搜集不够或判断失误，或者是在评估风险和收益时采用了错误的模型、选择了错误的模型参数而使得评估结果失误，或者是其他投资决策中的一些问题，使得投资失败，造成经济收益下降或资产价值受损。投资本身就存在亏损的风险，因此社会保障基金的投资操作风险是客观存在、难以避免的，但是可以通过科学管理将这项风险控制在最低限度或是可承受的范围之内。

(2) 道德风险。道德风险是指投资管理人在投资管理过程中可能会违背其职业道德，为了牟取私利，主观上故意损害社会保障基金利益，使得收益下降或资产价值受损。例如，净值操纵、操纵市场、关联交易、内幕交易和群体决策。这些违规行为会危害到基金利益。道德风险与投资操作风险的区别在于风险来源的性质不同，前者是基金管理者主观上为了实现私利而不顾社会保障基金利益进行管理操作，使得基金利益受损；后者是基金管理者客观上能力不足、决策失误，或者是一些不能控制的外部条件致使投资收益下降或亏损，其主观上仍然想充分发挥其专业才能，为社会保障基金争取合理风险水平下的最大投资收益。

(3) 技术风险。社会保障基金投资管理依托各种信息系统和设备，如果这些信息系统和设备出现问题，将会对基金投资管理产生不利影响。这种源于信息技术系统和设备方面的基金损失可能性，即为社会保障基金投资管理的技术风险。

6.3.2 社会保障基金投资运营风险的度量

社会保障基金投资运营风险的度量可以采用金融机构所使用的一些风险度量模型，例如，马科维茨的均值-方差模型、威廉·夏普的单指数模型、VAR模型。下面对这几种风险度量模型进行简要的阐述。

1. 均值-方差模型

投资者将一笔给定的资金在一定时期进行投资。期初，他购买一些证券，然后在期末卖出。那么，在期初他要决定购买哪些证券以及资金在这些证券上如何分配，也就是说，投资者需要在期初从所有可能的证券组合中选择一个最优的组合。这时，投资者的决策目标有两个：尽可能高的收益率和尽可能低的不确定性风险。最好的目标应是使这两个相互制约的目标达到最佳平衡。由此建立起来的投资模型即为均值-方差模型。证券及其他风险资产的投资首先需要解决的是两个核心问题：预期收益与风险。那么如何测定组合投资的风险与收益和如何平衡这两项指标进行资产分配是市场投资者迫切需要解决的问题。在这样的背景下，马科维茨提出了这一理论。

2. 单指数模型

夏普单指数模型是诺贝尔经济学奖获得者威廉·夏普在1963年发表《对于"资产组合"分析的简化模型》一文中提出的。夏普提出单因素模型的基本思想是：当市场股价指数上升时，市场中大量的股票价格走高；相反，当市场指数下滑时，大量股票价格趋于下跌。据此，可以用一种证券的收益率和股价指数的收益率的相关关系得出以下模型

$$r_{it}-r_f=A_i+\beta_i(r_{mt}-r_f)+\varepsilon_{it}$$

该模型揭示了证券收益与指数(一个因素)之间的相互关系。其中r_{it}为时期内i证券的收益率；r_{mt}为t时期内市场指数的收益率；A_i是截距，它反映市场收益率为0时，证券i的收益率大小，它与上市公司本身基本面有关，与市场整体波动无关，因此A_i值是相对固定的；β_i为斜率，代表市场指数的波动对证券收益率的影响程度；ε_{it}为t时期内实际收益率与估算值之间的残差。

3. VAR模型

VAR(value at risk)模型用来估计给定金融产品或组合在未来资产价格波动下可能的或潜在的损失，即在一定的持有期和一定的置信区间内，某种资产或投资组合所面临的潜在的最大损失。例如，某个投资组合在一个交易日内、在95%的置信水平下，VAR值为80万元，则说明在一个交易日内，该投资组合损失超过80万元的概率为5%。

VAR分为两种，即相对VAR和绝对VAR。相对VAR是两个不同的期末资产价值的差额，是用期望收益率计算出来的期末资产价值与用一定置信水平下的最低收益率计算出来的期末资产价值之间的差额。绝对VAR是期初资产价值与期末资产价值的差额，即期初资产价值与用一定置信水平下的最低收益率计算出来的期末资产价值之间的差额。最低收益率是根据期望收益率和资产价值波动性计算而得的。VAR的计算涉及两个重要的变量，即持有期和置信水平的选择，两者对收益率的计算产生影响，从而影响VAR的大小。VAR模型采用数理统计分析方法，需要大量的数据，根据过去的经验数据来对未来做出预测。

本章小结

广义的风险是指在某一特定环境下，在某一特定时间段内，某种损失发生的可能性。狭义的风险与不确定性及相应的不利后果相联系，是人们对未来决策及客观条件的不确定而引起的

实际结果与预期结果发生的负向偏离。社会风险是指由于自然灾害、政治因素、经济因素、技术因素以及社会因素等方面的原因引发社会秩序混乱或社会动荡的可能性。为了防范这些风险，人们会对风险进行管理，通过选择自留或者购买商业保险等方式将这些风险转嫁出去。

风险管理的基本方法主要有损失控制、损失融资和内部风险控制3种。其中，损失融资又包括自留、购买保险合同、套期保值、转嫁4种方法。

社会保障制度所面临的风险主要来自内部风险和外部风险，具有双重性、混合性、相关性、隐蔽性以及危害的严重性5个特征。

社会保障基金投资面临的外部风险包括宏观经济周期风险、通货膨胀风险、信用风险、利率风险、法律风险、政治风险、政策风险、行业风险和上市公司风险。面临的内部风险包括投资操作风险、道德风险、技术风险。

社会保障基金投资运营的风险是指投资的实际收益率与预期收益率之间的差额，及投资收益率的不确定性。从原因上看，客观上有市场风险、流动性风险、信用风险、利率风险等原因，主观上有投资决策失误、投资组合失当等原因。社会保障基金投资风险管理是指针对社会保障基金投资管理过程中面临的各种风险制定的一系列政策、制度和措施，把社会保障基金投资过程中的风险可能造成的不良影响减至最低的管理过程。

社会保障基金投资运营风险管理的内容包括风险识别、风险度量和风险防范。首先，社会保障基金管理者对基金运行过程中可能面临的各种风险进行识别，考察各种风险来源；其次，对这些风险的概率分布以及可能损失的程度进行度量，然后根据风险本身的特征以及风险管理主体对风险的厌恶程度和对风险的承受能力来选择和实施适当的风险管理措施；最后，对社会保障基金投资管理过程进行监控，对风险管理措施进行检查，并不断调整和修正风险管理措施。

拓展阅读

1. 张春波.加强社会保障基金投资运营管理工作的探讨[J].经贸实践，2018(03)：95.
2. 肖颖.全国社会保障基金的管理现状与优化路径：基于基金筹集和投资运营的分析[J].北京劳动保障职业学院学报，2020，14(03)：11-17.
3. 江浩.社会保障基金管理和投资运营问题及措施[J].市场观察，2018(09)：55.

思考题

1. 简述风险管理的过程与基本方法。
2. 简述社会保障风险的来源。
3. 简述社会保障风险的管理目标和管理原则。
4. 简述社会保障风险管理的策略。
5. 简述社会保障基金投资运营风险的识别和度量方法。
6. 简述社会保障基金投资运营风险管理的内容。

典型案例

完善监督制度 创新监管模式 全力做好社保基金管理风险防控工作
——山东省济宁市人力资源和社会保障局[①]

为更好防范和化解基金风险,山东省济宁市不断健全完善基金监督管理机制,创新监管手段和方式,堵塞基金管理漏洞,推动各项风险防控措施落到实处,有力保障了社保基金的安全运行。

一、完善管理制度,夯实风险防控建设基础

建立现场监督和非现场监督等各项制度,充分发挥制度的规范作用,确保基金监督管理工作经常化、规范化和制度化。

(1) 建立以安全评估为核心的现场监督制度。与财政局联合制定《济宁市社会保险基金安全绩效评估试点实施方案》,每年开展一次全市社保基金安全评估,对社保基金进行"大查体",加强基金安全和使用管理状况监测,建立起以基金安全评估为核心的监督模式,增强了经办管理和基金监督的预见性和针对性。

(2) 完善网络监督检查制度。制定社会保险基金网络监督工作规则,充分利用信息技术手段开展现场监督,进一步提升监督质量和效率。印发《济宁市社会保险信息系统监督管理办法》,强化社会保险信息系统的监督管理,保障社会保险信息系统安全和数据真实。

(3) 健全社保基金违法违规案件处理机制。与市公安局建立打击社保欺诈联席会议制度,对涉嫌基金欺诈犯罪案件,按照程序移送公安机关。会同市财政局建立了社会保险基金监督举报奖励制度,对符合条件的举报人,按照查实金额的1%给予奖励,鼓励社会大众参与社保基金监督。

二、创新监管模式,提高风险防控工作实效

2015年以来,济宁市连续5年创新开展社会保险基金安全评估,抓好基金风险隐患的排查和整改,基金安全程度大幅度提升。

(1) 不断拓展基金监管内容。2015年以来,逐步将退休审批、缴费基数稽核纳入安全评估范围,拓宽安全评估外延,2017年、2018年,连续两年在全市范围内开展社会保险缴费基数全面集中稽核,分别增收社保费6.8亿元、7.23亿元。今年,在人社部专项检查要求必查内容的基础上,济宁市围绕业务运行控制、基金财务管理、经办管理信息系统、内部控制、政策制度、监督检查6个方面存在的风险点,并将其分解成32个小项,将防控措施落实到岗位和人员,建立了社保基金管理风险防控台账,台账定期更新,实现社保基金管理风险可查、可防、可控。

(2) 持续开展第三方专项检查。早期的专项检查主要采取市局分组检查或县(市、区)之

[①] 中华人民共和国人力资源和社会保障部. 完善监督制度创新监管模式全力做好社保基金管理风险防控工作——山东省济宁市人力资源和社会保障局[EB/OL]. (2020-04-03)[2021-08-24]. http://www.mohrss.gov.cn/SYrlzyhshbzb/shehuibaozhang/gzdt/202004/t20200403_364387.html.

间互查的方式，但存在检查组人员不固定、检查时间过短或碍于情面不方便开展工作等不利因素，检查的可信度低，效果不理想。经过研究论证，从2015年起，济宁市委托第三方会计师事务所开展专项检查，确保了专项检查的独立性、客观性、专业性。在市局的推动下，兖州、曲阜、鱼台等县(市、区)也积极开展第三方监督检查，取得了较好效果。

(3) 充分利用大数据平台。2014年起，逐步与民政、公安、卫健等部门签署协议，建立了殡葬、户籍、医疗数据共享比对机制，定期将疑似丧失领取社会保险待遇的数据比对结果通知参保单位核实，根据核实情况进行相应处理，确保社保基金安全。探索现场检查与数据分析相结合的监督检查方式，开展现场检查前利用大数据分析，提前筛查退休审批、重复领取、死亡冒领等各类疑点信息，为现场检查工作提供数据支持，确保检查过程中能及时发现风险点，避免可能出现的基金安全风险。2019年共核查完成疑点信息46 233条，追回基金500余万元，有效防止了社保基金的"跑、冒、滴、漏"。

三、加强警示教育，强化基金风险源头防控

开展警示教育和学习研讨，提高风险防范意识、依法依规办事能力和水平。

(1) 开展经常性警示教育。召开全市社保基金管理风险防控警示教育会议，邀请济宁市内审协会秘书长做"社保基金的风险防控与审计监督"警示教育讲座，通过剖析基金违法案例，分析社保基金管理的风险点，提高经办人员的风险防控意识和处置化解风险的能力。同时，利用赴县(市、区)开展社保基金管理风险专项检查的机会，现场开展社保基金管理风险防控警示教育宣讲活动，将警示教育延伸至县市区经办单位及乡镇人社所。

(2) 定期开展学习研讨。编印《济宁市社保基金管理风险防控警示教育学习材料》，组织全市社保工作人员专题学习，交流心得体会，增强守法意识和规矩意识。在全市人社系统开展社保基金管理风险防控"大学习、大讨论"活动，组织全市社保工作人员紧扣如何做好社会保险基金管理风险防控工作开展专题研讨，查找自身业务工作中发现的风险点32个，并提出针对性强、切实可行的风险防控措施39条，有力促进了警示教育常态化发展。

第7章 中国社会保障基金投资运营及管理

【本章提要】本章主要介绍了全国社会保障基金、社会基本养老保险基金、企业年金以及个人储蓄性养老保险基金的投资运营管理。读者通过本章的学习，可了解我国全国社会保障基金、社会基本养老保险基金、企业年金以及个人储蓄型养老保险基金的投资运营管理过程。

7.1 全国社会保障基金投资运营管理

社会保障基金运行过程包括社会保障基金的筹集、支付和投资等环节，社会保障基金投资运营管理是社会保障基金运行管理的一个组成部分。由于其关系到社会保障基金资产的保值增值和社会保障基金的可持续发展问题，同时其对国家治理体系和治理能力现代化产生重大影响，投资运营管理是十分重要的综合管理过程。目前，我国养老保险基金体系由社会基本养老保险基金、全国社会保险基金、企业年金和商业养老保险组成[1]。我国广大民众越来越关心各类养老保险基金的征缴、投资运营和使用。完善社会保险制度，确保社会保险基金长期收支平衡，成为国家宏观经济调控、社会财富分配的重要内容。对各类养老保险基金进行有效的投资运营管理，是一项最具挑战性的工作。

2000年8月1日，中共中央和国务院决定并设立全国社会保障基金理事会，负责全国社会保障基金的投资运营。经过近20年的发展，截止到2019年，全国社会保障基金理事会管理的基金资产总额为26 285.66亿元。2019年投资收益率为14.06%，自该理事会成立以来的年均投资收益率为8.14%，累计投资收益额12 464.06亿元，较好地完成了社会保障基金保值增值的任务，盈利水平超过同行业，建立了完善的理事会管理体制。

7.1.1 全国社会保障基金和全国社会保障基金理事会

1. 全国社会保障基金的内涵及职责

全国社会保障基金是国家社会保障储备基金，由中央财政预算拨款、国有资本划转、基金投资收益和国务院批准的其他方式筹集的资金构成，专门用于人口老龄化高峰时期的养老保险等社会保障支出的补充、调剂，由全国社会保障基金理事会(以下简称社保基金会)负责管理运营。全国社会保障基金和地方政府管理的基本养老、基本医疗等社会保险基金是不同的基金，

---

[1] 林义. 中国多层次养老保险的制度创新与路径优化[J]. 社会保障评论，2017，1(03).

不仅在资金来源和运营管理上存在不同,而且在用途上也存在区别。全国社会保障基金是国家重要的战略储备,它肩负着化解社会保障制度转型中出现的历史债务问题和应对人口老龄化带来的养老金支付高峰挑战的重要职责,是我国社会保障制度得以良好运行的重要保证。

2. 建立全国社会保障基金的历史背景

20世纪90年代后期,我国加快了国有企业改革的步伐,经过3年努力,到2000年基本实现国有企业改革脱困的目标。3年里,有2500万国有企业职工下岗,1998年全国企业退休人员达2600万人,3年兼并破产企业2600户,涉及400万名职工。与此同时,也出现下列问题:一是养老保险的征缴收入保证不了当期发放,需要财政补贴兜底。养老保险个人账户有账无钱,个人账户的钱,进了统筹账户,用于保证当期发放。社会统筹账户既要为在职职工积累退休基金,又要为已经退休和陆续不断退休的退休者提供退休金;二是下岗职工失业保险基金收支压力越来越大;三是城市居民最低生活保障制度没有稳定的资金来源。

为了满足上述社会保障基金日益增长的需要,2000年上半年国务院经多次研究设立了全国社会保障基金和多渠道筹集基金的来源并向党中央提出报告。2000年8月1日,中共中央政治局常委会同意国务院的报告,2000年9月25日,新华社公布经中央批准国务院决定设立全国社会保障基金的消息,同时公布设立全国社会保障基金的目的、基金来源、理事会职责和组成名单,全国社会保障基金和全国社会保障基金理事会应运而生,并明确提出全国社会保障基金理事会直接管理全国社会保障基金的日常工作。全国社会保障基金是中央政府集中的社会保障资金,主要用于今后人口老龄化高峰时期的社会保障需要,是国家重要的战略储备。

3. 全国社会保障基金理事会的职责和组织结构

全国社会保障基金理事会与全国社会保障基金同期建立,是负责管理运营全国社会保障基金的独立法人机构。

全国社会保障基金理事会主要职责包括以下几方面。

(1) 管理运营全国社会保障基金。

(2) 受国务院委托集中持有管理划转的中央企业国有股权,单独核算,接受考核和监督。

(3) 经国务院批准,受托管理基本养老保险基金投资运营。

(4) 根据国务院批准的范围和比例,直接投资运营或选择并委托专业机构运营基金资产,定期向有关部门报告投资运营情况,提交财务会计报告,接受有关部门监督。

(5) 定期向社会公布基金收支、管理和投资运营情况。

(6) 根据有关部门下达的指令和确定的方式拨出资金。

(7) 完成党中央、国务院交办的其他任务。

(8) 作为投资运营机构,履行好基金安全和保值增值的主体责任。

理事大会是全国社会保障基金理事会的最高决策机构,全国社会保障基金理事会的成员包括理事长、副理事长和理事,理事长、副理事长由国务院任命,理事由国务院聘任,理事长是社保基金会的法定代表人。

根据国务院批准的《全国社会保障基金理事会职能配置、内设机构和人员编制规定》,理事会在借鉴国际养老金管理机构经验的基础上,设置了内部组织架构,如图7-1所示。

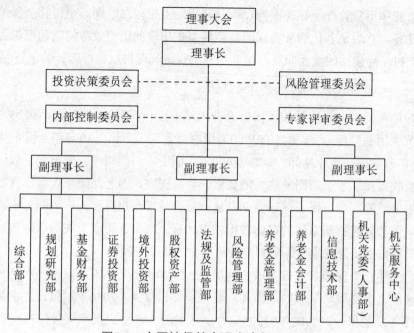

图7-1 全国社保基金理事会组织架构

社保基金会现设综合部、规划研究部、基金财务部、证券投资部、境外投资部、股权资产部(实业投资部)、法规及监管部、风险管理部、养老金管理部、养老金会计部、信息技术部、机关党委(人事部)和机关服务中心等职能部门。

社保基金会设立4个非常设机构,即投资决策委员会、风险管理委员会、内部控制委员会和专家评审委员会。投资决策委员会为社保基金会投资决策机构,主要审议战略和年度资产配置计划,审定风险政策与风险预算,审定重大投资决策事项。风险管理委员会为社保基金会风险管理的专门议事机构,主要审议风险管理制度、风险政策、重大投资和重大风险的评判标准,审议资产配置和重大投资的执行及效果评价等事项。内部控制委员会为社保基金会内部控制的决策机构,主要审议内部控制基本制度、基础性业务制度、专项制度等规范性文件,社保基金会内部控制重大事项部署安排和年度工作计划等决定,内部控制风险事件定责追责决议等事项。专家评审委员会为社保基金会选聘委托投资管理人或托管人时设立的评审机构,由社保基金会内外部专家构成,按照社保基金会确定的评审标准和程序评审提出投资管理人或托管人的排序名单。

7.1.2 全国社会保障基金理事会管理的资金

2001年12月,财政部与原劳动和社会保障部联合发布了《全国社会保障基金投资管理暂行办法》(以下简称《暂行办法》),明确了全国社会保障基金投资的基本原则、投资范围、投资比例和投资方式,是全国社会保障基金投资管理的主要法律依据。根据《暂行办法》的规定,全国社会保障基金的主要资金来源是中央财政拨款、国有股减持、转持划入的资金及股权资产,经国务院批准以其他方式筹集的资金以及投资形成的投资收益。

经国务院批准,依据财政部、人力资源和社会保障部的规定,全国社会保障基金理事会(以下简称社保基金会)受托管理以下资金。

(1) 全国社会保障基金(以下简称全国社保基金),是国家社会保障储备基金,用于人口老龄化高峰时期的养老保险等社会保障支出的补充、调剂。全国社保基金由中央财政预算拨款、国有资本划转、基金投资收益和以国务院批准的其他方式筹集的资金构成。截至2019年年末,财政性拨入全国社保基金资金和股份累计9616.50亿元。其中,中央财政预算拨款3398.36亿元,国有股减持、转持资金和股份合计2843.51亿元(减持资金971.39亿元,境内转持股票合计1028.57亿元,境外转持股票合计843.55亿元),彩票公益金合计3374.63亿元。扣除实业投资项目上市时社保基金会作为国有股东履行减持义务累计减少国有股13.88亿元,以及用于四川地震灾区工伤保险金补助财政调回6.80亿元,财政性净拨入全国社保基金累计9595.82亿元。

(2) 做实个人账户中央补助资金,是社保基金会受相关省(自治区、直辖市)人民政府委托管理的做实基本养老保险个人账户中央补助资金及其投资收益(以下简称个人账户基金)。根据财政部、人力资源和社会保障部《做实企业职工基本养老保险个人账户中央补助资金投资管理暂行办法》和社保基金会与试点省(自治区、直辖市)人民政府签署的委托投资管理合同,个人账户基金纳入全国社保基金统一运营,作为基金权益核算。

(3) 部分企业职工基本养老保险资金,是山东省人民政府委托社保基金会管理的部分企业职工基本养老保险基金结余资金及其投资收益(以下简称地方委托资金)。经国务院批准,根据社保基金会与山东省人民政府签订的委托投资管理合同,地方委托资金纳入全国社保基金统一运营,作为基金权益核算。

(4) 基本养老保险基金,是各省(自治区、直辖市)人民政府根据2015年8月17日国务院印发施行的《基本养老保险基金投资管理办法》,委托社保基金会管理的基本养老保险部分结余基金及其投资收益。根据《基本养老保险基金投资管理办法》和社保基金会与各委托省(自治区、直辖市)人民政府签署的委托投资管理合同,社保基金会对受托管理的基本养老保险基金实行单独管理、集中运营、独立核算。

(5) 划转的部分国有资本,是根据2017年11月9日国务院印发的《划转部分国有资本充实社保基金实施方案》,由国务院委托社保基金会负责集中持有的划转中央企业国有股权,单独核算。

根据《基本养老保险基金投资管理办法》第八章第四十六条规定,社保基金会作为受托机构,每年一次向社会公布基本养老保险基金资产、收益等财务状况。

7.1.3 全国社会保障基金投资运营管理

社保基金会根据《中华人民共和国社会保险法》、国务院印发的《基本养老保险基金投资管理办法》,以及国务院、人力资源和社会保障部与财政部的相关批准文件对基本养老保险基金进行受托运营。人力资源和社会保障部会同财政部对基本养老保险基金的管理和投资运营情况进行监督[1]。

---

[1] 霍尔茨曼,斯蒂格利茨,等. 21世纪可持续发展的养老金制度[M]. 胡劲松,等,译. 北京:中国劳动社会保障出版社,2004.

1. 投资理念、方式和范围

1) 投资理念

社保基金会坚持长期投资、价值投资和责任投资的理念，按照审慎投资、安全至上、控制风险、提高收益的方针进行投资运营管理，确保基金安全，实现保值增值。

2) 投资方式

社保基金会采取直接投资与委托投资相结合的方式开展投资运作。直接投资由社保基金会直接管理运作，主要包括银行存款和股权投资。委托投资由社保基金会委托投资管理人管理运作，主要包括境内股票、债券、养老金产品、上市流通的证券投资基金，以及股指期货、国债期货等，委托投资资产由社保基金会选择的托管人托管。

(1) 投资管理人。投资管理人由社保基金理事会确定，需满足以下条件：在中国注册，经中国证监会批准具有基金管理业务资格的基金管理公司及国务院规定的其他专业性投资管理机构；基金管理公司实收资本不少于5000万元人民币，在任何时候都维持不少于5000万元人民币的净资产(其他专业性投资管理机构需具备的最低资本规模另行规定)；具有两年以上的在中国境内从事证券投资管理业务的经验，且管理审慎，信誉较高，具有规范的国际运作经验的机构，其经营时间可不受此款的限制；最近三年没有重大的违规行为，具有完善的法人治理结构，有与从事社保基金投资管理业务相适应的专业投资人员；具有完整有效的内部风险控制制度，内设独立的监察稽核部门，并配备足够数量的称职的专业人员。

投资管理人主要履行以下职责：按照投资管理政策及社保基金委托资产管理合同，管理并运用社保基金资产进行投资；建立社保基金投资管理风险准备金；完整保存社保基金委托资产的会计凭证、会计账簿和年度财务会计报告十五年以上；编制社保基金委托资产财务会计报告，出具社保基金委托资产投资运作报告；保存社保基金投资记录十五年以上；社保基金委托资产管理合同规定的其他职责。

(2) 托管人。社保基金托管人由理事会确定，需满足以下条件：设有专门的基金托管部；实收资本不少于80亿元；有足够的熟悉托管业务的专职人员；具备安全保管基金全部资产的条件；具备安全、高效的清算、交割能力。

托管人主要履行以下职责：尽职保管社保基金的托管资产；执行社保基金投资管理人的投资指令，并负责办理社保基金名下的资金结算；监督社保基金投资管理人的投资运作，发现社保基金投资管理人的投资指令违法违规的，向理事会报告；完整保存社保基金会计账簿、会计凭证和年度财务会计报告十五年以上；社保基金托管合同规定的其他职责。

3) 投资范围

根据《基本养老保险基金投资管理办法》第六章第三十四条规定，基本养老保险基金限于境内投资。投资范围包括：银行存款，央行票据，同业存单；国债，政策性、开发性银行债券，信用等级在投资级以上的金融债、企业(公司)债、地方政府债券、可转换债(含分离交易可转换债)、短期融资券、中期票据、资产支持证券，债券回购；养老金产品，上市流通的证券投资基金，股票，股权，股指期货，国债期货。

此外，根据《基本养老保险基金投资管理办法》第六章第三十五条规定，国家重大工程和重大项目建设，基本养老保险基金可以通过适当方式参与投资。第三十六条规定，国有重点企业改制、上市，基本养老保险基金可以进行股权投资。范围限定为中央企业及其一级子公司，以及地方具有核心竞争力的行业龙头企业，包括省级财政部门，国有资产管理部门出资的国有或国有控股企业。

4) 资产独立性

基本养老保险基金资产独立于全国社保基金、划转的部分国有资本和社保基金会、社保基金会选聘的投资管理人、托管人的固有财产以及社保基金会选聘的投资管理人管理和托管人托管的其他资产。基本养老保险基金与全国社保基金、划转的部分国有资本、社保基金会单位财务分别建账，分别核算。

2. 资产配置与风险管理

经过多年探索实践，社保基金会在投资运营中形成了包括战略资产配置计划、年度战术资产配置计划、季度资产配置执行计划以及资产再平衡在内的较为完善的资产配置体系。其中，战略资产配置计划确定各类资产中长期目标配置比例和比例范围。年度战术资产配置计划是在战略资产配置计划规定的各类资产比例范围内，确定各类资产年度内的配置比例。季度资产配置执行计划是通过对形势分析和年度资产配置计划的审视，确定季度具体的执行计划，进行动态调整。资产再平衡是对于偏离年度战术资产配置阈值的资产进行调整，是资产配置体系中最重要的风险控制手段。

风险管理围绕总体投资目标，针对管理运营各环节可能出现的各类投资风险，通过专门的风险管理手段和方法进行风险的识别、衡量、评估、监测和控制应对，覆盖投资管理活动全领域、全过程，建立业务部门、风险管理职能部门、风险管理委员会和投资决策委员会的风险管理责任制度，形成了较为健全的风险管理体系。

3. 投资运营管理

2019年，面对错综复杂的国内外形势，在以习近平同志为核心的党中央坚强领导下，社保基金会坚持以习近平新时代中国特色社会主义思想为指导，认真落实党中央决策部署和国务院工作要求，坚持稳中求进工作总基调，保持战略定力，增强发展信心，强化党组对基金重大投资决策事项审核把关职能，完善投资决策委员会决策机制，优化投资决策和审批程序，提高投资决策效能，努力实现投资各环节的有机衔接和高效运转。

(1) 养老基金受托规模突破万亿。深入学习贯彻党中央决策部署，坚持扩大受托规模与加强投资运营两手抓，扎实做好养老基金受托管理。由会领导带队，主动到有关省份调研，围绕扩大养老保险基金委托投资规模、提高投资运营水平、助力地方经济发展等进行沟通交流。截至2019年年末，社保基金会已先后与22个省(自治区、直辖市)签署委托投资合同，合同总金额10 930.36亿元，均为委托期五年的承诺保底模式，实际到账资金9081.77亿元。

(2) 增强资产配置科学性和有效性。密切跟踪国内外宏观经济、资本市场形势和政策走势，加强形势分析研判，着力增强投资策略的科学性，不断提高资产配置的有效性。根据市场发展变化，科学编制实施资产配置计划，合理安排投资节奏，加强主动管理，增强预见性和前瞻性，实施有效的动态配置，努力提高超额收益。

(3) 优化基金投资决策机制。修订党组工作规则，突出党组对基金重大投资事项的审核把关,确保基金投资符合国家宏观调控、发展战略、国家安全以及国内外金融市场发展趋势。进一步完善投资决策委员会决策机制,优化投资决策和审批程序,提高投资决策效能。按照分级负责、授权管理的原则,完善运转流程,提高执行效率。

(4) 提高基金投资运营能力。推动完善委托股票产品体系,加大战略新兴产业和科技创新型企业的支持力度。把握债券市场节奏,持续优化存量和增量结构。强化存款银行中长期信用风险管理。紧跟国家战略导向,加大国家重大建设项目、国有企业混改等投资力度,支持实体经济发展。加强资金分级流动性管理,提高资金使用效率与收益水平。

(5) 加强投资风险管控措施。坚持把防控风险、确保基金安全摆在投资运营的首要位置,重视风险评估预测,落实风险防控措施。构建与基金和机构相适应的风险管理和工作运行机制,提高全员风险意识和风险防控能力。加强投资业务的合规监管,严控法律风险。

7.1.4 全国社会保障基金的投资政策及资产配置

全国社会保障基金投资运营坚持安全至上的原则,同时要充分利用资金的长期性优势,努力提高长期收益水平。综合以上要求制定的中长期投资目标是年平均投资收益率超过通货膨胀率2个百分点;短时期投资目标是战胜复合投资基准。

中长期风险政策:90%的概率下,基金预期五年平均收益率不低于3.5%。

短期风险政策:90%的概率下,基金预期当年最大亏损不超过10%。

相关法律法规对于全国社会保障基金可以投资的品种有明确规定,具体品种如下所述。

境内投资品种:银行存款;国债;金融债;企业债;资产证券化产品;证券投资基金;股票;实业投资;股权投资基金;信托投资;等等。

境外投资品种:银行存款;外国政府债券、国际金融组织债券、外国机构债券和外国公司债券;中国企业或政府在境外发行的债券;银行票据、大额可转让存单等货币市场产品;股票;基金;掉期、远期等金融衍生工具。

为了防范投资风险,对社保基金投资的资产实行比例控制,主要包括以下内容:银行存款和国债投资的比例不得低于50%。其中,银行存款的比例不得低于10%;在一家银行的存款不得高于社保基金银行存款总额的50%;企业债、金融债投资的比例不得高于10%;证券投资基金、股票投资的比例不得高于40%;单个投资管理人管理的社保基金资产投资于1家企业所发行的证券或单只证券投资基金,不得超过该企业所发行证券或该基金份额的5%;按成本计算,不得超过其管理的社保基金资产总值的10%;投资管理人管理的社保基金资产投资于自己管理的基金须经理事会认可。

资产配置是养老基金投资管理的首要环节和重要环节,是控制基金总体风险的重要手段,对基金的长期收益水平有重大影响。全国社会保障基金理事会在总结实践经验的基础上逐步完善资产配置体系,制定了《基金资产配置暂行办法》《基金投资基准(试行)》和《基金绩效评估暂行办法》。全国社会保障基金资产配置体系包括战略资产配置、年度战术资产配置、季度资产配置执行和资产再平衡。战略资产配置用于指导未来5年的资产分配方向,依据投资目标、风险政策、各类资产的中长期收益风险特征制定,每年审视一次,当影响战略资产配置的主要因素出现明显变化时调整战略配置计划。年度战术资产配置是在战略资产配置规定的各类资产比例范围内,通过对各类资产短期收益风险特征的预测分析,确定各类资产年度内的目标配置比例和阈值。季度资产配置执行是通过分析形势和审视年度计划,确定的季度具体执行计划。资产再平衡是对偏离幅度超过年度战术资产配置阈值的资产进行调整,使其符合年度资产配置的要求。

7.1.5 全国社会保障基金投资收益

全国社保基金自成立至2019年年末,全国社保基金理事会取得了较好的投资收益,投资收益率为14.06%。其中,已实现收益额944.80亿元(已实现收益率4.64%),较好地完成了基金的保值增值任务。与投资基准相比较,资产配置和投资管理人均贡献了超额收益。全国社保基金自成立以来的年均投资收益率为8.14%,累计投资收益额12 464.06亿元。全国社保基金自成立以来投资收益额和投资收益率见表7-1、图7-2。

表7-1 全国社保基金2001—2019年投资收益[①]

年份	已实现投资收益额/亿元	已实现投资收益率/%	通货膨胀率/%
2001	9.67	2.25	0.70
2002	34.15	2.75	-0.80
2003	35.91	2.71	1.20
2004	45.91	3.32	3.90
2005	52.90	3.12	1.80
2006	195.8	9.34	1.50
2007	324.30	38.93	4.80
2008	233.62	5.20	5.90
2009	427.66	8.39	-0.70
2010	426.41	6.56	2.2
2011	430.95	5.58	5.4
2012	398.66	4.23	2.6
2013	592.71	5.54	2.6
2014	883.84	7.45	2.0
2015	2239.04	16.52	1.4
2016	916.42	5.44	2.0
2017	1011.97	5.58	1.6
2018	845.43	4.45	2.1
2019	944.80	4.64	2.9
合计	12 464.06	年均8.14	年均2.27

---

① 根据全国社会保障基金年度报告、中华人民共和国国民经济和社会发展统计公报整理。

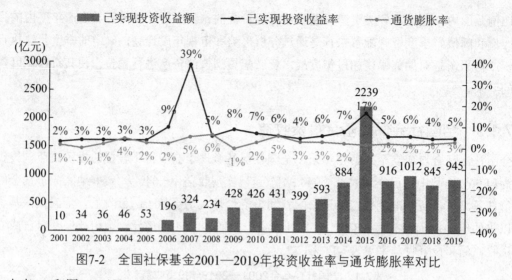

图7-2 全国社保基金2001—2019年投资收益率与通货膨胀率对比

由表7-1和图7-2可见，2001—2019年各年收益率中2006—2008年的收益率出现大幅度的波动，主要原因是中国股票市场经历了一轮大起大落，2006年年初上证综合指数位于1180点，2007年10月攀升到最高位置6124点，随后持续下跌，2008年1月回落到1679点。股票市场大幅波动过程中，全国社保基金理事会针对市场变化及时调整资产配置，在股票市场严重低估的2005年增加了股票配置比例，2006年和2007年股票大幅上涨期间获得了较好收益。在2007年股票市场出现明显泡沫的情况下，降低了股票配置比例，有效控制了2008年的市场波动风险。2010年，中国股票市场低迷，上证综指全年整体跌幅达到14.31%。全国社会保障基金理事会根据市场变化，及时调整投资策略，在股票市场位于底部时增加了股票投资，优化了固定收益产品的投资结构，加大实业投资力度，当年取得了4.23%的投资收益率，为以后取得更多的投资收益打下了较好的基础。2015年，中国股市由年初首个交易日沪指的3258.63点开盘，经历了5个多月的大牛市，6月初沪指一度攀升上5178点的峰值，随后经过两轮大跌，8月份一度跌破2900点，但是全国社保基金理事会审时度势，加强投资管理制度建设，不断优化资产配置，拓展投资范围，提高投资运营科学化水平，全国社保基金2015年度取得了较好收益，总体实现安全和保值增值目标，为全国社保基金的资金池的规模扩大做出了巨大的贡献。由此也说明了全国社保基金的投资运营的成效跟资本市场的走势高度正相关。

7.2 社会基本养老保险基金投资运营管理

7.2.1 社会基本养老保险基金概述

养老保险制度对于保障退休人员和老年居民的基本生活有着十分重要的意义。党的十八大以来，机关事业单位养老保险制度改革积极推进，统一的城乡居民基本养老保险制度全面实施，养老保险基金启动投资运营，企业退休人员基本养老金水平连续提高，有效保障了退休人员的基本生活。

为积极应对人口老龄化，必须全面推进养老保险制度改革，继续完善社会统筹与个人账户相结合的城镇职工基本养老保险制度，进一步规范职工和城乡居民基本养老保险缴费政策，健全参保缴费激励约束机制，推进养老保险基金投资运营，努力实现基金保值增值。积极稳妥推进划转部分国有资本充实社保基金，进一步夯实制度可持续运行的物质基础。逐步建立待遇正常调整机制，统筹有序提高退休人员基本养老金和城乡居民基础养老金标准。加快发展企业年金和职业年金，鼓励发展个人储蓄性养老保险和商业养老保险[①]。养老保险是社会保障制度的重要组成部分，所谓养老保险，是国家和社会根据一定的法律和法规，为解决劳动者在达到国家规定的解除劳动义务的劳动年龄界限，或者因年老丧失劳动能力而退出劳动岗位后能够保障基本生活水平而建立的一种社会保险制度。养老保险基金是社会保障基金中最重要的一个组成部分。

1. 基本养老保险基金的内涵

目前，我国的养老保险基金主要由以下4部分组成：一是基本养老保险基金；二是补充养老保险基金；三是全国社会保障基金；四是个人储蓄性养老保险基金。

基本养老保险基金是指国家为了实施基本养老保险制度，依照一定的法律程序，采取强制手段依法筹集的养老保险资金[②]，用来保障劳动者在达到法定年龄并从事某种劳动达到法定年限后被依法解除法定劳动义务之后的基本生活水平。一般来说，基本养老保险基金是由用人单位和职工个人的缴费组成的，其目的是保障劳动者(或公民)年老后的基本生活需要。基本养老保险基金主要由社会统筹基金和个人账户基金组成。

我国建立基本养老保险的目的，在于保障劳动者在年老退休时能够得到物质帮助的基本权利，养老保险基金是广大保险对象的"养命钱"和"活命钱"，其待遇支付关系到广大保险对象的基本生活和生存。因此，根据国家有关规定按时、足额筹集养老保险基金，不仅是缴费单位和缴费个人的法定义务，也是国家赋予税务机关和社会保险经办机构的神圣职责，体现了社会保险制度的强制性和严肃性。

由于我国基本养老保险实行社会统筹和个人账户相结合的制度，基金能否按时、足额筹集直接影响各项社会保险待遇的给付，直接关系到职工本人的社会保险权益。同时，在一定程度上也关系到基本养老保险制度的平稳顺利实施，影响改革、发展和稳定，影响国家治理能力和治理体系现代化的实现。

2. 基本养老保险基金的特点

依据国家法律、法规筹集的基本养老保险基金具有以下几个方面的特点。

(1) 基本养老保险基金的筹集、经营、给付具有法制性。基本养老保险制度是政府强制建立和实施的，养老保险基金的筹集、管理和使用也是在国家法律、法规的规范下进行管理的。一经国家以立法的形式确定，任何用人单位和职工都必须无条件地依法按时、按既定税率(比率税率或分档累进税率)缴纳养老保险税(费)。基本养老保险基金的投资运营、投资组合和投资

[①] 郑秉文. 中国养老金报告2015——"第三支柱"商业养老保险顶层设计[M]. 北京：经济管理出版社, 2016.

[②] 李珍. 基本养老保险制度分析与评估：基于养老金水平的视角[M]. 北京：人民出版社, 2013.

数额的确定均须依法进行，否则，就违反了国家法律、法规的规定。同时，由于养老金的给付具有不可延期、缓期给付的特点，加强对基本养老保险基金投资运营的依法监管十分重要。基本养老保险基金是退休人员的"养命钱"，基本养老保险基金的给付也必须依法按时发放。为了保证养老金能够按时、足额地发放，各国政府大多制定专门的法律、法规，对违反规定的单位和个人依法进行处罚。

(2) 基本养老保险基金具有储备性。基本养老保险基金是为了抵御养老风险而设立的，那就必须未雨绸缪，依据科学的方法，计算风险发生的概率，事前做好准备。这是因为，劳动者在年老丧失劳动能力、退出劳动过程以后，会有相当长的一段时间处于没有劳动收入的状态。为了保障老年人的基本生活，就必须事前有所积累。在一个面临人口老龄化的国家，进行这样的积累更为重要。

(3) 基本养老保险基金的经营既要讲求社会效益，又要兼顾经济效益。基本养老保险基金的运营既不同于财政资金，也不同于银行信贷资金。基本养老保险基金是为了保障被保险人或受益人的经济生活安全、保障社会成员在遭遇风险和不幸事故时给予经济上的补偿，基本养老保险基金能够有效地解决公民生活安全问题，这是基本养老保险基金的社会效益。同时，基本养老保险基金进行市场化投资运营是缓解养老保险资金供给不足的重要途径，而要实现基本养老保险基金的保值增值，必须兼顾基金运营的经济效益。银行信贷资金的运营则不同，银行作为国民经济的微观主体，是以利润最大化为经营目的，如果银行经营不善，就会破产或倒闭。财政资金的运营与基本养老保险基金的运营也不同，财政性资金运营的目标是社会效益，公共物品的非排他性等特点决定了财政性资金的运营不能过分地追求经济效益。可见，银行信贷资金的运营是以经济效益为唯一目的，财政资金的运营是以社会效益为主要目的。相反，基本养老保险基金的运营则具有双重属性：既要追求社会效益，又要兼顾经济效益。

(4) 基本养老保险基金的使用具有专项性。基本养老保险基金的给付是国家向基本生活陷入困境的老年人提供的货币或实物补助，基本养老保险基金是一项专项资金，其具有专门的用途。例如，基本养老保险基金主要用于保障老年人退休以后的基本生活需要，任何挤占、挪用基本养老保险基金的行为都是非法的。基本养老保险基金的结余，要由专户储存。基本养老保险基金必须专款专用，不得用于弥补财政赤字。这不仅体现了基本养老保险基金"取之于民、用之于民"的原则，而且有助于基本养老保险基金的优化配置。

(5) 基本养老保险基金的积累具有稳定性。基本养老保险基金是按照企业职工工资的一定比例筹集的。筹集的有些资金可能并不能马上使用，如个人账户积累的资金，需要进行长达数十年的积累，这些资金具有源源不断、稳定性强等特点，这就使基本养老保险基金的运行具有长期性、稳定性的特点。如果将具有长期性和稳定性强的资金投资到适当的领域，不仅可以获得长期、稳定的投资回报，确保基金的保值增值，而且有利于经济的稳定和社会的发展。

3. 我国养老保险基金管理制度的演进过程

我国养老保险基金管理制度的发展大概经历了四个阶段：一是计划经济阶段，这个阶段分为两个时期，从中华人民共和国成立之初到1966年的创立期和从20世纪70年代到1984年的停滞期；二是改革开放后1984年到1995年的改革发展阶段；三是1995年以来的趋于完善阶段；四是2014年至今的攻坚克难阶段。在这四个阶段中，基金的筹集、管理、运营和发放等各个环节都有明显的制度差异①。

1) 计划经济阶段

我国养老保险基金管理制度创立于中华人民共和国成立初期，以1951年政务院颁布的《中华人民共和国劳动保险条例》为标志。这一条例以及以后颁布的《保险条例实施细则修正草案》构成了这一时期养老保险基金管理制度的主体，其主要内容如下所述。

保险基金的筹集：企业须按月缴纳相当于全部职工工资总额的3%作为劳动保险金，并不得在职工工资中扣除，也不能向职工另行征收。企业须按上月工资总额计算，于每月1日至10日内，一次向中华全国总工会指定代收劳动保险金的国家银行缴纳每月应缴的劳动保险金。在开始实行劳动保险的头两个月内，由企业缴纳的保险金全数存于中华全国总工会的户内，作为劳动保险总基金，为举办集体劳动保险事业之用。自开始实行的第3个月起，每月缴纳的保险金，其中30%存于中华全国总工会户内，作为劳动保险总基金；70%存于该企业工会基层委员会户内，作为劳动保险基金，为支付职工按照条例应得的抚恤费、补助费和救济费之用。

劳动保险金的保管则由中华全国总工会委托中国人民银行代理。职工因工负伤、残疾、疾病、非因工负伤、本人及其供养的直系亲属死亡时，其养老和生育待遇等各项保险待遇按规定由劳动保险基金支付。劳动保险基金由工会基层委员会支付各项保险费用和本企业集体劳动保险事业的补助费。每月结算一次，其余额全部转入省、市工会组织或产业工会全国委员会户内，作为劳动保险调剂金。

中央人民政府劳动部为全国劳动业务的最高监督机关，贯彻劳动保险条例的实施，检查全国劳动保险业务的执行。1955年12月，国务院颁布了《国家机关工作人员退休处理暂行办法》，对国家机关、人民团体和事业单位的工作人员的退休条件和待遇做了详细的规定。

1958年2月，国务院颁布了《国务院关于工人、职员退职处理的暂行规定(草案)》。1964年第二轻工业部和全国手工业合作总社颁布了《关于轻、手工业集体所有制企业职工、社员退休统筹暂行办法》，规定了集体所有制企业职工的退休年龄和待遇标准。

1951—1966年是我国社会保险制度建立、修订和发展的时期，也是我国社会保障基金管理制度建立和发展的时期，这些制度涉及养老、医疗、失业、工伤、生育保险基金等各个方面，基金管理模式实行现收现付制的确定给付制，保险基金实行集中管理。由于当时的人口年龄结构年轻，这一模式在当时是比较有效的。

1966年，我国养老保险制度受到了严重破坏，保险基金管理也处于停滞和混乱状态。1969年2月，财政部颁布了《关于国营企业财务工作中的几项制度的改革意见(草案)》，其中规定"国营企业一律停止提取劳动保险金，企业的退休职工、长期病号工资和其他劳保开支在业外列支"。由此，我国国营企业的劳动保险实质上由社会保险倒退为企业保险，并导致了两个严重的直接后果：一是社会保险的统筹调剂工作停止，社会保险的统筹调剂能力丧失，造成行业间、企业间负担的不平等；二是社会保障基金停止积累，由企业实报实销，加重了企业的负担。同时，专门管理企业职工社会保险业务的各级工会组织被解散，劳动部被撤销，劳动保险领导机关的职能无法再履行。1969年，原国家计委决定由劳动部门统管劳动保险工作，劳动部

---

① 李培. 我国基本养老保险扩面的收入分配效应研究[M]. 成都：西南财经大学出版社，2015.

门集政策制定、业务管理和监督检查多种职能于一身,由此社会保障基金的管理退化为政府独家管理。

1978年,政府对国有企业、国家机关和事业单位的养老保险有关问题做了规范,降低了退休所要求的最低工作年限,并提高了退休金替代率,使企业和国家养老金支付负担加重,也加大了1984年以后国家改革养老保险制度的成本和难度。

2) 改革发展阶段

我国养老保险基金管理改革始于1984年,在广东、江苏、辽宁、四川等省的一些市、县进行了国有企业职工退休费用社会统筹的改革试点。随后,在全国的国有企业和大部分城镇集体企业中进行了养老金社会统筹的推广,并决定实行社会养老保险职工个人缴费制度和企业补充养老保险制度。1986年,国务院颁布了《国有企业实行劳动合同制暂行规定》。按照规定,企业按照劳动合同制工人工资总额的15%左右、劳动合同制工人按照不超过本人标准工资的3%缴纳养老保险费。这一改革标志着我国在社会保险中个人缴费制度的建立。

1991年6月,国务院颁布了《国务院关于企业职工养老保险制度改革的决定》,开始着手改革社会保障制度,明确规定养老保险实行社会统筹,标志着我国养老保险社会统筹制度的建立。基金管理主要有如下特点。

实行国家、企业、个人三方共同负担,职工个人也要缴纳一定的费用,缴费标准开始时可不超过本人标准工资的3%,由企业在发放工资时代为收缴。

企业和职工个人缴纳的基本养老保险费转入社会保险管理机构在银行开设的"养老保险基金专户",实行专项储存、专款专用,任何单位和个人均不得擅自动用。

1992年,我国开始基本养老金计发办法的改革探索和实践,新的计发办法将基本养老金划分为社会性养老金和缴费性养老金两个部分。社会性养老金按当地职工平均工资的一定比例计算,缴费性养老金按缴费工资多少、缴费年限长短计算,每缴费一年增发缴费工资的一定比例。

以上这些特点基本构成了我国养老保险基金管理制度的雏形,是进一步改革发展的基础。

3) 趋于完善阶段

这一阶段起始于1995年3月,国务院印发了《关于深化企业职工养老保险制度改革的通知》(国发〔1995〕6号),确立了"社会统筹与个人账户相结合"的改革原则,这是我国养老保险制度的一次创新,具有里程碑意义。

1997年7月,国务院发布了《国务院关于建立统一的企业职工基本养老保险制度的决定》,作为多年来改革实践经验的归纳和总结,勾画了社会主义市场经济体制下具有中国特色的企业养老保险制度的基本轮廓,对企业和职工个人的缴费比例、个人账户的记入比例、基本养老金计发办法等问题做了进一步的规范和统一,标志着我国养老保险制度改革进入一个新阶段。

近年来,养老保险和基金管理制度又有了以下新发展。

(1) 1998年6月,中共中央、国务院下发了《中共中央 国务院关于切实做好国有企业下岗职工基本生活和再就业工作的通知》,提出了确保企业离退休人员按时足额发放养老金的政策。

(2) 1998年8月,国务院下发《国务院关于实行企业职工基本养老保险省级统筹和行业统筹移交地方管理有关问题的通知》,从1998年9月起,行业统筹移交省级管理,建立了省、市、县三级管理,省、市两级调剂,以市级调剂为主的统筹调剂制度。

(3) 1998年4月,党中央提出了社会化发放的目标,至2000年年末,全国基本实现了企业离退休人员基本养老金社会化发放。

(4) 2005年,国务院发布了《国务院关于完善企业职工基本养老保险制度的决定》,进一步完善了基本养老保险制度的目标和任务,提出了扩大养老保险覆盖范围、逐步做实个人账户、加强基金征缴与监管、改革基本养老金计发办法等政策措施,标志着我国养老保险制度向前跨了一大步。2005年在辽宁试点基础上,颁布了《国务院关于完善企业职工基本养老保险制度的决定》,取消了单位向个人账户划转的3%,将基础养老金计发基数由社平工资单因素改变为社平工资和个人缴费工资双因素,增强了个人缴费基数的正向激励;将基础养老金20%固定计发比例改变为每缴费一年计发1%,增强了个人缴费年限的正向激励;将个人账户养老金120的固定系数调整为个人退休余命决定的计发月数,抑制了提前退休的个人意愿,有效地增强了制度的可持续性。2005年将城镇各类企业职工、个体工商户和灵活就业人员纳入职工养老保险制度,2006年研究建立农民工养老保险制度。

(5) 2009年建立农村养老保险制度。早在1991年,我国农村以县为基本单位开展农村社会养老保险,到1997年年底已有8200万农民投保,1999年国务院对已有的农村养老保险业务进行清理整顿,停止接受新业务,有条件的地区逐步向商业保险过渡。2003年起,东部一些地方积极创新农村养老保险制度模式。2008年《事业单位工作人员养老保险制度改革试点方案》颁布,确定在山西、上海、浙江、广东、重庆5省市先期开展试点。由于仅对事业单位进行改革而没有将公务员纳入,同时又完全按照企业养老保险制度设计,导致事业单位人员养老金水平大幅降低,最终试点改革无果而终。2009年《国务院关于开展新型农村社会养老保险试点的指导意见》,明确我国农村实行统账结合的社会养老保险制度。2011年建立城镇居民养老保险制度,除个人缴费级次略有不同,城镇居民养老保险制度与农村养老保险制度架构相同。

(6) 2012年将集体企业、五七工、家属工等人群纳入社会养老保险制度范围。在扩大覆盖面的同时,政府还以每年10%的幅度连续提高企业退休金,全国企业退休人员月人均基本养老金在2005年为714元,到2013年上涨到1856元。2009年《城镇企业职工基本养老保险关系转移接续暂行办法》颁布,男50岁、女40岁参加城镇企业养老保险者(包括农民工)可以进行养老保险跨省转移;个人缴费年限合并计算;个人账户累计计算;不得退保;统筹基金按个人缴费工资转移12%。

4) 攻坚与克难阶段(2014年至今)

2014年以后,我国养老保险改革进入攻坚克难阶段。

(1) 整合城乡居民养老保险制度。2014年《国务院关于建立统一的城乡居民基本养老保险制度的意见》提出,整合农村养老保险和城镇居民养老保险,建立城乡居民基本养老保险制度。

(2) 机关事业单位养老保险并轨。2015年2月,国务院印发《关于机关事业单位工作人员养老保险制度改革的决定》,决定从2014年10月实行机关事业单位养老保险制度,至此,喊了二十多年的机关事业单位养老保险并轨终于启动,同时建立了机关事业单位职业年金。为了尽快实现基础养老金全国统筹,2018年6月,国务院印发《关于建立企业职工基本养老保险基金中央调剂制度的通知》,明确从2018年7月1日起按照各省份养老保险基金的3%建立中央调剂金。

7.2.2 社会基本养老保险基金来源

我国社会基本养老保险基金大体上分为职工基本养老保险基金和城乡居民基本养老保险基金。

1. 职工基本养老保险基金的来源

我国养老保险基金实行社会统筹与个人账户相结合,采用"以支定收,略有结余,留有部分积累"的基金筹集模式。养老保险费用由国家、企业和职工个人三方负担[①]。

职工个人按本人月工资的8%缴纳养老保险费,个人缴纳的保险费由企业在发放工资时代为扣缴。城镇自由职业者,按上年社会在岗职工平均工资的20%缴纳保险费,企业按本企业工资总额的20%缴纳养老保险费,近年来企业的养老保险缴费率已降到16%。国家负担部分养老保险费,主要体现在:企业缴费在税前列支,个人缴费不计征个人所得税;基本养老保险基金发生入不敷出时,由财政补缺口。企业和职工应依法缴纳基本养老保险费,缴费单位必须按月向社会保险经办机构申报应缴的保险数额,经养老保险经办机构核定后,在规定的期限内单位和个人应当以货币形式全额缴纳。保险费不得减免。

2. 城乡居民基本养老保险基金的来源

城乡居民基本养老保险是新型农村养老保险(以下简称新农保)和城镇居民养老保险(以下简称城居保)的合称。其中,新农保2009年开始试点,城居保2011年开始试点。依据《中华人民共和国社会保险法》的有关规定,在总结新型农村养老保险和城镇居民养老保险试点经验的基础上,国务院决定,在全国范围内建立统一的城乡居民基本养老保险(以下简称城乡居民养老保险)制度,并于2014年颁布了《国务院关于建立统一的城乡居民基本养老保险制度的意见》(以下简称《意见》)。《意见》提出"到2020年前,全面建成公平、统一、规范的城乡居民养老保险制度,与社会救助、社会福利等其他社会保障政策相配套,充分发挥家庭养老等传统保障方式的积极作用,更好保障参保城乡居民的老年基本生活"。《意见》要求年满16周岁(不含在校学生),非国家机关和事业单位工作人员及不属于职工基本养老保险制度覆盖范围的城乡居民,可以在户籍地参加城乡居民养老保险。

城乡居民养老保险基金由个人缴费、集体补助、政府补贴构成[②]。

1) 个人缴费

参加城乡居民养老保险的人员应当按规定缴纳养老保险费。缴费标准目前设为每年100元、200元、300元、400元、500元、600元、700元、800元、900元、1000元、1500元、2000元12个档次,省(区、市)人民政府可以根据实际情况增设缴费档次,最高缴费档次标准原则上不超过当地灵活就业人员参加职工基本养老保险的年缴费额,并报人力资源和社会保障部备案。人力资源和社会保障部会同财政部依据城乡居民收入增长等情况适时调整缴费档次标准。参保人自主选择档次缴费,多缴多得[③]。

---

① 李珍. 基本养老保险制度分析与评估:基于养老金水平的视角[M]. 北京:人民出版社,2013.
② 何文炯,杨一心. 基本养老保险全国统筹学理基础辨析[J]. 中国社会保障,2015(07):30-32.
③ 胡乃军,杨燕绥,孟强. 中国城镇职工养老保险个人缴费累进性与再分配性研究[J]. 财贸研究,2015,26(05):83-89.

2) 集体补助

有条件的村集体经济组织应当对参保人缴费给予补助,补助标准由村民委员会召开村民会议民主确定,鼓励有条件的社区将集体补助纳入社区公益事业资金筹集范围。鼓励其他社会经济组织、公益慈善组织、个人为参保人缴费提供资助。补助、资助金额不超过当地设定的最高缴费档次标准。

3) 政府补贴

政府对符合领取城乡居民养老保险待遇条件的参保人全额支付基础养老金。其中,中央财政对中西部地区按中央确定的基础养老金标准给予全额补助,对东部地区给予50%的补助。

地方人民政府应当对参保人缴费给予补贴,对选择最低档次标准缴费的,补贴标准不低于每人每年30元;对选择较高档次标准缴费的,适当增加补贴金额;对选择500元及以上档次标准缴费的,补贴标准不低于每人每年60元,具体标准和办法由省(区、市)人民政府确定。对重度残疾人等缴费困难群体,地方人民政府为其代缴部分或全部最低标准的养老保险费。国家为每个参保人员建立终身记录的养老保险个人账户,个人缴费、地方人民政府对参保人的缴费补贴、集体补助及其他社会经济组织、公益慈善组织、个人对参保人的缴费资助,全部记入个人账户。个人账户储存额按国家规定计息。待遇及调整城乡居民养老保险待遇由基础养老金和个人账户养老金构成,支付终身。

(1) 基础养老金。基础养老金由中央确定基础养老金最低标准,建立基础养老金最低标准正常调整机制,根据经济发展和物价变动等情况,适时调整全国基础养老金最低标准。地方人民政府可以根据实际情况适当提高基础养老金标准;对长期缴费的,可适当加发基础养老金,提高和加发部分的资金由地方人民政府支出,具体办法由省(区、市)人民政府规定,并报人力资源和社会保障部备案。城乡居民养老保险待遇领取条件是,养老保险累计缴费满15年,年龄达到60岁。资金来源主要是中央和地方政府预算的补贴。全国设有最低基础养老金标准,2019年是88元/月。各地方政府可以在国家基础上进行额外提升,比如河南、云南、湖南等一些省市是103元/月,辽宁省是108元/月,重庆市是115元/月,山东省、福建省是118元/月,江苏省是148元/月,浙江省是115元/月,广东省是170元/月。另外,国家也明确规定基础养老金对养老保险缴费年限15年以上的人群进行额外照顾,一般是缴费年限每增加一年会额外增加基础养老金1~10元,有的地区是增加基础养老金的1%~2%。对于65岁以上的老年人的基础养老金也有额外的照顾,全国多数地区是普遍增加基础养老金2~10元。

(2) 个人账户养老金。个人账户养老金的月计发标准,目前为个人账户全部储存额除以139(与现行职工基本养老保险个人账户养老金计发系数相同)。参保人死亡,个人账户资金余额可以依法继承。个人账户养老金来自个人缴费、国家补贴和集体补助。

个人缴费部分可自由选择缴费档次,有100元、200元、300元、400元、500元、600、700元、800元、900元、1000元、1500元、2000元12个档次。各地可以根据当地的经济社会发展情况自行确定缴费档次,最高缴费档次标准原则上不超过当地灵活就业人员参加职工基本养老保险的年缴费额,并报人力资源和社会保障部备案。比如,青岛市是100~12 000元,河南省是200~5000元,宁夏回族自治区是100~3000元。

为了鼓励和引导大家缴费,国家设立了国家补贴机制。缴费档次越高,国家补贴越多。比如，宁夏按照100元档次缴费，政府补贴30元；按照3000元档次缴费，政府补贴320元。上海市按500元档次缴费，政府补贴200元；按5300元档次缴费，政府补贴675元。

集体补助是一些有条件的村集体对于参保缴费居民的一种补助，多数地方是针对失地农民留存一部分资金予以补助。

个人缴费、国家补贴、集体补助全部进入个人账户，会按照当地公布的计息利率计发利息，等到退休时计算余额，然后计算养老金。

7.2.3 社会基本养老保险基金投资管理

1. 职工基本养老保险基金投资管理

基本养老保险基金是广大群众的"养命钱"，也是重要的公共资金。当前，随着覆盖城乡的社会保障体系不断完善，养老基金积累快速增加，截至2020年12月底，我国基本养老保险基金累计结余已达到6.13万亿元。现行政策规定的银行存款、购买国债方式已不能适应基金保值增值的需要；而我国经济发展进入新常态，人口老龄化挑战愈加严峻，养老基金支付压力逐步加大。对此，要在继续加强基金管理的同时，加快完善基金投资政策，拓宽投资渠道，积极稳妥地开展养老基金的投资运营，实现基金的保值增值。这不仅有利于增强制度的吸引力，调动参保积极性，扩大覆盖面，更有利于拓宽基金来源，增强养老基金的支撑能力，促进制度可持续发展[①]。

为了提高基本养老保险基金收益水平，实现基金保值增值，促进养老保险制度健康持续发展，按照党的十八届三中全会提出的"加强社会保险基金投资管理和监督，推进基金市场化、多元化投资运营"要求和国务院工作部署，人力资源和社会保障部、财政部会同有关部门研究起草了《基本养老保险基金投资管理办法》(以下简称《办法》)。《办法》明确，养老基金实行中央集中运营、市场化投资运作，由省级政府将各地可投资的养老基金归集到省级社会保障专户，统一委托给国务院授权的养老基金管理机构进行投资运营；投资股票、股票基金、混合基金、股票型养老金产品的比例，合计不得高于养老基金资产净值的30%；参与股指期货、国债期货交易，只能以套期保值为目的。

基本养老金投资管理与全国社保基金投资管理的主要区别体现在以下几个方面。

(1) 基本养老金受托全国社会保障基金理事会投资运营。全国社保基金理事会于2000年8月成立至今，积累了丰富的实战经验，成立以来平均年化回报率为8.14%。由于投资效率高，由全国社保基金理事会受托管理基本养老保险基金顺理成章。由于基本养老金与全国社保基金性质不同，后者实质是储备养老金，在人口老龄化高峰到来之前没有支付压力，资金投资时间跨度大，抗波动能力也较强；而基本养老金类似保险资金，始终面临资金收取和支付的流动性要求，具有负债驱动的性质，风险承受能力差，因此基本养老金的投资范围与全国社保基金相比存在较大差异。当前业界对基本养老保险基金的受托机构还有一种思路，即由国家设立、国务院授权的养老基金管理机构，专门负责基本养老金的运营。

---

① 郑秉文. 中国养老金发展报告2018——主权养老基金的功能与发展[M]. 北京：经济管理出版社，2018.

(2) 基本养老金投资运营采取信托管理模式。在此模式下，省或直辖市政府为委托人，国家设立、国务院授权的准公共机构为受托人。从实践来看，出于资产安全考虑，国际上大部分养老金资产管理采取信托型模式，其核心特征是谨慎管理、资产独立、专业托管、严格监管、信息披露。基本养老金采取信托管理模式符合发展趋势，但是与全国社保基金运营模式差别较大，与企业年金类似。基本养老金与企业年金显著的差别是，基本养老金投资运营包括4个角色，即委托人、受托机构、投资管理机构、托管机构；而企业年金在此之外，还有账户管理人角色。根据《基本养老保险基金投资管理办法》(以下简称《办法》)的内容，在基本养老金投资运营中，账户管理的职责由委托人承担。

(3) 基本养老金将采取直接投资与外部委托投资相结合的方式。《办法》指出，基本养老金受托机构可对一部分养老基金资产进行直接投资，其他养老基金资产委托其他专业机构投资。这与全国社保基金理事会投资方式类似，2014年年末全国社保基金直接投资占比50.26%，委托投资占比49.74%。结合基本养老金的投资范围来看，预计由受托机构直接投资的将是国家重大项目和重点企业股权、银行存款、政策性开发性债券等，而股票、基金、养老金产品等将委托市场机构进行投资。

(4) 投资管理和托管市场迎来新机遇。《办法》确定了投资管理机构和托管机构选择标准，主要分为两类：一是具有全国社保基金、企业年金基金投资管理经验或者托管经验的专业机构。可见，已经具有全国社保基金投资管理资格的十二家基金公司，具有托管资格的4家国内银行，具有企业年金投资管理资格的20家资产管理机构，托管资格的十家银行已然占领业务先机。此外，《办法》还预留了扩容空间，投资管理机构还可以是"具有良好的资产管理业绩、财务状况和社会信誉，负责养老基金资产投资运营的专业机构"。这无疑为即将挂牌的建行养老金公司开拓投资管理业务预留了政策空间，对于此前未能获取企业年金和全国社保基金投资管理资格的公募基金以及保险资管机构也是一个利好。此外，《办法》对托管机构也预留了扩容空间，可以是"具有良好的基金托管业绩和社会信誉，安全保管养老基金资产的商业银行"。

(5) 基本养老金投资范围与企业年金类似，比全国社保基金严格。从《办法》来看，基本养老金投资比例限制与企业年金类似：投资股票、股票基金、混合基金、股票型养老金产品的比例不高于资产净值的30%；投资于一年期以上协议存款、债券等固定收益资产的比例不高于资产净值的135%；投资于活期存款、货币基金等资产比例不低于资产净值的5%。而两者较大不同在于：基本养老金可以不高于资产净值的20%资金投资国家重大项目和重点企业股权，这能为国有企业改革、城市基础设施建设、棚户区改造、重大水利工程、中西部交通设施等建设，以及"一带一路"等国家战略提供资金支持。但是与全国社保基金相比，基本养老金受到的限制较为严格：《办法》指出，基本养老金只能投资境内，而全国社保基金可将不超过20%的基金投资境外。此外，全国社保基金投资股票、基金的比例上限为40%，远超过基本养老金投资权益资产30%的上限。两者投资范围存在差异的原因是基金属性不同。基本养老金用于当期收支，注重安全性；全国社保基金是储备养老金，兼顾安全性与成长性。

(6) 基本养老金的管理费用低于全国社保基金和企业年金。《办法》指出，基本养老金托管机构年费率不高于托管资产净值的0.05%，投资管理机构年费率不高于投资管理资产净值的0.5%，两项费率都大大低于企业年金和全国社保基金。企业年金业务中托管费率上限为0.2%，投管费率上限为1.2%,全国社保基金托管费率上限为0.25%,投资管理费率上限为1.5%,还可以约定业绩奖励措施。可见,对于基本养老金业务而言,未来参与机构获取利润更加依赖管理的资产规模。

(7) 基本养老金风险准备金计提规模较小,方式与全国社保基金类似。根据《办法》,基本养老金的风险准备金分为两层计提:一是投资管理机构从当期收取的管理费中,提取20%作为风险准备金,专项用于弥补重大投资损失;二是基本养老金受托机构按照养老基金年度净收益的1%提取风险准备金,余额达到养老基金资产净值5%时可不再提取,专项用于弥补养老基金投资发生的亏损。全国社保基金的风险准备金计提也分为两层:一是投资管理人从管理手续费中提取20%作为投资管理风险准备金,专项用于弥补社保基金投资的亏损,余额达到委托管理资产净值的10%时可不再提取。二是社保基金理事会按社保基金净收益的20%提取一般风险准备金,专项用于弥补社保基金投资发生重大亏损时,社保基金投资管理人所提管理风险准备金不足以弥补的亏损。一般风险准备金余额达到社保基金资产净值的20%时可不再提取。企业年金的风险准备金只有一层,由投资管理人从管理费中提取20%作为风险准备金,余额达到其所管理资产净值的10%时可以不再提取。从计提规模来看,基本养老金最终达到5%,也远远低于企业年金的10%和全国社保基金的20%。

2. 城乡居民基本养老保险基金投资管理

城乡居民养老保险基金按照国家统一规定投资运营,以实现保值增值。负责基金运营监督的各级人力资源和社会保障部门要会同有关部门认真履行监管职责,建立健全内控制度和基金稽核监督制度,对基金的筹集、上解、划拨、发放、存储、管理等进行监控和检查,并按规定披露信息,接受社会监督。财政部门、审计部门按各自职责,对基金的收支、管理和投资运营情况实施监督。对虚报冒领、挤占挪用、贪污浪费等违纪违法行为,有关部门按国家有关法律法规严肃处理。要积极探索有村(居)民代表参加的社会监督的有效方式,做到基金公开透明,制度在阳光下运行。省(区、市)人民政府要切实加强城乡居民养老保险经办能力建设,结合本地实际,科学整合现有公共服务资源和社会保险经办管理资源,充实加强基层经办力量,做到精确管理、便捷服务。要注重运用现代管理方式和政府购买服务方式,降低行政成本,提高工作效率。要加强城乡居民养老保险工作人员专业培训,不断提高公共服务水平。社会保险经办机构要认真记录参保人缴费和领取待遇情况,建立参保档案,按规定妥善保存。地方人民政府要为经办机构提供必要的工作场地、设施设备、经费保障。城乡居民养老保险工作经费纳入同级财政预算,不得从城乡居民养老保险基金中开支。基层财政确有困难的地区,省市级财政可给予适当补助。

各地要在现有新农保和城居保业务管理系统的基础上,整合形成省级集中的城乡居民养老保险信息管理系统,纳入"金保工程"建设,并与其他公民信息管理系统实现信息资源共享;要将信息网络向基层延伸,实现省、市、县、乡镇(街道)、社区实时联网,有条件的地区可延伸到行政村;要大力推行全国统一的社会保障卡,方便参保人持卡缴费、领取待遇和查询本人参保信息。地方各级人民政府要充分认识建立城乡居民养老保险制度的重要性,将其列入当地经济社会发展规划和年度目标管理考核体系,切实加强组织领导;要优化财政支出结构,加大财政投入,为城乡居民养老保险制度建设提供必要的财力保障。各级人力资源和社会保障部门要切实履行主管部门职责,会同有关部门做好城乡居民养老保险工作的统筹规划和政策制定、统一管理、综合协调、监督检查等工作。

7.3 企业年金投资运营管理

1991年,国务院提出:"随着经济的发展,逐步建立起基本养老保险与企业补充养老保险和职工个人储蓄性养老保险相结合的制度。"两年后,中共十四届三中全会决定提出"建立多层次的社会保障体系",第一次使用了"多层次"概念。1998年以来,基本养老保险制度经过改革获得长足发展,在此期间补充养老保险——企业年金制度建立并逐步定型。建立企业年金是我国多层次养老保险制度建设中的一项重要改革。目前,我国已建立比较健全的基本养老保险制度,但不同支柱之间发展失衡,第一支柱"一支独大",第二支柱是"一块短板",而作为第三支柱的个人养老金制度则还是"一棵幼苗"。

7.3.1 企业年金概述

企业年金是指其职工在依法参加基本养老保险的基础上,根据国家法规政策,企业自主建立,采取市场化运营管理、政府行政监管的补充养老保险制度。年金制度是我国多支柱、多层次养老金体系的重要组成部分。随着我国经济社会的发展,国民收入水平的大幅度提高和人均寿命的延长,原有的社会保障制度已不适应人们对较高层次生活水平的追求,企业年金保险正是在这一背景下逐渐被引入我国,并呈现越来越大的市场需求[①]。

中国社会保障制度的改革,也给企业年金保险制度的建立提供了一个难得的发展机遇。中国过去的社会保障制度中,养老保险制度主要是以社会养老保险(或称基本养老保险)为主、其他形式养老保险为补充的制度。1991年颁布的《国务院关于企业职工养老保险制度改革的决定》首次提出"国家提倡、鼓励企业实行补充养老保险"后,这种格局正在逐渐改变,以往称为"补充养老保险"的企业年金现在也不再被称为补充养老保险了。补充养老保险最早在1991年提出,当时国务院33号文件《国务院关于企业职工养老保险制度改革的决定》中明确提出"随着经济的发展,逐步建立起基本养老保险与企业补充养老保险和职工个人储蓄性养老保险相结合的制度",提出要建立多层次的社会养老保险体系,补充养老保险是其中的一个层次。相对基本养老保险而言,它属于"锦上添花",随后颁布的《中华人民共和国劳动法》以法律的形式将其确定下来。

2000年,国务院颁布《关于完善城镇社会保障体系试点方案》,将企业补充养老保险正式更名为"企业年金",并提出:有条件的企业可为职工建立企业年金,并实行市场化运营和管理,企业年金实行完全积累,并采用个人账户方式进行管理,费用由企业或者由企业与职工共同缴纳。至此,中国初步确立了由基本养老保险、企业年金和个人储蓄养老保险共同构成的"三支柱体系",作为中国养老保险体系发展方向,以应对中国步入老龄化社会所带来的冲击。

---

① 孙祁祥,郑伟. 中国养老金年金市场——发展现状、国际经验与未来战略[M]. 北京:经济科学出版社,2013.

自2004年5月1日实施《企业年金试行办法》和《企业年金基金管理试行办法》以来，中国确立了规范的企业年金制度，其特征是政府监管、税收优惠、个人账户、基金积累、市场运营、分散投资等。企业年金基金规模从2007年的1519亿元增长到2020年三季度末的20 947.49亿元，增长了12.79倍。2007—2019年，全国企业年金基金年平均投资收益率达到7.50%，远远超越同期通货膨胀率和同期3年银行定期存款利率水平，很好地实现了企业年金保值增值的运营目标。

回顾年金2004—2019年的制度变迁与发展，其制度外部效应体现为：建立多支柱养老金体系，分担国家社会养老负担，促进养老金社会负担向养老金红利转化。通过年金投资运营市场化，增加资本市场长期资金来源，促进经济结构的转型，提升经济效率。实行基金积累制，量化到个人账户，满足多元化需求，有效防范道德风险和逆向选择。企业年金制度的建立、运行，可以为职业年金、基本养老保险基金、个人账户、商业养老保险基金发展提供借鉴。发展养老金第二支柱年金制度，有利于促进社会机会公平，降低养老金公共管理成本，有效应对人口老龄化对现收现付制养老金体系的挑战。

7.3.2 企业年金的基金规模

企业年金基金规模的增长主要依赖企业和职工缴费、基金投资运营收益[①]。企业年金基金规模的增长，体现了企业年金制度设计的有效性，反映了企业和职工对企业年金制度的认同，证明了企业年金市场化运营的效率，反映了多支柱、多层次养老金体系协调发展的政策效果。相对于我国巨大的人口老龄化挑战和未来巨大的社会养老负担的需求，企业年金和其他积累制养老金体系所积累的养老基金相比是非常有限的。如果企业年金制度覆盖面不能有效扩大，企业年金基金规模增长将只能主要依赖基金投资收益积累。企业年金基金市场将转向存量市场竞争，长期看，如果企业年金制度的覆盖面不能有效扩大，企业年金制度也将受到社会质疑。相比于企业年金的制度目标、替代率目标，企业年金急需扩大参与企业数量和参与职工数量，调动企业和职工参与企业年金的积极性，激励企业和职工参与企业年金计划，扩大企业年金制度的覆盖面，满足企业年金基金市场的当务之急、未来之要。

表7-2和图7-3为我国2007—2019年全国企业年金基本情况。

表7-2 我国2007—2019年全国企业年金基本情况[②]

年份	企业数/万个	环比增长/%	职工数/万人	环比增长/%	积累基金/亿元	环比增长率/%
2007	3.200 0	—	929	—	1519	—
2008	3.310 0	3.44	1038	11.73	1911	25.81
2009	3.350 0	1.21	1179	13.58	2533	32.55
2010	3.710 0	10.75	1335	13.23	2809	10.90

[①] 郑秉文. 中国养老金发展报告2016——"第二支柱"年金制度全面深化改革[M]. 北京：经济管理出版社，2016.

[②] 2007—2009各年度数据根据各省在人社部备案企业上报汇总数据整理；2010—2014各年度数据根据企业年金管理机构上报数据汇总整理；2015—2019各年度数据根据人力资源和社会保障部《全国企业年金基金业务数据摘要》整理。

(续表)

年份	企业数/万个	环比增长/%	职工数/万人	环比增长/%	积累基金/亿元	环比增长率/%
2011	4.490 0	21.02	1577	18.13	3570	27.09
2012	5.470 0	21.83	1847	17.12	4821	35.04
2013	6.610 0	20.84	2056	11.32	6035	25.18
2014	7.330 0	10.89	2293	11.53	7689	27.41
2015	7.550 0	3.00	2316	1.00	9526	23.89
2016	7.629 8	1.06	2324.75	0.38	11 074.62	16.26
2017	8.040 0	5.38	2331	0.27	12 880	16.30
2018	8.740 0	8.71	2388.17	2.45	14 770.38	14.68
2019	9.596 3	9.80	2547.94	6.69	17 985.3	21.77

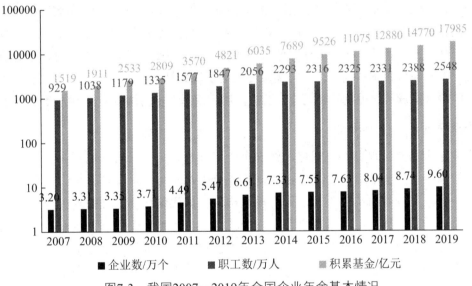

图7-3　我国2007—2019年全国企业年金基本情况

从表7-2和图7-3可以清晰地看出，2007—2019年，统计分析参与企业年金制度的企业数量、职工数量、基金规模的环比增长，历年基金规模环比增长率都远远超越企业数量和职工数量的环比增长率，反映了企业年金制度对企业和职工缴费的正向激励，也反映了投资收益在基金积累上的重要作用。从这个角度看，企业年金个人账户制、基金积累制、市场化分散投资设计体现了非常积极的制度效应。从表7-2和图7-3也可以看出参与企业年金的企业数、职工数、基金规模变化的趋势：基金规模平均增长率最高，参与企业年金制度的企业和职工数量的增长率历年都低于基金规模增长率。2010—2014年，建立企业年金制度的企业、参与企业年金计划的职工数量都保持了两位数的增长，对企业年金基金积累规模扩张做出了重要贡献。但2015年相比于2014年，新增参与企业年金制度的企业和职工数量仅呈现微幅增长，建立企业年金计划的企业数量仅仅增长了3%，参与企业年金计划的企业职工数量仅仅增长了1%，出现了下降的态势，这是企业年金制度发展和企业年金市场发展值得高度关注的一个信号。参与企业年金制度的企业数量到2016年为历史最低，仅增长了1.06%；参与企业年金计划的企业职工数量到

2017年为历史最低,仅增长了0.27%。虽然参与企业年金计划的企业数量和企业职工数量分别在2016年和2017年实现上涨,但是增幅不大,都没有达到两位数。从建立企业年金制度的企业数量和全部企业法人数量的对比来看,全国建立企业年金制度的企业数量非常有限,截至2019年,我国企业法人数量达2109.127万家,而其中建立企业年金制度的企业只占不到1%。企业年金制度对企业的覆盖面非常有限,进而影响企业年金制度对企业职工的覆盖面。从企业职工参与企业年金计划的人数与参加企业职工基本养老保险的人数的对比来看,企业年金制度对企业职工的覆盖面非常有限,与企业职工基本养老保险的基本覆盖企业职工形成强烈对比,企业职工参与企业年金计划的人数长期达不到参与基本养老保险企业职工人数的10%。

7.3.3 企业年金的投资管理

基本养老保险制度和企业年金计划是企业职工退休收入保障的主体内容,养老保险涉及数以十亿计的人民群众的切身利益,是社会保障制度改革、完善的重中之重。增强企业年金制度的支撑能力,必须推进其投资效益,实现企业年金基金的保值增值。企业年金基金是根据依法制定的企业年金计划筹集的资金及其投资运营收益形成的企业补充养老保险基金,企业年金投资运营的本质是一种资产的管理服务。这种管理服务在我国不仅受到运营模式的限制,还受到投资范围、投资比例和投资机制的制约,同时要接受人力资源和社会保障部的监管。因此,我国企业年金基金的投资运营是一种以控制风险为前提,以实现基金保值增值为目的的投资管理服务。

1. 企业年金运营管理模式

《企业年金基金管理办法》规定,建立企业年金的企业,应当确定企业年金基金的受托人,受托管理企业年金基金。我国企业年金基金受托人分为企业成立的企业年金理事会和符合国家规定的法人受托机构两类。法人受托机构是依据我国法律建立的具备企业年金基金管理资格的法人机构,而企业年金理事会是由企业代表、职工代表和有关专家组成的,依托企业年金计划存在的自然人的集合。这种受托管理模式吸收了国际上信托型、公司型、基金会型和契约型管理模式的优点,成为当前我国信托型企业年金计划的一种全新管理模式。将企业年金资产转化为信托财产,由委托人将企业年金基金的财产权委托给受托人,由受托人按照委托人的意见,以受托人的名义为受益人实施企业年金基金运营和管理。企业年金基金的运营管理是一个复杂的过程,它涉及多个当事人,而各当事人间的法律关系以及承担的职责也不尽相同,这就使企业年金基金管理模式呈现多样性和复杂性,其目的就是要保证企业年金基金的独立性、安全性和透明性。

目前,我国企业年金的运营模式有法人受托全分拆模式、法人受托"捆绑"模式、理事会受托全分拆模式等。我国建立企业年金计划的企业大多采用法人受托全分拆模式,这种模式可以使各管理人相对独立,相互制约,相互监督,确保企业年金基金的安全。受托人可以委托具有资格的企业年金账户管理机构作为账户管理人,负责管理企业年金基金的个人账户;可以委托具有企业年金基金投资资格的投资管理机构作为投资管理人,负责企业年金基金的投资运营;可以选择具有资格的商业银行或专业托管机构作为托管人,负责托管企业年金基金。也就是说,受托人是企业年金基金运营的主体,其拥有管理、处分企业年金基金财产的全部权利,企业年金基金管理模式实际上是受托人行使管理权力的一种结果。

《企业年金基金管理办法》还规定，企业年金基金必须存入企业年金专户。企业年金基金财产独立于委托人、受托人、账户管理人、托管人、投资管理人和其他为企业年金基金管理提供服务的自然人、法人或其他组织的固有财产及其管理的其他财产。这些规定就保证了企业年金基金不受受托人经营状况和债权债务关系的影响，具有独立的法律地位，也为受托人长期管理和运用信托财产，为委托人实现转移和管理财产的长期安排，提供了制度上的保障。

2. 企业年金投资管理制度

确定受托人后应当签订书面合同，合同一方为企业，另一方为受托人。受托人可以委托具有资格的企业年金账户管理机构作为账户管理人，负责管理企业年金账户，可以委托具有资格的投资运营机构作为投资管理人，负责企业年金基金的投资运营。受托人应当选择具有资格的商业银行或专业托管机构作为托管人，负责托管企业年金基金。受托人与账户管理人、投资管理人和托管人确定委托关系，应当签订书面合同。企业年金基金必须与受托人、账户管理人、投资管理人和托管人的自有资产或其他资产分开管理，不得挪作其他用途。

3. 企业年金投资方向

企业年金基金投资管理应当遵循谨慎、分散风险的原则，充分考虑企业年金基金财产的安全性、收益性和流动性，实行专业化管理。为控制企业年金基金投资的市场风险，我国《企业年金基金管理办法》对企业年金的投资范围和投资比例都有明确的规定。《企业年金基金管理办法》规定，企业年金基金财产限于境内投资，投资范围包括银行存款、国债、央行票据、债券回购、万能保险产品、投资连结保险产品、证券投资基金、股票，以及信用等级在投资级以上的金融债、企业(公司)债、可转换债(含分离交易可转换债)、短期融资券和中期票据等金融产品。

《企业年金基金管理办法》还规定，每个投资组合的企业年金基金财产应当由一个投资管理人管理。企业年金基金财产以投资组合为单位，按照公允价值计算应当符合下列规定：投资银行活期存款、央行票据、债券回购等流动性产品以及货币市场基金的比例，不得低于投资组合企业年金基金财产净值的5%；清算备付金、证券清算款以及一级市场证券申购资金视为流动性资产；投资债券正回购的比例不得高于投资组合企业年金基金财产净值的40%；投资银行定期存款、协议存款、国债、金融债、企业(公司)债、短期融资券、中期票据、万能保险产品等固定收益类产品以及可转换债(含分离交易可转换债)、债券基金、投资连结保险产品(股票投资比例不高于30%)的比例，不得高于投资组合企业年金基金财产净值的95%；投资股票等权益类产品以及股票基金、混合基金、投资连结保险产品(股票投资比例高于或者等于30%)的比例，不得高于投资组合企业年金基金财产净值的30%。其中，企业年金基金不得直接投资于权证，但因投资股票、分离交易可转换债等投资品种而衍生获得的权证，应当在权证上市交易之日起10个交易日内卖出。

《企业年金基金管理办法》规定，根据金融市场变化和投资运作情况，人力资源和社会保障部会同中国银监会、中国证监会和中国保监会，适时对投资范围和比例进行调整。单个投资组合的企业年金基金财产，投资于一家企业所发行的股票，单期发行的同一品种短期融资券、中期票据、金融债、企业(公司)债、可转换债(含分离交易可转换债)，单只证券投资基金，单个万能保险产品或者投资连结保险产品，分别不得超过该企业上述证券发行量、该基金份额或者该保险产品资产管理规模的5%；按照公允价值计算，也不得超过该投资组合企业年金基金财产净值的10%。企业年金基金财产的投资，按市场价计算应当符合下列规定：投资银行活期存款、央行票据、短期债券回购等流动性产品及货币市场基金的比例，不低于基金净资产的20%；投资银行定期存款、协议存款、国债、金融债、企业债等固定收益类产品及可转换债、债券基金的比例，不高于基金净资产的50%，其中，投资国债的比例不低于基金净资产的20%；投资股票等权益类产品及投资性保险产品、股票基金的比例，不高于基金净资产的30%，其中，投资股票的比例不高于基金净资产的20%。人力资源和社会保障部会同中国银监会、中国证监会和中国保监会，适时对企业年金基金投资管理机构、投资产品和比例进行调整。

另外，单个投资管理人管理的企业年金基金财产，投资于一家企业所发行的证券或单只证券投资基金，按市场价计算，不得超过该企业所发行证券或该基金份额的5%；也不得超过其管理的企业年金基金财产总值的10%。投资管理人管理的企业年金基金财产投资于自己管理的金融产品，须经受托人同意。

4. 企业年金投资收益

1991—2004年是企业补充养老保险和企业年金试点阶段，其间投资主要采取行业经办和行政经办的模式。2000年，行业经办管理的补充养老保险基金投资收益率为3.2%，地方劳动社保行政部门经办的投资收益率更低，仅为1.34%。加之补充养老保险基金运营缺乏法律规范，投资运营存在重大风险，出现了"上海社保事件"等重大风险事件。2004年，国家颁布了相关企业年金法规，企业年金基金从此进入规范的市场化、分散化投资阶段。企业年金可以依法投资合格的金融投资工具，包括法规许可的货币类金融工具、固定收益类金融工具。2013年，企业年金投资范围进一步扩大到合格的银行理财产品、信托、基础设施债权投资计划、特定资产管理计划、股权期货、养老金产品等，为企业年金市场化投资和保值增值提供了良好的制度条件。2007—2019年，全国企业年金基金平均投资收益率达7.5%，远远超越同期通货膨胀率和同期3年期银行定期存款利率，取得了卓越的投资业绩，很好地实现了企业年金保值增值的投资目标。在这一时期，进入市场化投资的企业年金投资组合数量和投资资产规模快速增长，说明企业年金的投资机制、投资业绩受到了企业委托人的肯定。截至2020第三季度，全国企业年金基金业务数据显示，建立企业年金的企业达到102 063个，覆盖职工2669.70万人，积累基金规模达到20 947.49亿元。表7-3为2007—2019年企业年金投资收益率、居民消费价格指数和3年期银行定期存款利率的对比结果。

表7-3 企业年金投资收益率、居民消费价格指数和3年期银行存款利率的对比[①]

年份	居民消费价格指数/%	企业年金投资收益率/%	银行三年期存款利率/%
2007	4.80	41	4.77
2008	5.90	-1.83	4.21

① 居民消费价格指数根据中华人民共和国国民经济和社会发展统计公报整理；企业年金投资收益率2007—2009各年度数据根据各省在人社部备案企业上报汇总数据整理；2010—2014各年度数据根据企业年金管理机构上报数据汇总整理；2015—2019各年度数据根据人力资源和社会保障部《全国企业年金基金业务数据摘要》整理；银行3年期存款利率根据中国人民银行数据整理。

(续表)

年份	居民消费价格指数/%	企业年金投资收益率/%	银行三年期存款利率/%
2009	-0.70	7.78	4.21
2010	2.2	3.41	4.00
2011	5.4	-0.78	4.75
2012	2.6	5.68	4.45
2013	2.6	3.67	4.45
2014	2.0	9.30	4.00
2015	1.4	9.88	3.25
2016	2.0	3.03	2.75
2017	1.6	5	2.75
2018	2.1	3.01	2.75
2019	2.9	8.30	2.75
平均	2.68	7.5	3.78

由表7-3可以看出，早期的企业年金投资收益率波动较大，系统风险是影响企业年金投资收益的主要因素。2007—2019年，企业年金的平均投资收益率为7.5%；2007年，企业年金基金投资收益率高达41%，偏差为33.5%；2008年，企业年金基金投资收益率仅为-1.83%，偏差为9.33%。企业年金是职工退休的"养命钱"之一，安全、投资收益率稳定是企业和职工的投资原则要求。2008年企业年金基金投资收益率为-1.83%，原因是金融市场遭遇2008年全球金融危机。2011年企业年金基金投资收益率为-0.78%，原因是当年中国国内金融市场出现了罕见的"股债双杀"局面。企业年金整体投资收益为负数，即使有客观的市场原因，也会带来企业和职工对企业年金受托人、投资管理人的投资管理能力的怀疑，甚至带来社会舆论对企业年金投资管理制度设计的争论。可喜的是，2012—2015年，企业年金基金投资收益率逐步趋于稳定，投资收益率偏差大幅缩小，投资组合净值增长的稳定性大幅提高，保持了良好的投资收益率水平。2015年以来，受股市的大幅波动影响，投资收益率大幅降低。

总体来看，企业年金基金平均投资收益率高于居民消费价格指数4.82个百分点、高于银行3年期存款利率3.72个百分点。但是从表7-3可以看出，2007—2019年，有两年企业年金基金投资收益率低于居民消费价格指数平均水平，有6年企业年金基金投资收益率低于银行3年期存款利率。长期来看，企业年金实现了保值增值的投资目标，但是投资收益具有一定的波动性，较大频率出现了年投资收益率低于居民物价指数增长的现象。对比企业年金实际投资收益率和业绩基准，企业年金基金及其投资组合较好地实现了委托人的投资目标。从理论上看，企业年金投资业绩比较基准可以采取通货膨胀率、各种风险调整收益指标、企业年金指数等为业绩基准。

在实践当中，我国大量的企业年金基金的投资管理采用银行3年期定期存款利率作为企业年金基金投资组合的业绩基准，从全国企业年金投资收益率和同期银行3年期定期存款利率的对比来看，2007—2019年，全国企业年金基金平均投资收益率达到7.5%，远远超越同期3年期银行定期存款利率3.78%的水平，反映了企业年金投资很好地实现了委托人即企业和职工的年金投资收益目标。2008年、2010年、2011年、2013年全国企业年金整体投资收益率没有达到同期3年期银行存款利率水平，当期应该有大量的企业年金投资组合甚至企业年金基金的投资收益率没有达到委托人的年金投资业绩基准。企业年金基金投资管理合同一般都对企业年金投资业绩有基准要求,没有达到业绩基准要求,甚至投资收益整体为负数,势必带来企业对投资管理机构的投资管理能力的质疑,甚至导致委托人与受托人、投资管理人之间出现矛盾。

企业年金基金实行市场化分散投资,其投资收益随着金融市场的表现而不断波动,用3年期银行定期存款作为企业年金投资业绩基准具有一定的不科学性,随着企业年金行业的发展和企业年金投资管理数据可得性的提高,采用风险调整收益评价模型可以对企业年金投资绩效进行更加科学的衡量和评价。在有充分数据支持的前提下,运用均值-方差模型、资本资产定价模型等现代投资组合理论可以将企业年金的投资收益和风险数量化。对于企业年金基金投资工具,可以衡量其风险收益特征,如债券的凸性、久期等,股票的预期收益率、方差、β值等。对于全国企业年金基金和每个企业年金基金,可以计量企业年金基金的特雷诺指数(Treynor Ratio)、夏普指数(Sharpe Ratio)及詹森指数(Jensen Ratio)等风险调整收益指数,进而计量信息比率、M2测度、VAR、资产负债匹配等风险收益衡量指标。在此基础上,可以对企业年金投资业绩进行归因分析。企业年金投资业绩归因分析主要研究资产配置能力、证券选择能力和择时能力等,重点比较分析战略资产配置和战术资产配置对企业年金投资绩效的贡献。通过对企业年金投资绩效的风险调整收益分析,可以更好地对全国企业年金基金和单个企业年金基金及其投资组合进行更加科学的分析,从而为企业年金制度创新及企业年金基金投资管理提供更好的实证支持。

7.4 个人储蓄性养老保险基金投资运营管理

自中国改革开放以来,经济发展创造了世界奇迹:1978年经济总量仅占全球的1.7%,2014年已高达12.9%,世界排名从第10位跃居第2位,成为仅次于美国的世界第二大经济体。从人均水平来看,中国作为一个"低收入"国家,先后实现了向"下中等收入"(2001年)和"上中等收入"(2010年)阶段的两次历史性跨越,预计在"十四五"规划期末将正式进入"高收入"国家行列,实现第三次飞跃。

与经济成长同步,中国养老保险制度始终处于转型与优化的建设过程之中:从传统的与计划经济相配套的"企业/国家养老保障"制度向与社会主义市场经济相适应的"社会养老保障"制度转型的过程中,多支柱养老保障体系正在形成,国务院于1991年首次提出了养老体系"三大支柱"的概念,指出要逐步建立基本养老保险、企业补充养老保险和个人商业养老保险相结合的养老保险制度。2018年5月,个税递延型商业养老保险试点标志我国第三支柱养老金落地,至此,三支柱框架基本建立。第一支柱为基本养老保险,是由国家主导的基本养老保险制度,包括城镇职工基本养老保险和城乡居民基本养老保险;第二支柱为补充养老保险,是由企业和个人主导的职业养老金制度,包括企业年金和职业年金;第三支柱为个人养老金,是个人主导的税延型商业养老保险,是当前我国第三支柱的唯一形式。其中,第一支柱基本养老保险制度从无到有,从小到大,从弱到强,目前已成为世界上覆盖人数最多的社会养老保险制度,2019年覆盖城镇职工人数达96 754万人,养老金支出52 342亿元,累计结存高达62 873亿元;第二支柱企业年金经过十多年的发展,正处于税收政策不断完善和各项制度逐渐发育的过程之中,参与职工超过2669万人,积累资产超过20 947亿元;第三支柱商业养老保险在没有税收优惠政策扶持的条件下，剔除相关的养老理财产品之后，已积累超过万亿元[①]。

综上数据显示了我国养老保障体系取得了举世瞩目的成就，但不难看出，三支柱发展存在明显的失衡，第一支柱发展十分迅速，承担了几乎全部养老责任，而第二支柱和第三支柱则相对滞后，尤其是第三支柱发展迟缓。

第三支柱为个人主导的个人养老金，目前我国已经进行个人税收递延型商业养老保险试点，即将保费进行税前支列，在领取养老金时再缴纳个税，通过税收优惠鼓励投保。试点主要采取EET[②]税优模式，根据积累期收益类型，个人税收递延型商业养老保险分为三类，即A类收益确定型、B类收益保底型、C类收益浮动型，如图7-4所示。

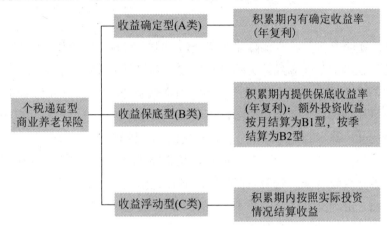

图7-4 个人税收递延型商业养老保险产品框架

第三支柱养老的实施制度包括产品制和账户制，我国当前第三支柱实施模式是产品制，仅部分养老保险纳入税收优惠范围，预期后续向账户制转变。所谓产品制是指个人购买第三支柱和各金融产品作为参与载体，购买支出在国家规定额度内享受税收优惠。领取养老待遇需由个人向各产品管理人提出申请。产品制的税收优惠只赋予到产品层面，购买了相应产品才能享受到税收优惠，购买多个产品时需要对税收优惠额度在各个产品购买支出间进行分配。所谓的账户制是指开立专门的个人商业养老保险账户作为个人参与载体，通过该账户缴费，购买第三支柱合格金融产品，领取养老待遇，查询参保权益信息等，其税收优惠赋予到账户层面，个人缴费在国家规定额度内享受税收优惠，账户层面对税收优惠额度内缴费和超出部分缴费进行区分。

中共中央第十八届三中全会指出："制定实施免税延期征税等优惠政策，加快发展企业年金、职业年金、商业保险，构建多层次社会保障体系。"国务院发布的《关于加快发展现代保险服务业的若干意见》(国发〔2014〕29号)不仅提出"适时开展个人税收递延型商业养老保险试点"，还要求"把商业保险建成社会保障体系的重要支柱"。2015年10月闭幕的中共中央十八届五中全会通过的《中共中央关于制定国民经济和社会发展第十三个五年规划的建

---

① 郑秉文. 中国养老金报告2015——"第三支柱"商业养老保险顶层设计[M]. 北京：经济管理出版社，2016.

② E：exempting，代表免税；T：taxing，代表征税。EET模式是在补充养老保险业务购买阶段、资金运用阶段免税，在养老金领取阶段征税的一种企业年金税收模式。

议》指出，"发展职业年金、企业年金、商业养老保险"。如果说"十一五""十二五"和"十三五"是基本养老保险发展的重要历史时期，那么"十四五"必将是第二支柱和第三支柱尤其是第三支柱的重要历史机遇期。自2018年5月1日起，上海市、福建省(含厦门市)和苏州工业园区实施个人税收递延型商业养老保险试点，期限暂定1年。在中国已发行的税延型养老保险产品，由于参与机构相对有限、税延型养老保险投资目标不明确以及税延型养老保险政策相对难以执行等种种原因，整体效果不达预期，以现有产品基本无法为整个社会提供有效的养老支持。

本章小结

全国社会保障基金是国家社会保障储备基金，由中央财政预算拨款、国有资本划转、基金投资收益和国务院批准的其他方式筹集的资金构成，专门用于人口老龄化高峰时期的养老保险等社会保障支出的补充、调剂，由全国社会保障基金理事会(以下简称社保基金会)负责管理运营。社保基金会受托管理以下资金：全国社会保障基金，个人账户中央补助资金，部分企业职工基本养老保险资金，基本养老保险基金以及划转的部分国有资本。

基本养老保险基金是指国家为了实施基本养老保险制度，依照一定的法律程序、采取强制手段依法筹集的养老保险资金。它用来保障劳动者在达到法定年龄并从事某种劳动达到法定年限后被依法解除法定劳动义务之后的基本生活水平。一般来说，基本养老保险基金是由用人单位和职工个人的缴费组成的，其目的是保障劳动者(或公民)年老后的基本生活需要。基本养老保险基金主要由社会统筹基金和个人账户基金组成。

基本养老金投资管理与全国社保基金投资管理主要存在以下几个方面的区别：第一，基本养老金受托全国社会保障基金理事会投资运营；第二，基本养老金投资运营采取信托管理模式；第三，基本养老金将采取直接投资与外部委托投资相结合的方式；第四，投资管理和托管市场迎来新机遇；第五，基本养老金投资范围与企业年金类似，比全国社保基金严格；第六，基本养老金的管理费用低于全国社保和企业年金；第七，基本养老金风险准备金计提规模较小，方式与全国社保基金类似。

企业年金投资管理制度确定受托人后应当签订书面合同，合同一方为企业，另一方为受托人，受托人可以委托具有资格的企业年金账户管理机构作为账户管理人，负责管理企业年金账户；可以委托具有资格的投资运营机构作为投资管理人，负责企业年金基金的投资运营。受托人应当选择具有资格的商业银行或专业托管机构作为托管人，负责托管企业年金基金。受托人与账户管理人、投资管理人和托管人确定委托关系，应当签订书面合同。企业年金基金必须与受托人、账户管理人、投资管理人和托管人的自有资产或其他资产分开管理，不得挪作他用。

拓展阅读

1. 吕学静.社会保障基金管理[M].4版.北京：首都经济贸易大学出版社，2017.
2. 曲大维，罗晶，储丽琴.社会保障基金管理[M].北京：清华大学出版社，2018.
3. 《全国社保基金投资管理暂行办法》

4.《基本养老保险基金投资管理办法》
5.《企业年金基金管理办法》

1. 简述全国社会保障基金的含义。
2. 什么是投资管理人？其职责包括哪些内容？
3. 什么是投资托管人？其职责包括哪些内容？
4. 简述全国社会保障基金投资理念与投资方式。
5. 全国社会保障基金理事会受托管理的资金包括哪些方面？
6. 全国社会保障基金理事会中长期投资目标和短时期投资目标是什么？
7. 简述基本养老保险基金的内涵及特点。
8. 简述社会基本养老保险基金投资管理模式。
9. 简述基本养老金投资管理与全国社保基金投资管理的主要区别。
10. 什么是企业年金？
11. 简述企业年金的资金来源及投资管理模式。
12. 什么是个人税收递延型商业养老保险？

案例1　努力推动社保基金事业高质量发展[①]

　　设立全国社会保障基金，建立全国社会保障基金理事会(以下简称社保基金会)，是党中央、国务院为完善我国社会保障体系做出的重大战略决策，是坚持以人民为中心、维护人民长远利益的一项重大民生工程。自2000年8月成立以来，社保基金会在党中央、国务院的正确领导下，在有关部门的大力支持下，改革创新、锐意进取、勇于担当、真抓实干，在取得较好投资收益、实现基金保值增值的同时，也为完善我国社会保障体系、促进资本市场健康发展和助力经济社会发展发挥了重要作用。实践证明，党中央、国务院设立全国社会保障基金和社保基金会的战略决策是高瞻远瞩、完全正确的。

　　社保基金以稳健扎实的步伐逐步发展壮大。全国社会保障基金是由中央政府通过财政预算拨款、国有资产划拨等方式集中的国家社会保障战略储备基金，专门用于人口老龄化高峰时期的养老保险等社会保障支出的补充、调剂。近年来，社保基金会牢记职责使命，始终保持强烈的事业心和高度的责任感，切实加强基金投资管理运营，不断推进规范化建设，全面加强党的建设，培养锻炼干部队伍，发挥基金积极而独特的作用。特别是党的十八大以来，社保基金事业进入了快速发展时期，实现了从小到大的历史转变，走出了一条专业化、市场化、规范化的基金投资运营道路。作为国家社会保障战略储备基金，我国

[①] 王尔乘. 人民论坛[EB/OL]. (2019-5-20)[2021-08-24]. http://www.ssf.gov.cn/zyjh/201905/t20190522_7536.html.

社保基金已经跻身国际大型养老储备基金行列。

一、管理的资金规模不断扩大

社保基金会从管理中央财政拨款建立的全国社会保障基金开始起步,逐步拓宽筹资渠道,扩大管理范围,壮大资金规模。从资金的筹集渠道看,由最初单一的中央财政预算拨款,到中央财政拨入彩票公益金、国有股减转持、国有资本划转,资金来源逐步多元化。同时,随着时间的推移,投资收益逐渐成为基金增量的重要来源。从管理的资金类别看,由成立之初管理全国社会保障基金开始,2006年开始受托管理9个省(区、市)做实基本养老保险个人账户中央补助资金,2011年、2015年开始受托管理广东、山东省基本养老保险结余基金,2016年开始统一受托管理地方基本养老保险基金结余资金,2017年开始承接划转国有资本充实社保基金,由单一的全国社会保障基金发展到目前管理三大类基金。从管理的资金规模看,由最初的200亿元,到目前管理全国社会保障基金2.23万亿元,受托管理地方基本养老保险基金0.67万亿元,承接划转国有资本0.11万亿元,资金总规模超过3万亿元。从各方面看,社保基金会都呈现加速发展、跨越式发展的良好态势。

二、投资运营能力不断提高

在国内外没有现成经验可供借鉴的情况下,社保基金会立足国情,从探索建立机构框架,到逐步扩大投资范围、增强投资管理能力、加强科学精细管理、健全内部控制体系,一步一个脚印,一步一个台阶,管理运营的专业化、市场化水平不断提升。在投资运营实践中,形成了长期投资、价值投资、责任投资的理念;坚持审慎投资的方针和分散投资、对冲风险的原则;高度重视资产配置的作用,形成了包括战略资产配置、年度战术资产配置、季度资产配置和资产配置再平衡在内的资产配置体系;积极采取主动与被动、委托与自营相结合的管理策略;高度重视风险管理和纪律约束,形成了一套行之有效的做法,在资本市场上树立了负责任机构投资者的良好形象。截至2018年年底,全国社会保障基金累计投资收益额9598.55亿元,年均投资收益率7.82%,超过同期通货膨胀率5.53个百分点,累计投资收益额大于累计财政净拨入额,在国内外经济形势严峻复杂的情况下,较好地完成了党和人民交给的任务。

三、规范化水平不断提升

社保基金会始终把规范化建设、规范化运营摆在重要位置。自成立之初,就坚持高起点运作,与基金管理领域知名的咨询机构开展专题合作,精心挑选合适的境内外投资管理人和托管人,目前,先后有四十多家国际著名基金管理公司和二十多家国内基金管理公司,成为社保基金的管理人。社保基金会一直致力于加强规范化建设,将机构运转和基金管理运营纳入制度化轨道。坚持把制度建设作为规范化建设的首要内容,这是社保基金会从成立之初就重视和强调的重要经验。经过多年的持续努力,建立完善了包括资产配置、投资决策、投后管理、风险防控以及委托管理人选聘等一系列规章制度和办法。2010年出台的《中华人民共和国社会保险法》首次从国家法律层面就全国社会保障基金的性质、来源和用途做了明确规定。2016年颁布实施的《全国社会保障基金条例》,全面规范了基金的性质、来源、用途、管理运营、监督等重要内容,使基金正式步入有法可依、依法管理的轨道。尤其是近年来,社保基金会在加强法规制度建设的基础上,推进内部控制建设、数据标准化、绩效评估和估值体系建设、信息系统升级改造四项基础性工程,以完善流程、落实规范,形成遵循规范的自觉和必须。完善了基金运营定期公开制度,主动向社会公布基金的收支、管理和投资运营情况,接受社会监督,回应社会关切。

案例2 5万亿社保结余2025年会枯竭?[①]

据人力资源和社会保障部发布的《2018年度人力资源和社会保障事业发展统计公报》,截至2018年年末,城镇职工基本养老保险基金累计结存50 901亿元,基金结余平均可以满足17个月的支付,能够保证按时足额发放。目前,我国城镇基本养老保险实行的是"社会统筹与个人账户相结合",即统账结合模式,按国家规定,养老保险缴费过程中企业承担20%,个人承担8%。

王忠民指出,因为初期交的人多,用的人少,所以会有结余。但是现在人口老龄化迅速来临,交的人和用的人之间,在2014年已经平衡了,而且2014年以后是交的人少、用的人多,这样结余数额的增长幅度就会减小。因此王忠民认为,如何对这5万亿进行管理和投资,是非常重要的。"如果回报率是10%的话,我们相信用几年时间会翻一番。如果回报率是1.8%不到2%的时候,它的增长幅度甚至有可能战胜不了通货膨胀,战胜不了投资的机会成本。"据社保基金会党组书记王尔乘此前的公开发文,截至2018年年底,全国社会保障基金累计投资收益额9598.55亿元,年均投资收益率7.82%,超过同期通货膨胀率5.53个百分点。

对于这5万亿城镇职工基本养老保险结余,如何管,怎么才能做得更好,王忠民提出"费改税",并对其具体实施步骤做了介绍。

王忠民认为,个人账户的8%可以不再按交费的形式,而是以税收的形式放在个人所得的栏目中。"我们过去叫个人账户,但是管的时候把它视同为社会统筹账户的一部分,没有按照个人账户应该有的个人支配权力和管理权力来管理,而是放在统账结合的角度拿去管理。"王忠民指出,他认为现在要回归个人账户的本来功能,回归的第一个环节就是从8%的个人费率水平当中减出,而设置在税收的个人当下现金收入中。这既有利于降低企业的缴费水平,还可以在政府计划减费率时,至少有8%的空间去回应宏观经济的压力和要求。

对于回到个人账户的这笔现金收入,王忠民认为可以做两项税收设计。一是免除这8%现金收入的个人所得税,不过他指出,免除所得税之后,这部分钱个人不能拿去作为当期可支配收入,而只能放在一个账户里面,这个账户就称之为"个人养老账户"。二是"个人养老账户"里面的钱必须拿去投资。"可以给任何金融产品或者实体投资,比如银行、证券、基金、房地产。"不过他认为,对这个账户中当期投资的回报要基于延税制度,即在投资期不收,而是等个人退休以后再收。每一年的收益都存在里面,时间的累计、复利的累计,都体现在这一个账户里面。王忠民认为这样的两项税收设计,能更大限度激发个

[①] 王忠民. 五万亿社保结余2025年会枯竭? [EB/OL]. (2019-07-08)[2021-08-30]. https://baijiahao.baidu.com/s?id=1638460017272998971&wfr=spider&for=pc.

人的投资积极性，使个人能积极努力寻求市场上的受托人。"(这笔钱)个人如果可支配的话，一定会想尽办法管理好、投资好。"对于市场可能担心的投资回报问题，他指出，如委托社保基金会，采用已经成熟的商业模式、盈利模式去管理，年化或许可以达到百分之十几。王忠民认为这个事情如果可以做好，那么中国资本市场就会有5万亿净资本。

那么如果5万亿社保结余按以上设想回到个人账户中，如何保证养老资本每年的现金流发放呢？王忠民指出，既然资金已划转到个人账户，就不应该再用个人账户的钱去负责这一部分，因为这会扰动个人的权利义务以及投资决策。他提出，第二个环节便是用国有资产来解决这一问题。"用庞大的国有资产、过去的积累，现在划出10万亿甚至20万亿的资产，直接划给社会保障账户当中，用于解决现在的账户空洞问题。"

王忠民认为，以上措施有"一石多鸟"的效果。除了有助于个人得到有效的资产支持，免除后顾之忧外，还能缓解社保基金日益枯竭的情况。他表示，当前国有资产都在变革模式，从过去的直接经营、直接管理的管理人模式，改成资本运营公司，实现了收益率高、流动性强、资产配置有效的目标。他认为划转国有资产进入社保基金，便是将这部分资产通过社保基金来运营，实际上便是改成了国有资本运营公司。"把国有资产体制改革的事情，放在满足社会保障的事情当中，既解决了现在的问题，还实现了对国有资产运营机制和运营方式的改革，实现有效运营。"同时，5万亿归到个人账户，可以让个人账户回归实账运行，再也不是空账运行。

王忠民认为，这样的方式会让我国社保基金基础变得坚实，成为"不会消失的资产"。"这个政策一旦建立，我们会发现解决的不仅是微观问题，还有宏观问题；不仅解决了资本市场的投资管理问题，还能取得跨代的长久的市场当中的历史效应。"

第8章 社会保障基金监管

【本章提要】本章介绍了社会保障基金监管的含义、特点及必要性，社会保障基金监管的机制，社会保障基金监管的内容以及社会保障监管的成本。通过对本章的学习，读者将全面、系统地认识社会保障基金监管。

8.1 社会保障基金监管概述

8.1.1 社会保障基金监管的含义

社会保障基金监督管理是指由国家行政管理部门、专职监督部门、利害关系者以及有关方面对社会保障尤其是社会保障基金的有关管理机构和管理者的管理行为过程及结果实行监察和督守，使其遵守国家有关法规和政策的要求。

建立健全社会保障基金监督体系是防止滥用权力的需要。加强对社会保障基金的收支、运营和管理的监督，是实现社会保障基金依法筹集、专款专用、安全、保值和增值的重要保证。监督不是监督主体对监督客体有关行为的一种直接的命令、指挥和安排，它不存在利用经济手段引导监督客体的行为。良好的社会保障监督主要是借助内、外部约束力而产生效力，它为针对违规行为的行政处罚和法律制裁提供依据和证据，它是社会保障有序运行的无形杠杆，是社会经济健康发展中的链条。社会保障基金监管的内涵和外延随着社会经济的发展以及社会保障制度的发展而不断发生变化，其内涵不断被丰富，其外延不断被扩展。

随着社会经济的不断发展，社会保障制度建设在党和国家事业发展总体布局中的角色不断转变，逐步从国有企业改革的配套措施、社会主义市场经济的重要支柱，发展成为国家的一项重要社会经济制度。社会保障是民生安全网、社会稳定器，与人民幸福安康息息相关，关系国家长治久安。中国特色社会主义已经进入新时代，必须适应我国社会主要矛盾已经转化为人民日益增长的美好生活需要和不平衡不充分的发展之间的矛盾这一客观要求，在社会保障体系基本建立的基础上提出新的奋斗目标。党的十九大报告提出全面建成多层次社会保障体系，这是党中央在科学研判世情国情基础上，牢牢把握我国发展的阶段性特征和人民群众对美好生活的向往，对新时期社会保障体系建设做出的重大部署，对于不断提高保障水平和改善民生水平，促进国家治理体系和治理能力现代化，推动经济社会发展朝着更高质量、更有效率、更加公平、更可持续方向前进，有着重大现实意义和深远历史意义。加强社会保障基金监督管理，建立健全基金监管机制，推动社会保险基金征缴、支付、管理的规范化、制度化，保证社会保险基金专款专用，严禁挤占挪用，规范社会保障基金投资运营制度，确保基金安全完整，是社会保障体系正常运行的前提条件。

8.1.2 社会保障基金监管的特点

社会保障基金监管作为维护、保护社会保障基金正常运行的重要机制，在社会保障体系建设中不可或缺。加强社会保障的监管制度建设，有利于保障社会保障制度的平稳发展。这一工作，有以下几个特点。

1. 独立化

为保证社会保障基金监督体系有效运转，监督机构与行政管理和资本运营机构分离，可有效地发挥监督体系的作用。特别是一些采取定量限制监管的国家，其监管机构的独立性较强，一般都成立专门机构进行监管，而且监管的范围也比较大，除了要求基金达到最低的审慎性监管要求外，还要对基金的结构、运作和绩效等具体方面进行严格监管。

2. 多元化

各国的社会保障基金监管体系大多由政府、资方、劳工等方面的代表组成，充分体现了社会各个方面的利益要求。社会保障基金监管具有很高的透明度，公民能够借助多种手段充分维护自己的权益。

3. 法治化

社会保障基金监管作为社会保障制度的重要组成部分，既有延续性和稳定性，又有依客观情势而修正的变动性。但无论是稳定还是变动，都必须以法律规范为依据，并据此确定社会保障监管的各项内容。各国关于社会保障监督体系的立法工作较为细致，法律法规体系较为完善，对社会保障基金的监管都有完备的法律体系基础，基本走上了法治化、规范化的轨道。

8.1.3 社会保障基金监管的必要性

尽管世界各国社会保障基金的形式和内容不尽相同，但是基金监管的目标是统一的，即通过防范社会保障基金的管理和运营风险，实现社会保障政策目标。具体来说，应该确立以下几个方面的目标。

1. 维护广大劳动者的合法权益

社会保障基金来源于广大劳动者的劳动收入，其产权属于广大劳动者，是广大劳动者的"养命钱"和"保命钱"。因此，社会保障基金的安全、完整直接关系到劳动者社会保障权益的实现。由于监管成本的存在以及个人存在"搭便车"的心理，分散的劳动者个体难以对社会保障基金管理主体实施监管，难以提供和维持有效的监管激励，导致社会保障基金管理主体存在监管不足的问题。因此，由作为社会公众利益代表的社会保障基金监管机构对社会保障基金实行有效监管，是社会保障制度设计的必然选择。从微观层面上看，社会保障基金监管将从社会保障基金的征收、投资和给付环节进行全程监管，防止管理服务机构以权谋私，违法、违规管理社会保障基金，防止在征收领域存在的少报缴费人数、瞒报缴费基数和给付领域存在的冒领、骗领养老金等社会保障欺诈问题；从宏观层面上看，社会保障基金监管有助于维护基金安全运行，促进社会稳定，保护国家利益，从而保护广大劳动者的合法权益。

2. 确保社会保障基金投资管理体系乃至金融体系的安全与稳定

安全性是社会保障基金投资的首要基本原则。社会保障基金是对参保劳动者的负债,是广大劳动者基本生活保障的来源。社会保障基金的安全与完整,关系到社会保障目标的实现,关系到整个社会经济的健康发展。因此,社会保障基金投资必须首先注意安全性,保证本金的收回,并取得预期的收益。这里需要强调的是,安全性有名义安全性和实际安全性之分,前者指到期还本付息,后者指本和息都要保值增值。在强调社会保障基金投资安全性时,必须兼顾两者,特别是后者。

社会保障基金投资运营必然面临委托代理风险和投资风险。一方面,由于社会保障基金管理过程涉及众多责任主体,各管理主体相对于劳动者而言处于相对信息优势地位,难免存在委托代理风险。比如,基金管理人挤占、挪用、窃取社会保障基金,侵害受益人合法保障权益;利用社会保障基金投资于自己公司股票或母公司股票,或向关联企业投资,或违反有关规定使社会保障基金承担无限责任的投资等。20世纪60年代中期美国所发生的"斯图特贝克事件",2002年美国的"安然"事件、英国的"马克斯威尔丑闻"(the Maxwell scandal)[①],都是因为养老基金受托人相对于劳动者处于信息优势地位,加之监管不力导致的道德风险。这些事件的发生导致数十亿美元的养老基金损失,成千上万名劳动者的养老保障权利丧失。另一方面,社会保障基金数量多、规模大,为了社会保障基金的安全性,实现社会保障基金的保值增值,必须对社会保障基金进行投资,投资于资本市场,必然面临资本市场的投资风险。例如,资产价格的正常波动、泡沫和破产事件、超乎预料的通货膨胀等。

与此同时,由于社会保障基金与金融系统其他领域存在密切的联系,两者之间的良性互动将推动社会保障基金管理市场和金融市场的共同发展,但两者间任何一方的危机也将波及对方,从而导致双方恶性互动。比如,社会保障基金可能会受到银行危机的影响,其他行业(如保险业)外溢出的负面影响,整体经济衰退导致股票市场出现波动的影响,这些因素都会影响社会保障基金财产价值,给社会保障基金的安全带来不稳定因素。同时,社会保障基金作为金融市场上的重要机构投资者,也将会影响到金融领域,如果管理不善,也将会成为资本市场上兴风作浪的"大鳄"。

因此,社会保障基金监管的目标就是确保社会保障基金投资管理体系,乃至整个金融体系的安全与完整。社会保障基金监管机构应通过建立科学的社会保障基金治理结构和完善的社会保障基金监管体系,严格控制社会保障基金投资管理过程中产生的各种风险,并通过建立防火墙和实施相关监管技术和手段,隔离社会保障基金管理过程中产生的风险,避免一个领域的风险在金融相关领域之间互相传递,产生"多米诺骨牌效应"。

3. 维护公平竞争的社会保障基金管理市场秩序

与其他市场类型一样,社会保障基金管理市场也需要维持公平竞争的市场秩序,具体包括以下几个方面。

(1) 注重保持市场相对稳定,加强社会保障基金管理市场环境建设。

对于社会保障基金管理市场而言,监管和发展是相行并重的两大任务,两者具有相辅相

---

① 穆怀中. 社会保障国际比较[M]. 北京:中国劳动社会保障出版社,2014.

成的关系,不能将两者对立起来。准入社会保障基金管理服务机构只是社会保障基金管理市场监管的第一步,下一步任务就是在对基金管理市场进行监管的过程中,不但要坚持严格执法的原则,而且要考虑按市场的发展进程来制定规则,注意保持市场的相对稳定,营造一个有利于市场发展的良好环境。市场的发展包含多方面的内容,主要包括市场体制的健全、管理服务机构数量的增长、管理服务质量的改进和管理人员素质的提高。因此,在实施监管、促进市场发展的过程中,不仅要不断推动市场规模的扩大,更要注重提高市场服务的质量。

(2) 促进社会保障基金管理市场的诚信建设和市场自律功能的完善。

从发达国家的经验来看,一个没有诚信的、参与者缺乏自律的市场,肯定是一个没有效率的市场。从某种意义上甚至可以认为,市场参与者的诚信和自律,是监管有效的基本前提。如果市场参与者普遍缺乏诚信和自律能力,必将大大地提高监管的边际成本,降低监管的边际收益,再加上法不责众的压力,监管很可能会流于形式。在成熟的社会保障基金管理市场中,失信的成本很高,充分的市场竞争和信息传播,将使失信者付出沉重的代价。因此,社会保障基金监管应通过鼓励竞争、强化信息披露、完善市场结构,使市场本身对失信的惩罚力度增强。对那些弄虚作假、欺骗社会保障基金的管理服务机构应给予及时和有效的惩罚。因此,我们必须将促进市场的诚信建设和市场自律功能的完善作为监管的重要目标,大力培养市场主体的自律能力,加强对失信的监管力度,严厉打击弄虚作假、不讲信用的违法犯罪活动。

(3) 加强投资教育,培育企业和劳动者的责任意识。

我国证券市场的大多数投资者的主体责任意识淡薄,阻碍了证券市场的健康发展和功能优化,并使证券市场隐藏着较大的社会风险,这就提醒我们要加强对广大劳动者的投资教育,培育企业和劳动者的责任意识。在实施社会保障基金监管的过程中,也必须将加强对企业和广大劳动者的投资教育、培育他们的责任意识作为目标,采取多种形式和方法提高企业和劳动者对投资工具、投资风险的认识,使他们清楚地了解市场的功能和运行机制,以增强其主体责任意识,自觉自愿地为其投资行为和投资后果负责。

4. 促进社会经济发展

与其他机构投资者一样,社会保障基金在金融市场的投资原则是:在风险既定的条件下实现投资收益最大化,或在投资收益既定的条件下保证风险最小化。在社会保障基金监管机构的有效监管之下,社会保障基金投资这种趋利性行为必然导致社会资本向收益最高、发展前景最好的部门、行业或企业流动,促进社会资源的最优化配置。与此同时,通过社会保障基金监管机构的导向作用,鼓励社会保障基金投资于社会发展的特定项目和国家支持的产业,不仅可以使社会保障基金获得投资收益,还可以为国家基础建设和关系国计民生的行业和部门提供必要的资金,促进社会经济的发展。例如,鼓励社会保障基金投资于国债和市政债券,可以为国民经济建设提供资金支持;鼓励社会保障基金投资于国家支持的产业,可以促进产业结构的调整。美国国债市场的发展就在一定程度上得益于美国社会保障基金的支持。

8.2 社会保障基金监管的机制

8.2.1 社会保障监管机制的系统构成

社会保障监管机制主要由三个相互协调的系统构成，分别为法制系统、管理系统和监督系统。法制系统是实施社会保障监管的客观依据，管理系统是社会保障监管机制的实施和责任主体，监督系统是实施社会保障监管的基本保证。这三个系统的构成关系如下所述。

1. 分层负责

社会保障监管机制客观上分为以下三个层次：第一层次或最高层次是法制系统，它是管理系统、监督系统的共同依据，是规范性层次。第二层次是管理系统，其依照法律的规定在自己的职责范围内对各种社会保障实施机构及其实施内容履行管理职责，同时接受监督系统的监督。第三层次是监督系统，其依据法律的规定履行对社会保障管理系统与实施系统的监督职责，其中重点是对实施系统的监督。上述三个层次分工不同，但目标一致，它们共同推进社会保障项目的实施。

2. 系统运行

在社会保障监管机制运行过程中，法制系统、管理系统和监督系统共同构成了一个有机结合的整体，缺乏任何一个系统都会导致整个社会保障运行陷入非正常状态，任何一个系统的非正常运行都会导致整个运行系统的非正常。例如，没有相对独立的法制系统，社会保障制度的运行会失去操作的客观依据；没有相对独立的管理系统，社会保障的实施会陷入混乱之中；没有健全的监督系统，社会保障运行过程中的非正常状态将难以被及时发现和纠正。同样，如果法制系统不合理，社会保障的管理、监督系统便很难正常运行；如果管理系统不正常，社会保障制度运行中的其他系统也会失常；如果监督系统非正常，可能会导致越权干预或形同虚设，社会保障的正常运行将失去保证。

3. 明确职责

构成社会保障监管机制的三大系统是一个整体，但又各自相对独立地在社会保障运行中承担着不同的职责和任务，并严格按照分工履行职责。例如，法制系统承担的是规范项目体系、制定运行规则的职责；管理系统承担的是依法管理，即主要充当社会保障责任主体和对实施系统执法裁判的职责；监督系统承担的是依法对社会保障管理与实施过程进行监督的职责。如果上述系统职责不分，必然会造成功能紊乱，例如，管理部门不遵守法律规范、不服从监督等，都会导致系统间的职责混乱，进而使各系统功能失常。

4. 双向制约

传统的社会保障监管机制只具有单向制约性，即政府制定法规政策，然后由政府部门或企业、机关、事业单位执行。而合理的社会保障监管机制，其三个系统之间应存在双向或互相的制约性。例如，法制系统对其他两个系统均起着规范与制约作用，其他系统的运行不能违背法制系统的规范，但其他系统在运行中若发现法制系统的不足又可以推动法制系统的修订与完善；管理系统行使对社会保障项目的管理职责，但又须接受法制系统的约束与监督系统的监督；监督系统接受法制系统的约束，不能介入具体的社会保障管理与实施，但可以行使对管理系统的监督权。可见，上述三个系统是互相联系、互相制约的关系，这种制约关系使整个社会保障制度运行具备了内在的免疫力，从而成为社会保障制度正常运行、健康发展的基本保证。

5. 有效监督

在社会保障监督体系中，监督主体与监督客体的权责关系决定了监督系统的基本框架。监督主体是指根据法律规定，有权利和义务实施监督的组织或个人。社会保障监督的客体即监督对象，监督客体的行为、行为当事人(如社会保障行政管理部门、社会保障经办机构、用人单位和受保人)以及行为的结果均是监督的对象。在实践中，既有专职的监督主体，又有兼职的监督主体，还有兼具管理与监督职能(有些以管理为主、监督为辅，有些以监督为主、管理为辅)的双重体。这些双重体既是监督主体，又是被监督的对象，因而可称为主客兼容体。在监督的主体与客体的相互关系中，专职监督主体(尤其是审计部门)负有特别重要的使命。它们既要监督整个客体，还要侧重对上述主客兼容体实施再监督，因此要从立法的角度确立其行政地位和履行监督所需的各种权力，在监督的人力和物质条件等方面也要充分保证。

综上所述，社会保障监督管理应当是一个分工明确、结构严密、职责分明、相互制约并相互协调的有机系统。法制建设的体系化、管理组织的严密化、监督机构的权威化，是社会保障制度正常运行、良性发展的基本标志。

8.2.2 社会保障基金监管的原则

社会保障基金监管的原则既是对以往基金监管经验的总结，又是建立和完善社会保障基金监管制度的基础。在社会保障基金监管工作的实践中，必须遵循这些原则，才能实现社会保障基金的保值增值。一般来说，社会保障基金监管应遵循以下原则。

1. 法制性原则

所谓法制性原则是指社会保障基金监管机构利用法律手段来管理社会保险经办机构和社会保障基金管理服务机构的业务，这主要体现在以下三个方面。

(1) 用法律形式确定被监管对象的权利、义务，以及社会保障基金收支和投资运营的行为标准，监管社会保障基金各委托管理单位依法行使权利、履行义务。

(2) 用法律形式确定监管机构的法律地位、监管权威与监管职责，以法律形式确定监管的行为标准和管理办法，使社会保障基金监管工作的执行有法可依。

(3) 用法律形式确定监管机构与其他机构之间的关系，主要涉及政策制定部门、中介机构、国内外相关机构，确定这些机构在社会保障基金监管中的地位、职责以及权利和义务等法律关系。

法制性原则的确定，使社会保障基金的监管具有严肃性、强制性和权威性的特点，从而保障社会保障基金监管的有效、顺利执行。

2. 安全性原则

所谓安全性原则是指必须保证投资的本金能够全部收回，在能够确保安全收回社会保障基金本金的前提下，取得预期的投资收益。当预期社会保障基金亏损的概率大于盈利的概率时，就应该选择不投资，这就可以避免投资损失的风险。基于以上考虑，社会保障基金的投资风险应该比较小，并能够确保取得一定的投资收益，这是社会保障基金投资运营必须遵循的基本原则。社会保障基金担负着特殊的社会政策使命，基金的投资安全不仅影响几代人的经济利益，而且关系社会经济、政治的稳定。如果投资风险大，不仅无法获得预期的投资收益，而且会损失已经积累的基金，这就会危及社会保障的经济基础和社会基础，影响社会公众对社会保障制度的信心。

从宏观上讲，社会保障基金监管机构通过监管来维护基金安全稳健运行，维持社会稳定，保护国家利益；从微观上讲，社会保障基金监管机构保护参加保险人员的合法权益，防止以权谋私、违规、违纪运作，避免基金损失以及由此引发的支付困难。社会保障的根本性政策目标是维护社会稳定。安全稳健是一切基金监管当局实施监督管理工作的基本目标。如果经办或者投资风险过大，不仅无法取得预期收益，而且可能危及社会保障的基金基础，引发社会动荡，因而安全性原则是基金监管的首要原则。

3. "三公"原则

所谓"三公"原则就是在社会保障基金监管过程中必须坚持公开、公正、公平的原则。

(1) 公开原则是实现社会保障基金管理市场资格准入和退出的有效手段，也是提高社会保障基金监管机构权威性的前提，是准入监管的精髓所在。公开原则有两层含义：第一，监管机构应当保证社会保障基金管理服务机构的资格及其基本经营情况、相关准入标准和条件能够完全公之于众，使得社会保障基金管理服务申请机构和社会公众都能充分地掌握不同类型管理服务机构的资格要求等市场信息，这样才能保证金融机构在做出申请选择时能获得公平的信息资源，从根本上堵塞内幕交易和控制的漏洞；第二，监管机构公开自身准入和退出的监管制度和程序，使基金管理服务申请机构和社会公众能够了解准入审批的程序、评审委员会的专家构成和职业道德要求，以及评审进度和评审标准。

(2) 公正原则是实现公开原则的保障。监管机构在履行职责时，必须根据法律赋予的权限开展活动，既不能"越位"，也不能"缺位"，否则资格准入就可能由于监管机构和监管人员的行为不当而丧失公正。另外，监管机构对所有被监管对象都应给予公正待遇，如有利害关系和亲属关系应该回避，不得有任何偏袒，应做到不偏不倚。

(3) 公平原则是监管行为的结果，即监管机构通过公开披露相关信息和公正执法，给予每一个管理服务机构平等参与和公平竞争的机会，也给予每一个管理服务机构公平的待遇，让各管理服务机构在公平竞争的市场环境中优胜劣汰，最终实现竞争结果的公平。

4. 独立性原则

独立性原则是指社会保障基金监管机构依照法律独立行使监管权力，不受其他机关、单位、社团和个人的干预。独立性原则主要体现在以下两个方面。

(1) 监管机构与被监管机构、其他机构既要密切合作、相互配合，又要划清职责界限，互不干涉，不超越权限。

(2) 监管机构对经办机构、基金管理服务机构依法监管时，不能受其他机构、个人的左右，保持监管工作的相对独立性。坚持独立性原则，可以防止权力滥用、以权谋私、独断专行等情况的出现。

5. 审慎性原则

审慎性原则是指社会保障基金监管机构必须进行审慎监管，其主要包括审慎地批准社会保障基金投资管理人、基金托管人、账户管理人等社会保障基金管理服务机构的市场准入与退出，审慎地定论和处理问题，监管工作做到松紧适度，既要给予经营社会保障基金的管理服务机构以适当的政策指导，又要防范社会保障基金经营的各种风险，防患于未然。同时，应创造良好的社会保障基金的监管环境，以确保基金的保值增值。社会保障基金监管机构的管理重心，应该放在为经办机构和基金管理服务机构的规范管理和运营创造适度的竞争环境，防范经营风险的发生。

6. 科学性原则

科学性原则是指社会保障基金的监管必须科学、合理，尽量避免基金监管负效应的发生。社会保障基金的监管是一个不断发展和完善的系统工程，是涉及监管组织体系、监管方式、监管法律体系、管理运营预警体系和风险监测体系等方面内容的风险管理系统。对于这样庞杂的监管体系，必须以科学性原则为准则，才能达到监管的目标。对此，社会保障基金监管机构必须运用先进的科学技术手段，建立健全法律体系和风险监测、风险评估体系，不断提高监管的质量、水平和效益。

8.2.3 社会保障基金监督体系

社会保障基金的监督体系是以行政监督为主导，以基金管理机构内控自律为基础，以专门监督和社会监督为补充的监督体系。以下，我们按照监督主体与被监督主体的关系，把社会保障基金的监督分为外部监督和内部监督。

1. 社会保障基金外部监督体系

社会保障基金外部监督是指由社会保障经办机构之外的组织和个人对社会保障工作的主体进行监督。在我国，社会保障基金外部监督还可以分为国家机关监督和社会监督。国家机关监督包括国家权力机关、行政机关、司法机关、经济管理部门和特定机构的监督。社会监督包括社会组织、公民和新闻舆论的监督[①]。

1) 国家机关监督

国家机关监督的特点是，监督以国家的名义进行且权限明确，均来自法律法规的明确授权；行使监督权的程序严格；行使监督权后做出的决定具有法律效力。

(1) 国家权力机关监督。我国实行人民代表大会制度，各级人民代表大会对社会保障基金的监督，是国家权力机关依法履行职能的重要组成部分，也是人民群众行使国家权力的重要体现。人民代表大会及其常委会对社会保障基金的法律监督主要是对有关行政部门、社会保障基金行政法规、规章和规范性文件的合法性进行监督，并对社会保障基金的法律法规的实施情况进行监督。工作监督是指人民代表大会及其常委会全体或部分组成人员对社会保障基金日常工作进行考察、调研、监督、检查。

---

① 胡晓义. 社会保障基金监管[M]. 北京：中国劳动社会保障出版社，2012.

(2) 国家行政机关监督。国家行政机关对社会保障基金的监督主要是指各级人民政府对社会保障基金的监督。在我国，各级人民政府是法律的具体执行者，同时拥有制定行政法规、规章和各类规范性文件的权力。各级人民政府对社会保障基金进行监督的方式主要有：制定与社会保障基金监督有关的行政法规、行政规章、地方性规章和有关规范性文件；采取听取汇报、述职报告等形式，对所属的人力资源和社会保障行政部门、财税部门的社会保障基金征缴、管理和运作、支付工作进行监督；各级政府法制部门(法制办)对上述机关的规范性文件进行备案以及合法性审查等。

(3) 国家司法机关监督。国家司法机关监督是我国监督体制的重要组成部分，同样也是社会保障基金监督制度的重要组成部分。国家司法机关监督包括检察机关的监督和审判机关的监督。检察机关的监督是一种专门监督，其监督方式主要是对个人、企事业单位的违法犯罪行为提起公诉，尤其是对国家机关(包括国有企事业单位)及其工作人员在履行职务过程中的违法犯罪行为提起公诉；对有关单位的有关违法行为发出检察建议书；受理举报、控告，接受当事人抗诉申请并决定是否提起抗诉等。人民法院是我国司法体系中的审判机关，因此人民法院监督也被称为审判监督，其监督手段主要是行使审判权。

(4) 经济管理部门监督。经济管理部门监督是指国家经济管理部门根据各自的管理职能，代表国家对社会保障基金的筹集、运营、支付过程进行的监督。经济监督主要有以下几种。

① 财政监督。这是财政部门对社会保障基金管理部门遵守财政法规和财务会计制度情况以及对社会保障管理机构的经费预算的监督。社会保障基金直接或间接来源于国家财政，对收支平衡有很大影响，并涉及财政体制今后的改革，财政部门要预测、控制国家和企业负担水平。所以，各级财政部门要加强对社会保障基金财务、会计制度执行情况的监督，定期或不定期地对基金收入户、支出户及财政专户管理情况进行监督，确保社会保障基金依法及时足额缴纳和按时足额支付，纠正违反法规的行为，保证社会保障基金安全完整，防范和化解社会保障基金运营风险，促进社会保障事业健康有序地发展。

② 审计监督。这是由专门从事审计业务的部门对社会保障基金的财政收支、社会保险基金运营的效益和违反财经法纪的行为所进行的经济监督。审计监督包括对社会保障基金的核定收缴、兑付、上解、储存、拨付、调剂、使用、运营、保值、增值等的审计监督。同时，还要对社会保障基金预决算进行审计监督，对社会保障基金内部控制制度进行审计监督，对参加统筹的用人单位与社会保障有关事项进行审计等。

③ 金融监督。它是指国家金融管理部门对社会保障基金管理部门的金融活动是否符合国家金融政策所进行的经济监督。例如，各社会保障基金开户银行要根据有关代收、代发协议和结算凭证，及时办理社会保障基金的代收和代发业务；要按照社会保障基金管理政策规定，加强对基金收支和管理情况的审核。金融监督内容包括金融政策监督、投资过程监督和投资结果监督。例如，检查社会保障金融活动是否符合国家金融政策，基金的管理与运营是否符合国家宏观计划，基金投资运营是否安全，投资收入是否按规定并入社会保障基金，社会保障基金存储是否合理、合法，等等。

(5) 特定机构监督。特定机构监督是社会保障基金监督中特有的一种监督形式，如"全国社会保障基金理事会"对全国社会保障基金的监督。它的监督对象有广义和狭义之分：前者主要包括应当接受监督的机构和个人，具体包括基金的征缴、存储、支付和运作机构，个人包括参加社会保险的参保人员和可以享受社会保险待遇的人员，还有各类在社会保险机构的工作人员；后者主要指社会保障基金本身。

另外，其他各级监察机关有责任对相关部门履行职责情况进行监督，严肃查处社会保障基金管理中的贪污、挤占、挪用等违纪违规行为，依纪依法追究相关单位和人员的责任；各级邮政部门不仅要按时足额发放社会保障金，而且应对邮政机构代发放社会保障金的情况进行监督检查，并定期向行政主管部门报送社会保障金发放的情况。

2) 社会监督

社会监督，即非国家机关的监督，是指由各类社会组织(包括政党)和公民依照宪法和相关法律，对社会保障基金进行的监督。

社会监督包括社会组织监督、公民监督和新闻舆论监督。

(1) 社会组织监督。社会组织监督是指各民主党派、人民政协和社会团体对社会保障基金的监督。

我国的民主党派是参政党，在社会保障基金监督领域，他们也通过多种形式、多种途径，积极地开展监督工作，是社会保障基金监督的重要力量。

人民政协是中国人民爱国统一战线的组织，在社会保障问题日益突出的今天，社会保障基金在每年的政协会议上受重视的程度也越来越高。每年"两会"都有大量的政协委员提案关注社会保障基金问题，充分体现了人民政协对社会保障基金的监督。

社会团体的监督，主要是指由工会、共青团、妇联以及城镇居民的群众自治性组织和农村群众自治性组织、各类非政府组织所进行的监督。例如，工会是劳动者的代言人，它根据《中华人民共和国工会法》赋予各级工会组织的权力，监督政策的制定、执行和管理行为。

(2) 公民监督。公民监督是指由公民直接进行的监督。社会保障基金是公民的"活命钱""保命钱"，理所当然受到每个公民的密切关注，也理应接受每个公民的监督。公民对社会保障基金进行监督的方式除了举报、投诉之外，还可以就其自身受到的社会保障方面的权利和受到的侵害提起复议、诉讼，以维护自己的合法权益。这种维权行动本身也是对社会保障基金管理工作的监督。

(3) 新闻舆论监督。新闻舆论监督，是指新闻媒介的监督。舆论的威慑力很强，新闻机构或如实报道，或发表评论，或通过民意测验等方式造成社会舆论，从而引起社会和有关政府部门关注，对有不良行为的管理机构或工作人员施加社会压力。新闻媒介影响范围很大，必须如实、准确地反映情况。由于社会保障的重要性日渐突显，它已成为新闻舆论监督的重要对象。

另外，劳动者具有社会保障费用的承担者之一和社会保障的受益人的双重身份，也可对社会保障实施监督。劳动者主要通过工会实施监督。用人单位以社会保障费用的主要承担者的身份监督社会保障管理部门对社会保障基金的使用和管理状况。社会保障管理部门应定期向企业通报基金收支情况，用人单位对有关疑点可进行质询。

2. 社会保障基金内部监督体系

顾名思义，社会保障基金内部监督是社会保障基金的管理系统内部所建立的监督体系，是防范经办风险的业务活动。

1) 社会保障基金内部监督的含义

社会保障基金内部监督有狭义与广义之分。

狭义的社会保障基金内部监督是指社会保障经办机构、财政专户管理机构、税务征收机构等与社会保障基金相关的职能部门，为防范运作风险、提高管理质量和水平而建立的相应的内部监督管理体制。

广义的社会保障基金内部监督是指社会保障相关职能部门在接受依法参保者委托对社会保障基金的征收、储存、有效管理和运用进行操作的同时，为了确保社会保障基金在征缴和内部运作过程中合法并有效地规避投资风险，防止基金被挪用挤占，最大限度地提高基金收益率，确保基金保值增值、合理分配并及时支付，依据国家立法，遵循公平与效率相统一的原则，运用法律、经济、行政手段，在社会保障基金相关职能部门内部或之间建立的监督管理体系与制度。

2) 我国现行社会保障基金内部监督体系

根据2002年7月劳动和社会保障部、财政部、信息产业部、中国人民银行、审计署、国家税务总局、国家邮政局联合下发的《关于加强社会保障基金监督管理工作的通知》精神，在我国现行社会保障基金内部监督体系中，由下列部门分别实施对社会保险费征缴、社会保险金发放、基金管理和运营各个环节的全过程监督。

人力资源和社会保障行政主管部门负责对社会保险费征收机构、社会保险金发放机构、社会保障基金管理和运营机构征缴、支付和管理运营基金情况的监督，定期或不定期地对基金收入户、支出户及财政专户等各类社会保障基金银行账户进行监督检查。

各级财政部门负责对社会保障基金财务、会计制度执行情况的监督，定期或不定期地对基金收入户、支出户及财政专户基金管理情况进行监督。

各级审计部门依法对社会保障基金管理及使用情况进行审计监督，对基金收入户、支出户及财政专户基金管理情况进行审计。

实行税务机关征收社会保险费的地区，各级税务机关负责对征收社会保险费的情况进行监督检查。

中国人民银行各分支行，负责对社会保障基金账户的开立和使用情况进行监督检查。

各级邮政部门负责对邮政机构代发放社会保险金情况进行监督检查。

各级人力资源和社会保障、财政、审计、税务、邮政部门和人民银行分支行按照各自职能实施检查时，有权要求被检查单位提供或报送社会保险费征缴、社会保险金支付和基金存储运营情况，社会保障基金预算或收支计划、预算执行情况、决算和财务报告以及其他有关资料；有权查阅被检查单位与社会保障基金管理有关的会计凭证、会计账簿、会计报表以及其他有关资料；有权纠正和制止检查发现的违反社会保障基金管理法规政策的行为，并及时通报主管部门。有关部门要严厉查处挤占挪用社会保障基金行为，追究有关领导和直接责任人的责任。涉及政府机关及其工作人员违纪问题的要移送监察机关，涉嫌犯罪的要移交司法机关。

各级社会保险费征收机构、社会保险金发放机构、社会保障基金管理和运营机构及基金开户银行，要自觉接受监督，配合有关部门做好检查工作。对拒绝监督检查、不提供有关资料或不如实反映问题的机构，应建议有关部门视情节轻重，对有关领导和直接责任人给予党纪、政纪处分①。

最后还应对社会保障基金监管的有效性进行判断。社会保障基金监管是否有效，关键取决于以下几个方面：第一，监管体系的健全和完善，这是因为基金监管体系的绩效首先取决于监管体系自身和各项规则的建立与完善；第二，社会保障基金监管是一项综合性工程，除了自身监管体系的健全以外，还取决于与金融、税收、财政等部门的综合协调；第三，社会保障基金监管体系建立和健全的目的与一般的监管体系有所不同，其根本目的就是确保社会保障基金的安全运行，实现社会政策目标。

8.2.4 社会保障基金监管的模式与手段

1. 社会保障基金监管的模式

社会保障基金监管模式的选择，受到历史、体制、文化、经济发展水平等各个方面因素的影响。具体来看，应当考虑基金市场结构是否完善、资本市场和各类中介组织机构是否发达、法律是否健全等因素。

(1) 根据监督主体和监督权的性质，可以分为国家性监督和非国家性监督。其中，国家性监督主体是国家机关，其主要特点是监督主体拥有宪法和法律赋予的监督权力，监督行为最具强制力，而相应被监督的对象必须接受这种监督，否则就要承担法律责任。

(2) 按照监督的主体和对象是否属于同一个组织系统进行分类，社会保障监督有内外部监督之分。其中，外部监督的特点是监督权来自组织外部，因而不会受到系统内部由于利益驱动而导致的决策权对监督权的破坏；内部监督的监督主体与对象同属于一个组织系统，实践中的一般做法是在组织内部专设一个或几个监督部门，对组织内部的其他部门进行监督。

国际上还有两种社会保障监管模式，即审慎性监管和定量限制监管。审慎性监管模式一般适用于经济发展已经很成熟、金融体制比较完善、基金管理机构也得到一定程度发展的国家。定量限制监管模式一般适用于经济体制不够完善、管理制度建立较晚、市场中介机构不够发达、法律不够健全的国家。从我国实际出发，鉴于基金运作机构不够规范、资本市场不够完善等情况，监管模式应以定量限制监管为主，适当吸收审慎性监管的优点，从而建立具有中国特色的社会保障监管模式和体系。

2. 社会保障基金监管的手段

在监管手段的选择方面，要尊重国家的有关法律，要将社会保障基金的运营纳入法制轨道，用法律和法规来规范、约束和监督基金运营主体的行为，主要可以采取以下三种监督手段。

(1) 财务监管。首先，要编制和完善符合我国社会保障基金实际的监督报表，如业务统计报表、会计信息、评估报表等，健全财务管理制度，建立监管指标体系。其次，要依据《中华人民共和国会计法》的有关规定，对经办机构的社会保障资金、财务会计工作进行财务监督，重点检查财务会计制度是否健全，会计核算是否及时、有效。

---

① 人力资源和社会保障部社会保险基金监管局.社会保障基金监管法规文件汇编(三)[M].北京：中国劳动社会保障出版社，2018.

对经办人机构的各项基金收支情况进行财务监督的重点是：认真审核经办机构的年度预算、决算，监督经办机构上报的基金支出计划是否符合规定，确保社会保障基金足额收缴和及时拨付，基金及时存入专有账户，防止挤占挪用现象的发生。

对基金运营机构监督的重点是：社会保障基金是否安全、完整，其保值增值是否合法，利益或收益是否纳入社会保障基金收入，年度决算和财务报告及有关部门的会计报表、会计账簿是否真实合法。

(2) 风险监管。根据资本市场发展情况及可能存在的支付危机和风险，从处理好降低风险和提高基金收益率的关系出发，规定基金的投资工具，对每种工具的投资限制，对一个企业或一只证券的投资比例，避免风险过于集中。

按照《全国社会保障基金投资管理暂行办法》的规定，在投资工具品种方面，主要是银行存款、买卖国债和其他具有良好流动性的金融工具，包括上市流通的证券投资基金、股票、信用等级在投资级以上的企业债、金融债等有价证券。在投资工具组合方面，银行存款和国债投资的比例不得低于50%，其中银行存款的比例不得低于10%，企业债、金融债投资的比例不得高于10%，证券投资基金、股票投资的比例不得高于40%。单个投资管理人管理的社会保障基金资产投资于一家企业所发行的证券或单只证券投资基金，不得超过该企业所发行证券或该基金份额的5%。

随着我国资本市场的完善和经营机构水平的提高，可以按照按时足额偿付的可能性，邀请独立的风险评估机构对各种投资工具的风险进行评估，并对风险管理标准适当调整，以实现社会保障基金的保值增值，为实施稳健的发展战略、制定长期的发展政策提供重要依据。

(3) 资质监管。社会保障基金的运营既要增值又要避险，因此，必须建立严格的市场准入制度。运营机构的具体标准包括：是否具有经中国证监会批准的基金管理业务资格；是否能够达到实收资本不少于5000万元人民币的标准，并在任何时候都能够维持不少于5000万元人民币的净资产；是否具有2年以上的中国境内从事证券投资管理业务的经验，且管理审慎、信誉较高；运营机构在金融市场上有无违规操作记录；是否具有完善的法人治理结构；专业投资人员是否具有与从事社会保障基金投资管理业务相适应的经验；运营机构是否具有完整的内部风险控制制度；经营业绩如何，是否能够确实保障基金的安全并保值增值。按照以上规定，监督机构对社会保障基金的运营机构进行审批或强制其退出。

8.2.5 社会保障基金监管的方式

社会保障基金监管的方式可以从两个层次加以解释：一是根据采取行动的时间，可以划分为事前监管、日常监管和事后监管；二是根据采取行动的地点，可以划分为非现场检查和现场检查。

1. 事前监管、日常监管与事后监管

(1) 事前监管。事前监管主要是对社会保障基金经营决策过程的监管，即根据有关政策法规来检查社会保障基金经营决策活动是否合法或合规，目的是在侵害事实发生之前进行规范和限制，制止不合法的行为，防患于未然。广义的事前监管还包括审批活动。事前监管是必需的，但要注意的是，过于强调事前监管容易带来至少两个方面的负面影响：一是对社会保障基金经营决策活动干预过多,反而会影响基金投资管理人独立做出投资决策,有时会导致非市场失灵;二是过于依赖事前监管,容易导致对此后的基金投资管理活动的麻痹大意,不利于发现问题和解决问题。

(2) 日常监管。日常监管是对社会保障基金的日常经营管理活动进行监管,它是社会保障基金监管的主要形式。它的主要目的是检查社会保障基金日常经营管理活动是否偏离了有关政策法规,以便及时纠正和补救。日常监管活动十分复杂和琐碎,需要监管机构投入大量的人力、物力并且要保证不间断地参与。在实践中,对基金管理人的日常活动进行监督是促进基金从业人员规范管理、依法经营的必不可少的重要环节之一。

(3) 事后监管。事后监管是指在社会保障基金的各项重大经营管理活动结束以后,监管机构对整个执行过程(包括主要管理人员的行为)及其结果进行检查,看其是否或在多大程度上符合政策法规的要求。事后监管的目的是找出存在的问题和各方应负的责任,提出改进建议或补救措施,制定惩罚措施,保护参保劳动者和受益人的利益,促进基金管理人依法经营。

事后监管虽然可以对过去的经营管理活动和个人行为采取一定的补救或惩罚措施,但已经造成的损失往往难以全部挽回。尽管如此,在那些金融市场比较发达的国家(如美国),与事前监管相比,监管机构往往更多地运用事后监管。一般情况下,只有在问题已经暴露或者出现了明显的征兆时,监管机构才直接进行干预。这样做不仅给了基金管理人充分的经营决策自由,而且对评价整个管理过程、进一步完善经营管理、提高基金从业人员的素质、提高社会保障基金行业的管理水平和经济效益都具有十分重要的意义。

2. 非现场检查与现场检查

从各国的情况来看,绝大部分监管体系的核心内容是对基金活动的监控,这主要包括两个方面:对关于社会保障基金财务状况的报告反复审查(非现场检查)和现场检查。

(1) 非现场检查。非现场检查主要是依据各种资料(主要是报告)对社会保障基金管理活动进行评估。虽然对报告的要求在频率和深度上各国之间差别很大,但社会保障基金管理者一般都要定期向监管机构提供专门的报告和文件。这样做的目的包括:一是为监管机构的评估提供资料;二是使社会保障基金处于监督之中,以达到"警示"效果。在侧重事前监管的情况下,监管者实际上利用报告"实时"(real time)监视资产组合构成和其他制度要求,并以有关信息为基础,在出事前采取行动。侧重事后监管的监管者一般在一个更长的时期后才获取财务报告,通常是每年一次,利用资料选取那些有潜在问题的社会保障基金管理者进行更深入的检查。监督机构还有一个共同职责,就是使参保劳动者和受益人方便得到关于基金的财务及其他资料。在匈牙利,监督机构实际上承担了向参保劳动者和受益人汇集和提供某些报告以确保其有效性的责任。

(2) 现场检查。现场检查通常是监管制度显而易见的组成部分。实际上,所有法定的社会保障项目都赋予监管者现场查看所有记录并查阅其他相关资料的权力。监管机构一般将其相当多的人力、物力用在这类活动中。在这一方面,各国监管机构的差别主要在于检查的目标、范围和频率不同。侧重于事前监管的监管计划把这些检查设计为审计,确立一个检查基金管理人各个方面活动的系统性目标,追踪个人账户的缴费,核实财务报告的完备性和准确性,评估对投资限制和其他更广泛的规定的遵守程度。这种审计按照正规的时间表进行,所有基金管理人每年至少检查一次，目的是进行一次全面的执行结果评估。相反，侧重于事后监管的监管计划实质上是把检查设计为一种专门的或更狭义的调查，通常是一种特殊的现场视察，作为对出现某一问题的反应。然而，一旦检查开始，它通常会引起对其他问题的调查。这种模式在某种程度上是对需要以有限的资源监控所有基金管理人的一种实际反应，但它也显示了对独立审计人检查所有财务资料的完备性的依赖。主要作为"调查"而运作的计划还会进行其他特定的随机检查，目的是保持一种成本—效益"警示"的存在。在这种体制中，建立有效的处理问题的机制和发展年报自动检查规则系统是取得成功的关键。

8.3 社会保障基金监管的内容

加强社会保障基金监管，就是要实现社会保障基金的安全和保值增值，防止社会保障基金被挤占挪用和资产缩水，保障基金按时足额支付，充分发挥社会保障基金的社会效益，维护人民群众的根本利益。社会保障基金监管的主要内容包括以下几个方面。

1. 针对社会保障基金经办机构的监督

对制定和执行社会保障基金运营的规章制度的合法性的监督，既包括对所制定的各项规章制度和经营决策是否符合有关法律法规和政策的监督，也包括对具体经办机构内控制度的监督。其中，后者的监督包括内部组织结构、基金风险程度、会计系统、计算机业务系统运行状况等方面。

2. 对社会保障基金经办过程的监督

(1) 基金征缴的监管。这包括检查征缴机构是否依法征收保险费，及缴费单位是否按规定缴纳保险费两个方面，具体来说：一是对征缴机构的监管。例如，是否按规定的项目和标准，及时、足额征缴社会保险费；是否擅自提高或降低社会保险费的征缴比例或减免征收社会保险费；是否转移或隐瞒基金收入，私设"小金库"或多头开户；是否挤占挪用收入户基金；是否将收入户基金及时、足额缴存财政专户；是否按规定收取滞纳金，并将滞纳金列入基金收入；是否允许缴费单位以实物抵顶社会保险费，造成基金的少征。二是对缴费单位的监管。缴费单位或个人是否按规定缴纳社会保险费，有无隐瞒工资总额造成少缴或其他形式的漏缴；缴费单位有无故意拖欠或拒缴社会保险费，有无将应缴的社会保险费截留用于其他开支。

(2) 基金支付的监管。一是对经办机构或社会化发放机构行为的监管，例如，是否违规扩大基金开支范围和标准支付待遇；是否依法及时足额支付各类保险津贴，有无拖欠或截留；是否按规定编制预算、计划，调剂金的分配、使用是否合理合法，资金的调度和用款计划是否按规定的程序报批；有无虚列支出、转移资金和挤占挪用；内部控制制度是否健全；业务结算中是否出现计算差错，是否多付、少付或重复支付。二是对参保人行为的监管。例如，领取社会保险金的人员是否已参加社会保险并符合享受的条件；是否有多报离退休人数或死亡不报、冒领社会保险金等欺诈的行为。

(3) 结余基金的监管。社会保险基金必须存入社会保险基金财政专户，实行收支两条线管理，专款专用，任何部门、单位和个人均不得挤占挪用，也不得用于平衡财政预算。具体的监管内容包括以下几项：各级政府、财政部门、经办机构和其他单位、个人有无将社会保障基金用于对外投资、经商办企业、自行或委托放贷、参与房地产交易、弥补行政经费和平衡财政预算,以及为企业贷款担保、抵押等问题;经办机构的年度决算和有关会计账簿、凭证是否真实合法;经办机构的内控部门是否能够有效地行使权力,基金是否安全、完整,其保值增值是否合法、合规;管理人员有无贪污、私分基金等违法违纪行为;是否发生不可抗拒的基金损失,如盗窃和自然灾害事件;基金管理措施是否安全、严密。

3. 对社会保障基金投资运营过程的监督

(1) 社会保障基金投资运营的准入。准入的控制亦称为审批、授权、认证和特许,旨在保证准入的金融机构的数量、结构、规模、分布和规范性符合社会保障事业发展的需要,并与监督当局的监管能力相适应。把好这个关口可以事先将那些可能带来问题的金融机构拒之门外,预先铲除带来违规运作风险的土壤。大多数国家的法律规定,银行等金融机构只有在获得授权或特别许可以后,才能从事社会保障基金的运营业务,否则是一种违法行为。任何得到认证的金融机构,都必须接受社会保障基金监督当局的监督。

(2) 社会保障基金投资运营的退出。与准入机制相对应,退出机制即监管当局限制或取消某一金融机构已经获得的管理运营基金的资格和权力。当某一金融机构或其分支机构不能履行有关责任和义务,并且威胁到基金的利益和安全时,监管当局有权采取某些措施,限制其运营基金的某些活动,直至取消其资格。社会保障经办机构和有关机构变更或调整基金的开户银行,必须报监管当局审查批准,未经批准撤回或擅自变更、调整的应予以处罚。

(3) 社会保障基金经营机构的变更。承担社会保障基金运营业务的金融机构因分立、合并、重组或者出现程序规定的解散事由而需要解散时,也须向监管当局提出变更申请,经批准后再做调整。金融机构解散或资不抵债、不能支付到期债务时,社会保障基金经办机构要关注接管人或清算人的行为,积极保护基金的利益,按清偿计划优先追还基金的本金和利息。有关监管当局应按照规定,妥善安排有严重问题的金融机构有序地退出社会保障基金运营市场。一旦银行等金融机构自动退出或被限制和取消授权,社会保障基金监管的关系即告终止。

(4) 监管机构还可以实行偿付能力监控。主要手段有以下几种:一是强制实施再保险,即当一家运营机构运营的基金达到一定的额度时,应规定其按一定比例实行再保险,以分散风险;二是设立风险准备金,即各运营机构在一定时期内应按基金规模大小向同业协会缴纳一定比例的风险准备金,以应付可能出现的风险。当运营机构资不抵债时,监管机构应勒令其停业整顿,以确保清偿能力。

8.4 社会保障基金监管的成本

社会保障基金监管活动必然会带来一定的成本。一般来说,社会保障基金监管的成本包括三个部分:体制成本、服从成本和结构成本。

1. 体制成本

体制成本是指用于维持社会保障基金监管机构日常运作所需要的经费。例如,监管机构所耗费的人力、物力、财力资源等。

2. 服从成本

服从成本是指社会保障基金管理服务机构因服从社会保障基金监管规定而付出的额外经营成本。例如，社会保障基金管理服务机构因遵守监管规定而需建立新的制度、提供培训、花费时间和资金所付出的成本等。

3. 结构成本

结构成本(又称间接成本)是指由于社会保障基金监管的行为致使整个社会的福利降低所发生的损失。例如，道德风险、对竞争的损害、对创新的扼制、"监管俘获"、集体选择的无效率以及其他由于不当的监管措施而造成的社会保障基金管理体系效率的损失。结构成本不表现在政府对监管机构的预算支出上，也不表现在社会保障基金管理服务机构或参保职工所负担的成本增加方面。

社会保障基金监管的体制成本和服从成本是社会保障基金监管的直接成本，是比较容易计量的，而结构成本则是间接成本，难以计量。一般情况下，计量社会保障基金监管成本，只能根据未发生结构成本的情况进行经验性估计。

本章小结

社会保障监督管理是指由国家行政管理部门、专职监督部门、利害关系者以及有关方面对社会保障尤其是社会保障基金的有关管理机构和管理者的管理行为过程及结果实行监察和督守，使其遵守国家有关法规和政策的要求。

建立健全社会保障监督体系是防止滥用权力的需要，加强对社会保障基金的收支、营运和管理的监督，是实现社会保障基金依法筹集、专款专用、安全、保值增值的重要保证。社会保障基金监督管理作为维护、保护社会保障基金正常运行的重要机制，在社会保障体系建设中不可或缺。加强社会保障基金监督制度建设，有利于保障社会保障制度平稳发展。这一工作具有独立化、多元化和法治化等特点。

尽管世界各国社会保障基金的形式和内容不尽相同，但是基金监管的目标是统一的，即通过防范社会保障基金的管理和运营风险，实现社会保障政策目标。

社会保障基金监管机制主要由三个相互协调的系统构成：法制系统是实施社会保障基金监管的客观依据，管理系统是社会保障基金监管机制的实施和责任主体，监督系统是实施社会保障基金监管的基本保证。

社会保障基金监管主体必须坚持法制性原则、安全性原则、"三公"原则、独立性原则、审慎性原则和科学性原则。社会保障基金的监管是一项系统工程，在其监管过程中必须全面系统地监管。社会保障基金的监管体系可以概括为，以行政监督为主导，以基金管理机构内控自律为基础，以专门监督和社会监督为补充的监督体系。

在监管手段的选择方面，要尊重国家的有关法律，要将社会保障的运行纳入法制轨道，用法律和法规来规范、约束和监督基金运行主体的行为。采取事前监管、日常监管和事后监管与非现场检查、现场检查等方式进行社会保障基金监管。

加强社会保障基金监督，就是要实现社会保障基金的安全和保值增值，防止社会保障基金被挤占挪用和资产缩水,保障基金按时足额支付,充分发挥社会保障基金的社会效益,维护人民群众的根本利益。

社会保障基金监管活动必然会带来一定的成本,一般来说,社会保障基金监管成本包括三个部分:体制成本、服从成本和结构成本。

1. 胡晓义. 社会保障基金监管[M]. 北京:中国劳动社会保障出版社,2012.
2. 穆怀中. 社会保障国际比较[M]. 北京:中国劳动社会保障出版社,2014.
3. 人力资源和社会保障部社会保险基金监管局. 社会保障基金监管法规文件汇编(三)[M]. 北京:中国劳动社会保障出版社,2018.

1. 什么是社会保障基金监管?
2. 简述社会保障基金监管的特点及其必要性。
3. 社会保障基金监管原则有哪些?
4. 社会保障基金监管模式和监管方式有哪些?
5. 试述社会保障基金监管的制度安排。
6. 简述国外社会保障基金监管内容。
7. 社会保障基金监管的内容包括哪些方面?
8. 社会保障基金监管的成本包括哪些方面?

典型案例

案例1 典型国家社会保障基金监管模式[①]

美国的养老保险基金仍采用现收现付的财务机制,因此基本养老保险由联邦政府集中统一管理。美国对养老保险基金实施监管的政府部门至少包括劳工部、国内税务局和美国退休金保付公司,它们分别对养老保险基金的投资政策、税收政策和公共保险进行监管。劳工部下属的美国劳动部雇员福利安全署(EBSA)是美国对养老保险基金市场进行监管的主要政府职能部门,监管的内容和对象主要是基金运行发展预测和对策研究,以及管理部门内部运作行为。EBSA并不直接管理养老保险基金,而是通过规范养老保险基金受托人的方式间接管理养老保险基金。美国财政部的国税局也从税收角度对养老保险基金市场承担了部分监管责任,通过颁布条例对养老金计划是否符合税收优惠做出明确规定。美国养老保险基金监管的法律体系是由多次修订1974年的《雇员退休收入保障法案(ERISA)》为主的一系列法律构成的。

英国养老保险基金监管一个重要的特点就是多体系监管。监管机构由国内税收收入

---

① 巴曙松,谭迎庆,赵晶,等. 关于社保基金监管框架的思考[J]. 金融会计,2007(10):36-39.

局、社会保障部职业退休金监管局(OPRA)、财务监督局等部门构成。这些机构分别执行不同的职能对养老金进行监管。OPRA是一家独立于政府的机构,负责制订和实施规范养老金计划的法律、法规,但是大部分规定仅适用于私有企业。国内税收收入局同样起到部分监管作用,可以调节部分多余的税金作为养老金的后备资金。除此之外,英国还建立了两大辅助性监管机制:一是建立"吹哨"机制(whistle blowing),引进专业裁判或者仲裁者,代表委托人的利益,可以对受托人的不当行为进行有效的约束;二是建立"成员抱怨"机制(member complains),实际上是提供一个发表意见的论坛或者反映意见的渠道,鼓励广大成员通过该机制,直接将自己的意见或者不满反映给监管者或者监管机构。法律方面主要是受1986年的《金融服务法》和1995年的《养老保险法》的监管。

瑞士的养老保险第一支柱实行联邦政府集中管理,由财政部负责资金管理;第二支柱由分散的保险基金会管理基金并负责基金的运营,联邦社会保险局负责监督;第三支柱由各私人保险公司管理,受联邦私营保险业监督局监督。

荷兰的养老保险体系除了健全的行政、立法和经办机构外,还有健全的监督机构,主要包括三个层次:一是对社会保险监督委员会和保险监事会实施行政监督的社会事务与就业部监督司;二是对国家养老金实施监督的社会保险监督委员会,和对第二、第三支柱实施监督的保险监事会,这两个监督机构都是不隶属于立法、行政部门的独立机构;三是经办机构的内部监督,同时社会保险还接受中央上诉委员会、财政、社会中介机构的监督。

智利养老基金的监管机构是养老金管理总监署。作为独立的监管机构,养老金管理总监署与养老基金管理公司职能分工明确,总监署负责监督与规范,养老基金管理公司是养老基金的法定经营管理者。养老金管理总监署对养老基金管理公司监管的内容涵盖了投资计划的方方面面。在监管方式上,总监署对基金管理公司实行严格的限量监管,而且智利还非常重视社会监督,基金管理公司必须定期就基金投资计划和收益状况发布公告。

这些国家的社会保障基金监管机制具有如下特点。

(1) 根据国情,依照法律,确立行政、监管分立或统一的监管结构。社会保障基金监管较成功的国家在推进社会保险制度时,都首先注重法制建设,以其作为强制性监管的依据和行为规范。例如,英国1911年颁布的《国民保险法》、美国1935年颁布的《社会保障法案》、瑞典1962年通过并颁布实施的《国民保险法》、新加坡1955年7月通过的《中央公积金法》,都作为本国综合性社会保障法律确立了各自的社会保障体制。

在具体监管结构上,各国依据国情不同,分别建立行政、监管分立或统一的监管结构。例如,美、日等国实行行政与监管的分立。在美国负责社保基金监管的机构包括劳工部、国内税务局等。其中,联邦社会保障计划的监管组织以财政部和独立的社会保障局为主,劳动部起配合作用;作为第二支柱的私有养老计划的监管以劳工部为主,财政部等起配合作用。具体行政管理部门为联邦政府的社会保障署,在全国有1000多个分支机构,具体从事社会保障税缴纳情况记录、受益资格认定、咨询以及资金发放等工作。在日本,监管与具体执行机构分立,其监管机构包括中央和地方两级,中央行政管理机构为厚生省和劳动省,地方行政管理机构为都道府县,其国民年金课负责有关年金的行政管理工作,并对所辖市村町进行指导;保险课负责健康保险的实施及指导监督工作。执行机构也分中央和地方两级。中央执行机构为社会保险业务中心,负责汇总、处理地方执行机构的投保人资料。地方执行机构为社会保险事务所,负责投保人加入健康保险和年金的资格认证、注册、档案记录和保险费收支手续等方面的工作。

英国、瑞典等国建立了行政、监管统一的监管结构,其监管主体具有较强的独立性。英国社保基金由社会保障部集中统一领导,并由各相关机构分级执行。就国民保险和社会救助而言,社会保障部不仅是其监管机构,亦是直接办理组织,从个人保障账号的管理、待遇资格的审查,到资金的发放,都由社会保障部负责,社会保障部既是规则的制定者,又是规则的执行者、监督者。在瑞典,社会保障基金统一由国家社会保障委员会进行管理,该委员会设在国家社会保险局。各级地方政府成立专门的社会保障管理机构,形成从中央到地方的独立、统一的专门网络。

(2) 强化执法权威,确立监管主体独立性,加强垂直管理,加强各监管主体协调机制。社保基金是保障国民福利的重要公共基金,各国都建立了法律法规以确保基金的安全管理与运营。各发达国家社会保障基金的监管组织各具特色,但都表现出以下特点:社会保险行政管理部门都注重强化执法权威,确立监管主体独立性,加强垂直管理,并确立各监管主体的协调机制。

以美国为例,其监管机构中十分重要的社保和医疗统筹基金信托董事会,由财政部部长任董事会主席,劳工部部长、医疗卫生部部长和社会保障总局局长为董事,另有两名独立董事,由总统任命,参议院批准。具有较强的独立性和监管权威,同时加强了各部门协调。社保局在1994年克林顿总统改组社保体系时,升级为独立的、直接向总统和国会汇报的机构,其各种具体的制度规定全国统一,各州不得与之相抵触。此外,1994年,克林顿总统创立常设的"社会保障咨询理事会"(social security advisory board)是一个跨党派的咨询机构,独立于行政部门,进行整体监督咨询和评估,保证了监管体系的独立和总体协调。

英国的社会保障基金由社会保障部集中统一管理,各相关机构分级执行。瑞典社会保障基金统一由国家社会保障委员会进行监督、管理,该委员会设在国家社会保险局,各级地方政府也都成立了专门的社会保障管理机构,这些社会保障管理机构作为一个独立的行政部门或全额事业单位,不依附于任何其他部门,并按照行政区划分级设置自上而下的独立体系。

案例2　辽宁葫芦岛一局长违规使用农保基金千余万判刑3年[①]

中新网12月3日电　据辽沈晚报报道,辽宁葫芦岛一局长利用职务之便,擅自动用农村社会养老保险基金1150万元,违反规定运作,给国家造成损失600余万元。

今年58岁的付某原是葫芦岛市连山区劳动和社会保障局局长。2003年,正是付某在任

---

① 张昭.中国新闻网[EB/OL]. (2006-12-03)[2021-08-16]. http://finance.ce.cn/insurance/scroll-news/200612/03/t20061203_9654779.shtml.

期间，当年4月，他指派他人首次与某信托投资有限公司签订了150万元的委托国债投资管理合同。7月2日和7月18日，他再次指派他人与某信托投资有限公司先后两次签订了200万元和800万元的委托国债投资管理合同。上述三笔资金汇出后，主要用于购买桂林旅游股票，造成损失600余万元。

连山区人民法院认为，被告人付某滥用职权，致使人民利益遭到重大损失，情节特别严重，其行为已经构成了滥用职权罪。依据国家相关法律之规定，故一审判处付某有期徒刑三年、缓刑五年。

参考文献

[1] OCDE. Pensions at a Glance 2019：OECD and G20 Indicators[M]. OECD Publishing; Éditions OCDE：2019-11-27.

[2] 郑功成. 多层次社会保障体系建设：现状评估与政策思路[J]. 社会保障评论，2019，3(01)：3-29.

[3] 郑秉文. 中国养老金发展报告2018——主权养老金的功能与发展[M]. 北京：经济管理出版社，2018.

[4] 郑秉文. 全国社会保障基金理事会管理体制的转型与突破——写在基本养老基金投资进入市场之际[J]. 辽宁大学学报(哲学社会科学版)，2017，45(03)：1-25.

[5] 林义. 中国多层次养老保险的制度创新与路径优化[J]. 社会保障评论，2017，1(03).

[6] 何文炯. 论社会保障的互助共济性[J]. 社会保障评论，2017，1(01).

[7] 郑功成. 社会保障与国家治理的历史逻辑及未来选择[J]. 社会保障评论，2017，1(01).

[8] 刘玉红. 国外基本养老保险基金投资管理经验及借鉴[J]. 中国科技投资，2016，000(018)：8-12.

[9] 彼得·德鲁克. 养老金革命[M]. 沈国华，译. 北京：机械工业出版社，2016.

[10] 桂桢. 适应经济社会发展《失业保险条例》修订在即[J]. 中国人力资源社会保障，2016(06)：39-42.

[11] 大鹏. 2015年度中国社会保障十大事件[J]. 中国民政，2016(05)：63-64.

[12] 郑秉文. 中国养老金发展报告2015——"第三支柱"商业养老保险顶层设计[M]. 北京：经济管理出版社，2016.

[13] 郑秉文. 中国养老金发展报告2016——"第二支柱"年金制度深化改革[M]. 北京：经济管理出版社，2016.

[14] 胡乃军，杨燕绥，孟强. 中国城镇职工养老保险个人缴费累进性与再分配性研究[J]. 财贸研究，2015，26(05)：83-89.

[15] 陈旭明，吴庆涛. 关于基本养老基金市场化运作的几点思考[J]. 清华金融评论，2015(09)：85-92.

[16] 何文炯，杨一心. 基本养老保险全国统筹学理基础辨析[J]. 中国社会保障，2015，07：30-32.

[17] 杨斌，丁建定. 中国养老保险制度政府财政责任：差异及改革[J]. 中央财经大学学报，2015，(02)．

[18] 李培. 我国基本养老保险扩面的收入分配效应研究[M]. 成都：西南财经大学出版社，2015.

[19] 曲大维，罗晶，褚丽琴. 社会保障基金管理[M]. 北京：清华大学出版社，2014.

[20] 托马斯·皮凯蒂. 21世纪资本论[M]. 北京：中信出版社，2014.

[21] 邓大松，仙蜜花. 社会保障转移支付对收入分配差距的调节效应——基于东部12个省市的实证研究[J]. 社会保障研究，2013，06：3-9.

[22] 孙祁祥，郑伟. 中国养老金年金市场——发展现状、国际经验与未来战略[M]. 北京：经济科学出版社，2013.

[23] 王卫平，赵晓阳. 近代中国的社会保障与区域社会[M]. 北京：社会科学文献出版社，2013.

[24] 李珍. 基本养老保险制度分析与评估：基于养老金水平的视角[M]. 北京：人民出版社，2013.

[25] 丛春霞. 社会保障基金运行的行为效应研究[M]. 北京：中国社会科学出版社，2013.

[26] 卢海元. 关于建立中国特色社会保险基金投资运营制度的若干思考[J]. 探索，2013(06)：145-153.

[27] 田远. 社会保障(险)基金投资运营与管理国际经验与启示[J]. 经济研究参考，2013(47)：36-40.

[28] 彼得·A. 戴蒙德，彼得·R. 欧尔萨格. 拯救社会保障：一种平衡方法[M]. 吕文杰，译. 上海：上海财经大学出版社，2012.

[29] 简·米勒. 解析社会保障[M]. 郑飞北，等，译. 上海：上海人民出版社，2012.

[30] 刘娴韬. 关于社会保障基金投资运营模式的研究[J]. 云南财经大学学报(社会科学版)，2011，26(02)：122-125.

[31] 杨菊华. 人口转变与老年贫困[M]. 北京：中国人民大学出版社，2011.

[32] 何文炯. 社会养老保障制度要增强公平性和科学性[J]. 经济纵横，2010(09)：42-46.

[33] 宋晓梧. 建国60年我国医疗保障体系的回顾与展望[J]. 中国卫生政策研究，2009，2(10)：6-14.

[34] 风笑天. 社会学研究方法[M]. 3版. 北京：中国人民大学出版社，2009.

[35] 卢淑华. 社会统计学[M]. 北京：北京大学出版社，2009.

[36] 李永贞. 浅论社会保障预算基金运营与投资的法律规制[J]. 法学杂志，2008(03)：137-139.

[37] 杨燕绥. 政府与社会保障[M]. 北京：中国劳动社会保障出版社，2007.

[38] 吕学静. 社会保障基金管理[M]. 北京：首都经济贸易大学出版社，2007.

[39] 林义. 社会保险基金管理[M]. 北京：中国劳动社会保障出版社，2007.

[40] 杨文生，姜晓华. 国外社会保障基金运用的经验及启示[J]. 统计与决策，2007(13)：111-113.

[41] 郑功成. 社会保障学[M]. 北京：中国劳动与社会保障出版社，2006.

[42] 黄有光. 社会福祉与经济政策[M]. 北京：北京大学出版社，2005.

[43] 霍尔茨曼，斯蒂格利茨，等. 21世纪可持续发展的养老金制度[M]. 胡劲松，等译. 北京：中国劳动社会保障出版社，2004.

[44] 周渭兵. 社会养老保险精算理论、方法及其应用[M]. 北京：经济管理出版社，2004.